O BEBÊ NÃO VIVE NUMA BOLHA

Clínica e Contexto

CONTRACORRENTE

CLAUDIA MASCARENHAS
(Organizadora)

O BEBÊ NÃO VIVE NUMA BOLHA

Clínica e Contexto

Colaboração de
Leny A. Bonfim Trad

São Paulo

2021

CONTRACORRENTE

Alameda Itu, 852 | 1º andar |
CEP 01421 002
www.loja-editoracontracorrente.com.br
contato@editoracontracorrente.com.br

Dados Internacionais de Catalogação na Publicação (CIP)
(Câmara Brasileira do Livro, SP, Brasil)

O bebê não vive numa bolha : clínica e contexto /
organização Claudia Mascarenhas ; colaboração
de Leny A. Bonfim Trad. -- São Paulo :
Editora Contracorrente, 2021. --
(Coleção educação & psicanálise ; 3)

ISBN 978-65-88470-94-7

1. Comportamento 2. Educação infantil
3. Psicopedagogia 4. Psicologia infantil
I. Mascarenhas, Claudia. II. Trad, Leny A. Bonfim.
III. Série.

21-83617 CDD-155.4
NLM-WS-105

Índices para catálogo sistemático:
1. Psicologia infantil 155.4
Aline Graziele Benitez - Bibliotecária - CRB-1/3129

@editoracontracorrente
Editora Contracorrente
@ContraEditora

A vida das palavras
é sua passagem de um locutor a outro
(...) e a palavra não esquece seu trajeto
Dufour[1]

1 DUFOUR, Dany-Robert. *Lacan e o espelho Sofianico de Boehme*. Rio de Janeiro: Companhia de Freud, 1999.

Sumário

SOBRE OS AUTORES 9

APRESENTAÇÃO 15

PARTE I - OS FUNDAMENTOS E A DIREÇÃO

CAPÍTULO I - ALIANDO O GIRO ONTOLÓGICO AO DECOLONIAL: RUPTURAS NECESSÁRIAS NO CUIDADO INFANTIL

Leny A. Bomfim Trad 21

CAPÍTULO II - A CLÍNICA PSICANALÍTICA COM O BEBÊ EM SEUS DESCENTRAMENTOS

Claudia Mascarenhas 49

CAPÍTULO III - A CLÍNICA COM OS BEBÊS: ENTRE CORPOS, RELAÇÃO E CULTURA, OS SEIS IMPERATIVOS E OS SEIS NÍVEIS DE INTERAÇÃO

Bernard Golse; Rose Marie Moro 71

PARTE II - UM RECORTE VERTICAL DE DELICADEZAS

CAPÍTULO IV - PSICANÁLISE PAIS-BEBÊ: "ACENDER UMA VELINHA" E VER "O SOL NASCER"

Pascale Ambroise 89

CAPÍTULO V - COMO PENSAR O AUTISMO A PARTIR DE FREUD – DESDE UMA PERSPECTIVA LACANIANA

Angela Vorcaro; Ariana Lucero 117

PARTE III - DO CONTEXTO NO SINGULAR

CAPÍTULO VI - SOBRE A ESCRITA DE CASO NA CLÍNICA COM BEBÊS
Angela Vorcaro; Claudia Mascarenhas; Aline Accioly Sieiro 151

CAPÍTULO VII - AMBULATÓRIO DO BEBÊ: POR UMA CLÍNICA SOCIALMENTE CONTEXTUALIZADA
Claudia Mascarenhas; Andrea Viana; Carla Dratovsky; Fernanda Rocha Darzé; Patricia Fernandes 185

CAPÍTULO VIII - A ESCUTA PARA ALÉM DO DIAGNÓSTICO
Fernanda Rocha Darzé 201

CAPÍTULO IX - TRANSFERÊNCIA MULTIFACETADA: MÃE E BEBÊ EM DESAMPARO
Patricia M. Fernandes 219

CAPÍTULO X - EU QUERO FALAR!
Rafaela Coutinho Dantas; Maria Auxiliadora Fernandes 231

PARTE IV - DAS PARTICULARIDADES DO CONTEXTO

CAPÍTULO XI - ATENÇÃO PSICOSSOCIAL, ATENÇÃO BÁSICA E O CUIDADO DA PRIMEIRA INFÂNCIA: BASES DE UMA EXPERIÊNCIA COLABORATIVA
Leandro França Pacheco; Bárbara Costa Andrada; Maria Cristina Ventura Couto; Pedro Gabriel Godinho Delgado 247

CAPÍTULO XII - ALEGAÇÃO PARA UMA ABORDAGEM INTERSETORIAL E INTERDISCIPLINAR NA PRIMEIRA INFÂNCIA – RELATO DE UMA EXPERIÊNCIA ARGENTINA
Nora Woscoboinik 269

CAPÍTULO XIII - O DESENHO COMO ESTRATÉGIA DE ESCUTA À CRIANÇA EM UM ESTUDO SOBRE VIOLÊNCIA INTRAFAMILIAR
Camila Dos Santos Souza Andrade; Leny Alves Bonfim Trad 281

SOBRE OS AUTORES

ANDREA DIAS VIANA

Licenciada em Dança pela Universidade Federal da Bahia. Pós-graduada em Psicopedagogia Clínica e Institucional, Faculdade Social da Bahia. Membro fundadora do Instituto Viva Infância e Organizadora da Varando do Bebê. Orientadora Educacional na Creche Escola Infância no Jardim, Salvador-Ba. Trabalha há 20 anos na área de educação formal e instituições do 3° setor.

ANGELA VORCARO

Psicanalista, Doutora em psicologia clínica PUS.SP Profa. aposentada colaboradora programa de pós-graduação em psicologia da UFMG.

ALINE ACCIOLY SIERO

Psicanalista membro da Haeresis Associação de Psicanálise. Doutoranda em estudos psicanalíticos pelo programa de pós-graduação em Psicologia da Universidade Federal de Minas Gerais. UFMG. Mestre em Psicologia pelo Programa de Pós-graduação em Psicanálise e Cultura da UFU.

ARIANA LUCERO

Psicóloga, Psicanalista, Profa. Adjunta do dep. de Psicologia da Universidade Federal do Espírito Santo UFES e do programa de Pós-graduação em Psicologia Institucional da UFES membro da RUEPSY e do GT de Psicanálise e Educação da ANPEPP.

ASTRID BANDEIRA SANTOS

Graduada em Psicologia pela Universidade Federal da Paraíba. Mestre em Psicologia pela Universidade de Paris 13. Especializanda em Psicologia e psicopatologia da perinatalidade e do bebê pela Universidade de Paris 5. Trabalha na região parisiense em creche, em lugar de acolhimento crianças-pais e na Unidade de Acompanhamento PREAUT.

BÁRBARA COSTA ANDRADA

Psicóloga; Mestre e Doutora em Saúde Coletiva (IMS/UERJ). Pesquisadora do Núcleo de Pesquisa em Políticas Públicas de Saúde Mental (NUPPSAM/IPUB/UFRJ).

BERNARD GOLSE

Psicanalista Infantil (membro da Associação Psicanalítica da França / ex-chefe do Serviço de Psiquiatria Infantil do Hôpital Necker – *Enfants Malades* (Paris). Professor emérito de Psiquiatria de criança e adolescente na Universidade René Descartes. (Paris 5) / Fundador e Diretor científico do *Institut Contemporain de l'Enfance* / Presidente de *l'Association Européenne de Psychopathologie de l'Enfant et de l'Adolescent* (AEPEA) / Presidente de la CIPPA (*Coordination Internationale entre Psychothérapeutes Psychanalystes s'occupant de personnes autistes et membres associés*).

CLAUDIA MASCARENHAS

Psicanalista, Psicóloga. Pós-Doutoranda em Saúde Coletiva, FASA/ISC/UFBA. Doutora em Psicologia Clínica USP SP. Mestre em Filosofia UNICAMP SP. Diretora clínica do Instituto Viva Infância BA, representante na Rede Nacional Primeira Infância (RNPI), Membro do Espaço Moebius de Psicanálise, representante latino americana na CIPPA internacional, realizadora do podcast Papo de Criança com Claudia Mascarenhas.

CAMILA DO SANTOS SOUZA ANDRADE

Pós-doutoranda ISC/UFBA. Doutora em saúde pública /ISC/UFBA. Mestre em Saúde Coletiva /UEFS. Membro do grupo de pesquisa FASA/ISC/UFBA.

CARLA DRATOVSKY

Psicóloga e psicanalista. Membro do Instituto Viva Infância.

FERNANDA ROCHA DARZÉ

Graduada em Psicologia pela Universidade Federal da Bahia (1993). Mestre em Psicologia Geral pela Villanova University, Villanova, Pennsylvania (1997). Mestre em Psicologia Clínica e da Saúde pela MCP and Hahnemann University, Philadelphia, Pennsylvania (2001). Docente no curso de graduação em Psicologia da Faculdade Ruy Barbosa, Salvador, Bahia, entre 2002 e 2008. Membro do Instituto Viva Infância desde 2012.

LEANDRO FRANÇA PACHECO

Psicólogo, bacharel em Direito e mestre em Atenção Psicossocial (IPUB/UFRJ). Pesquisador do Núcleo de Pesquisa em Políticas Públicas de Saúde Mental (NUPPSAM/IPUB/UFRJ).

LENY TRAD

Professora Titular do Instituto de Saúde Coletiva da Universidade Federal da Bahia (ISC/UFBA). Coordenadora do Programa Integrado de pesquisa e Cooperação Técnica Comunidade, Família e Saúde – Sujeitos, Contextos e Políticas Públicas (FASA). Bolsista PQ1d CNPq.

MARIA AUXILIADORA M. FERNANDES

Psicanalista, membro do Instituto Viva Infância e supervisora clínica. Membro do Espaço Moebius de Psicanálise.

MARIA CRISTINA VENTURA COUTO

Psicóloga e psicanalista. Doutora em Saúde Mental pelo IPUB/UFRJ. Pesquisadora do Núcleo de Pesquisa em Políticas Públicas de Saúde Mental (NUPPSAM/IPUB/UFRJ). Docente do Programa de Mestrado Profissional em Atenção Psicossocial (IPUB/UFRJ). Coordenadora do Projeto de Pesquisa, Ensino e Extensão "Rede, Território e Atenção Psicossocial de Crianças e Adolescentes" (Projeto Cuidado Colaborativo/NUPPSAM).

MARIE ROSE MORO

Professora de psiquiatria da criança e da adolescente, chefe do serviço, APHP, Hospital Cochin, Maison de Solenn (www.maisondesolenn.fr), Université de Paris. Psicanalista (IPA), diretora da revista *L'autre* (www.revuelautre.com) e presidente de *l'Association Internationale d'Ethnopsychanalyse* (AIEP, www.cliniquetransculturelle.eu/www.transculturel.eu), www.marierosemoro.fr. Escreveu numerosos livros e artigos internacionais no campo da clínica transcultural em espanhol.

NORA WOSCOBOINIK

Psicóloga, psicoanalista (Sociedad Psicoanalítica de Paris, Asociación Psicoanalítica Argentina, International Psychoanalytical Association), presidente de la Sociedad Argentina de Primera Infancia (SAPI), Miembro de la CIPPA, profesora adjunta de la Cátedra de Clínica de Niños y Adolescentes de la Universidad de Belgrano, docente del Seminario de "Huellas del sujeto psíquico y de la subjetividad en el cuerpo, en los síntomas y en la vida cotidiana", de la Maestría en Estudios Interdisciplinarios de la Subjetividad, Facultad de Filosofía y letras, Universidad de Buenos Aires, docente invitada de la Carrera de Especialización en Psicología Clínica de Niños y Adolescentes de la Facultad de Psicología, UBA - Seminario de Interdisciplina y formación básica en disciplinas conexas. Docente del curso "Estimulación Temprana" ALEF (Asociación Latinoamericana de Estudios Freudianos).

PASCALE AMBROISE

Psiquiatra infantil, chefe de Serviço de psiquiatria infantil GHEF site Meaux e membro da CIPPA internacional, ganhadora do prêmio internacional Frances Tustin 2018.

PATRICIA FERNANDES

Psicanalista, psicóloga, membro fundador do Instituto Viva Infância, integrante da Clínica Agrupar e membro do Espaço Moebius Psicanálise. Com formação em processos grupais operativos através da Psicologia Social de Enrique Pichon Riviere, integrante da equipe do Ambulatório do Bebê e psicanalista de Grupo de Família, ambos no Instituto Viva Infância.

PEDRO GABRIEL GODINHO DELGADO

Psiquiatra. Professor da Faculdade de Medicina e do Instituto de Psiquiatria da UFRJ. Mestre em Psiquiatria pela UFRJ (1983) e Doutor em Medicina Preventiva pela USP (1992). Pós-doutor pela London School of Hygiene and Tropical Medicine, da Universidade de Londres (2008). Ex-coordenador de Saúde Mental, Álcool e outras Drogas do Ministério da Saúde (2000 - 2010). Coordenador do Núcleo de Pesquisa em Políticas Públicas de Saúde Mental (NUPPSAM), do Instituto de Psiquiatria da UFRJ. Docente do Mestrado Profissional em Atenção Psicossocial e do Programa de Pós-Graduação em Psiquiatria e Saúde Mental, ambos do IPUB/UFRJ.

RAFAELA COUTINHO DANTAS

Psicóloga, psicanalista, membro do Instituto Viva Infância, com pós-graduação em Saúde Mental: habilitação em dependência química.

VITAL DIDONET

Professor, especialista em educação infantil e políticas pela primeira infância. Foi o primeiro coordenador nacional de educação pré-escolar, no MEC. Foi presidente da OMEP - Organização Mundial para a Educação Pré-escolar, para o Brasil, para a América Latina e vice-presidente mundial. Foi consultor legislativo da Câmara dos Deputados, assessor do autor e do relator do Projeto de Lei que deu origem ao Marco Legal da Primeira Infância, coordenando a participação social na sua complementação e aperfeiçoamento. É assessor para assuntos legislativos e de políticas públicas da Rede Nacional Primeira Infância – RNPI; coordenou a elaboração do Plano Nacional pela Primeira Infância e sua revisão e atualização para o período 2020-2030. É membro da Rede de Líderes em Primeira Infância da América Latina e Caribe.

APRESENTAÇÃO

Ter um fio condutor numa coletânea implica que os artigos escolhidos, todos escritos especialmente para o livro, tenham uma mesma direção: olhar o bebê e a criança pequena como sujeito, tanto no sentido de um ator competente nas suas movimentações, assim como no sentido pulsante de manifestações sempre pontuais do inconsciente. Os convidados são todos aqueles que fazem uma aposta radical no sujeito em suas relações. O livro escancara a necessidade de um compromisso lógico entre saberes que tecem uma rede numa mesma direção, como as redes que protegem os acrobatas: importa de que lugar se fala, mas importa muito quais os fundamentos que sustentam esse movimento, as pesquisas, as formalizações teóricas, as práxis, os acordos sociais em torno do tema. Mais do que uma exigência formal da interdisciplina, faz-se importante a direção que se pretende tomar, dado que implica uma escolha e, portanto, uma ética.

O encontro fértil entre saberes diversos que comungam propósitos, tanto táticos quanto estratégicos, torna este livro uma voz contra-hegemônica na atenção ao bebê e seus cuidadores, ambos inseridos num contexto com circunstâncias de vida particulares. Não se trata apenas do olhar sobre um bebê, não se trata apenas também do olhar sobre a relação deste com seus cuidadores, mas uma direção de trabalho que comunga o que o bebê nos exige: a inserção do contexto e das particularidades, que cada singularidade e cada relação experimenta do seu entorno. Do singular ao coletivo e do coletivo ao particular, sem privilégios na indicação de onde se inicia o caminho, e que o leitor possa acompanhar esse movimento.

Sabe-se atualmente que o pensamento causal, biunívoco e bidimensional não corresponde de modo honesto ao que se passa na riqueza do que circunscreve o início da vida e os efeitos desse ato de mudança no mundo. A delicadeza e a sutileza caminham juntas na atenção integral ao bebê, à criança pequena e seu entorno. Longe de propostas ou leituras pré-fabricadas, esse trabalho exige uma construção colaborativa de muito estofo, assim como a abertura para se deixar modificar a cada descentramento, a cada irrupção do desconhecido.

O empolgante encontro entre saberes que partem do singular ao coletivo e os saberes que têm sua porta de entrada no coletivo, mas chegam até o particular, torna essa publicação uma outra possibilidade na junção de saberes concernentes ao bebê e tudo que o circunda. Espera-se com isso o distanciamento necessário das idealizações que se pretendem únicas, pensamentos únicos; aqui o plural ganha todo seu sentido cheio e aberto às contradições e aos debates.

Na corrente da lógica contra-hegemônica, vocês lerão na primeira parte, sobre os fundamentos e a direção desse movimento, três textos *princeps* que contextualizam o campo. Iniciar um livro que aborda a atenção ao bebê, com um texto sobre a reviravolta provocada pelo pensamento decolonial, como nos traz Leny A. Bonfim Trad, para além de corajoso pelo ato de estranhamento que promove, é uma forma de provocar nosso pensamento sobre as rupturas necessárias nas concepções que se pretendem hegemônicas sobre o cuidado ao bebê. Na mesma direção, do lado do trabalho com o bebê e seus cuidadores, vem o de Claudia Mascarenhas, que traz por esse outro viés os descentramentos que o campo do atendimento ao bebê provocou no saber específico da saúde mental e da clínica psicanalítica, trazendo outras possibilidades de leitura para as dissonâncias entre os sinais e suas possíveis interpretações. Já o terceiro desses textos descreve um apanhado fundamental que sustenta esse enorme mundo do atendimento ao bebê, que se modifica no curso da história, mas não apenas, que comporta diversidades de leituras e formas de trabalho distintos, como apresenta o texto de Bernard Golse e Marie Rose Moro.

Essa esteira levará vocês aos textos de Pascale Ambroise, texto ganhador do prêmio Francois Tustin, que mostra a beleza da descrição da delicadeza da clínica com o bebê, e mais adiante está o de Angela Vorcaro e Aline Lucero, que traz também a beleza da filigrana de um ensaio teórico sobre a delicadeza das questões relacionadas ao autismo pela lente da psicanálise lacaniana. Eles se aproximam pela tecitura de cada filigrana, de cada palavra, em cada descrição. São verticalidades de leituras, portanto pontuais, e são expressões claras de virtuosidades clínico-teóricas desses autores. Compondo esse capítulo das verticalidades das sutilezas, cabe o texto de Vital Didonet, que inaugura nesse conjunto a materialidade da importância em contabilizar as expressões da legalidade, de um grande acordo social escrito na letra da lei, mas que fala sobre o vínculo das crianças na primeira infância e, sobretudo, a sua ternura. Terminar esse bloco das verticalidades com um escrito da lei, o marco legal da primeira infância, tem uma importância enorme para sustentar a relação da garantia de direitos e a atenção ao bebê. Claro que para isso é preciso a ética que nos cabe, ou seja, mesmo na escrita de uma lei o fundamento "um bebê sozinho, isso não existe", está contemplado em toda sua plenitude.

A terceira e substanciosa parte promoverá um grande encontro: práticas clínicas e sociais que convergem para implementação da imprescindível contextualização das ações na atenção integral ao bebê e seu entorno. Temos um texto escrito por Angela Vorcaro, Claudia Mascarenhas e Aline Sieiro que, de modo muito consistente, descrevem a experiência da práxis da escrita clínica com o bebê. Como ler as diversas camadas em uma escrita é necessário, principalmente quando se trata de uma clínica onde a palavra pode não ser expressa pelo próprio bebê, e pode faltar. Esse texto abre a porta para o relato clínico teórico da equipe do Ambulatório do Bebê do Instituto Viva Infância (organização social-civil de interesse público que atende à classe popular da cidade de Salvador, Bahia), que inaugura aqui a transmissão de sua experiência clínico-institucional com a escrita da prática clínica do ambulatório do bebê do Instituto Viva Infância. A experiência pelo grupo construída vem testemunhar os efeitos nas primeiras consultas das hipóteses clínicas e na direção do trabalho da incidência do contexto social; temos Andrea Viana, Carla Dratovsky, Claudia Mascarenhas, Fernanda Darzé, Patrícia M. Fernandes, Maria Auxiliadora M. Fernandes e Rafaela Coutinho Dantas.

Abrimos a quarta parte do livro com um importante trabalho em cuidados colaborativos, que enlaça de modo muito efetivo a saúde básica e a saúde mental, trabalho esse tecido entre o social e o singular, fazendo com que a escuta e a ação realizadas de modo conjunto tornem possível um acompanhamento na atenção ao bebê em saúde pública. Assinam esse texto Leandro França Pacheco, Maria Cristina Ventura Couto, Barbara Costa Andrada e Pedro Gabriel Godinho Salgado. Pode-se ler aqui a abertura para se criar uma atenção integral ao bebê, sem os apelos da implementação da problemática noção de fatores de risco e num contexto da criação de uma linha de cuidado no território. Num ótimo contraponto cultural, temos o texto de Nora Woscoboinik, psicanalista e nossa querida vizinha argentina, com vasta experiência em contrapontos da psicanálise com movimentos do contexto social, que contribui com o relato e construto teórico de um programa em saúde pública no contexto Argentino. Para finalizar o livro, convidamos Camila dos Santos Souza Andrade, que nos oferece, a partir da pluralidade do trabalho com as crianças, a possibilidade de pensar um método de pesquisa participativo considerando a efetividade do lugar da criança como ator. A escuta da criança, atualmente índice para a ideia de “participação infantil” em diversos campos, inclusive na gestão de cidades e construção de políticas públicas para crianças, numa pesquisa contextualizada abre perspectivas para desenvolver seu método.

Claudia Mascarenhas
Salvador, maio de 2021

PARTE I

OS FUNDAMENTOS E A DIREÇÃO

CAPÍTULO I

ALIANDO O GIRO ONTOLÓGICO AO DECOLONIAL: RUPTURAS NECESSÁRIAS NO CUIDADO INFANTIL

LENY A. BOMFIM TRAD

Introdução

Concorda-se com Tesser[2] que, se de uma parte, não se pode negar os benefícios que os avanços de saberes e tecnologias biomédicas têm proporcionado em termos de alívio ao sofrimento causado por enfermidades ou mesmo morte precoce, é igualmente notável o processo de dependência e submissão dos cidadãos à norma médica, com seus respectivos saberes e procedimentos. Sob a égide da medicalização, perdem espaço perspectivas terapêuticas ancoradas na compreensão

2 TESSER, Charles Dacanale. "Medicalização social: o excessivo sucesso do epistemicídio moderno na saúde". Interface – Comunicação, Saúde, Educação, vol. 10, nº 19, pp. 61-76, 2006.

sobre as interrelações entre o processo saúde-doença e modos de vida, assim como de outras dimensões subjetivas e sociais.[3]

Trata-se, em realidade, de um processo mais amplo de medicalização do espaço social ou de uma biopolítica através da qual a medicina passa a regular os corpos no registro individual e coletivo.[4] Sendo mais específico, Lima[5] aponta para o reducionismo biológico no campo da saúde mental, haja visto o predomínio de perspectivas fisicalistas subjacentes à produção de diagnósticos baseados em manuais classificatórios de transtornos.

Cabe reconhecer, ainda, que a progressiva dependência de saberes periciais para identificação de riscos no âmbito da prática clínica é problemática tendo em vista a ausência de consensos científicos sobre tais procedimentos.[6] Tal tendência revela-se especialmente preocupante quando observada no contexto da clínica e de outras práticas de saúde voltadas para a primeira infância.

Situando este debate na esfera da saúde coletiva, é curioso observar que a crítica ao reducionismo biológico, ao tecnicismo e a concepções de normalidade ou saúde-doença que não considerem a natureza histórico-social deste fenômeno remonta às origens de constituição deste campo no Brasil, notadamente na produção e ativismo da área das ciências sociais e saúde. Não obstante a longevidade e vigor de tal agenda, o determinismo biológico e a imposição de padrões excludentes de comportamento e de normalidade seguem orientando as práticas de saúde, com especial voracidade no campo da saúde infantil. Um

---

3 TESSER, Charles Dacanale. "Medicalização social: o excessivo sucesso do epistemicídio moderno na saúde". Interface – Comunicação, Saúde, Educação, vol. 10, nº 19, pp. 61-76, 2006.

4 BIRMAN, Joel. "Laços e desenlaces na contemporaneidade". Jornal de Psicanálise, vol. 40, nº 42, pp. 47-62, 2007.

5 LIMA, Rossano Cabral. *Somos todos desatentos?* O TDA/H e a construção das bioidentidades. Rio de Janeiro: Relume Dumará, 2005.

6 AREOSA, João. *Riscos e análises de riscos*: contributos para a sua conceptualização. Universidade do Minho, pp. 45-50, 2008. (Trabalho apresentado no Colóquio Internacional de Segurança e Higiene Ocupacionais).

processo que tem se fortalecido na esteira de retrocessos no plano das políticas públicas (saúde, educação, trabalho etc.), dos direitos humanos e da justiça social, que temos assistido no país desde o impeachment da presidenta Dilma Rousseff.

O enfrentamento dessa agenda ultraconservadora, autoritária e excludente nos convoca a resistir e (re)agir de forma contundente e corajosa. Dentre as muitas frentes de trabalho requeridas neste movimento, destaco a urgência da atuação frente à patologização e medicalização da infância. Proponho neste capítulo abordar esse fenômeno, partindo da crítica ao processo de diagnóstico de "transtornos" psíquicos ou comportamentais e suas vinculações com a noção de risco. Além de problematizar os limites de classificações e protocolos estandardizados,[7] mobilizarei neste debate alguns argumentos básicos para rejeitar uma concepção simplista do binômio normal-patológico.

Em seguida, concentro a discussão na concepção de cuidado, focalizando inicialmente a concepção difundida na saúde coletiva por Ricardo Ayres,[8] o qual propõe um deslocamento do olhar da técnica em direção à existência. Acompanho o entendimento de Ayres[9] que "cuidar da saúde de alguém é mais que construir um objeto e intervir sobre ele", trata-se de construir projetos de forma compartilhada. Uma perspectiva que se opõe, portanto, à visão restritiva e simplificadora, do cuidado estritamente técnico, "orientado por modelos tradicionais

---

7 LIMA, Rossano Cabral. "Na contramão da patologização". *Patologização e medicalização das vidas*, vol. 33, São Paulo: CRP 06, 2019, pp. 56-62. (Cadernos Temáticos CRP-SP).

8 AYRES, José Ricardo de Carvalho Mesquita. "Sujeito, intersubjetividade e práticas de saúde". Ciência e Saúde Coletiva. vol. 6, nº 1, pp. 63-72, 2001; AYRES, José Ricardo de Carvalho Mesquita. "Cuidado e reconstrução das práticas de saúde". Interface: Comunicação, Saúde, Educação. vol. 8, nº 14, pp 73-92, 2004; AYRES, José Ricardo de Carvalho Mesquita. "O cuidado, os modos de ser (do) humano e as práticas de saúde". Saúde e Sociedade. vol. 13, nº 13, pp. 16-29, 2004; e AYRES, José Ricardo de Carvalho Mesquita. "Organizações das ações de atenção à saúde: modelos e práticas". Saúde e Sociedade. vol. 18, nº 2, pp. 11-23, jun. 2009

9 AYRES, José Ricardo de Carvalho Mesquita. "Organizações das ações de atenção à saúde: modelos e práticas". Saúde e Sociedade. São Paulo, vol. 18, nº 2, pp. 71, jun. 2001.

focados no 'diagnóstico, na anulação da alteridade e do saber vindo do outro – o outro como objeto de intervenção tecnicista'".[10]

Reconhecendo, entretanto, que é fundamental reconhecer a existência de si e do outro desde uma perspectiva crítica socio e historicamente situada, proponho na terceira parte do capítulo um giro epistemológico mais radical, cujos fundamentos, sucintamente assinalados no texto, refletem o diálogo com a produção decolonial latino-americana.

Tal movimento leva em conta também a percepção de que a escassez de estudos no campo das ciências Psi, abordando etnia, raça e colonialismo cultural, contribuem para produzir invisibilidades.[11]

Devo dizer ainda que, na posição de pesquisadora e militante no campo das ciências sociais e saúde no Brasil, me sinto convocada frente ao apelo de que "as crianças latino-americanas e caribenhas [...] precisam ser olhadas por uma antropologia latino-americana e caribenha, que nos liberte progressivamente do predomínio dos paradigmas europeus e norte-americanos".[12] Por fim, esclareço que este texto reflete em grande medida a experiência acumulada no âmbito do Programa Integrado Comunidade, Família e Saúde, do Instituto de Saúde Coletiva (FASA/ISC/UFBA) e de suas parcerias, em especial com o Instituto Viva Infância,[13] coordenado pela Dra. Cláudia Mascarenhas.

---

10 CARVALHO, Liliane Brandão; FREIRE, José Célio; BOSI, Maria Lúcia Magalhães. "Alteridade radical: implicações para o cuidado em saúde". Physis, vol. 19, nº 3, pp. 849-865, 2009.

11 MELGAREJO, Patricia Medina; MACIEL, Lucas da Costa. "Infancia y de/colonialidad: autorías y demandas infantiles como subversiones epistémicas". Educação em Foco, vol. 21, nº 2, pp. 295-332, 2016.

12 DIDONET, Vital. *Construção sócio-histórica da infância na América Latina e Caribe*: as várias infâncias. 2005. (Texto base de conferência proferida na Universidade Católica do Peru). Disponível em: http://primeirainfancia.org.br/construcao-socio-historica-da-infancia-naamerica-latina-e-caribe-as-varias-infancias/. Acessado em: 12.08.2020.

13 O Instituto Viva Infância é uma organização social civil de fins públicos (OSCIP) destinada a atenção à infância com ênfase na prevenção precoce em saúde mental. Sua missão consiste em promover a saúde e a cultura da infância e fomentar a prevenção psicossocial precoce, através de atendimento interdisciplinar à criança e sua família e capacitação de profissionais.

Procurando sinais e anulando singularidades da infância – reposicionando o risco

Rossano Lima,[14] ao focalizar os procedimentos de avaliação psiquiátrica, problematiza os limites ou armadilhas associadas a determinadas concepções de desenvolvimento humano, assim como as limitações e controvérsias que cercam a classificação de transtornos mentais na infância e adolescência. Sobre este último aspecto, primeiro ele vai nos lembrar que "classificar é um ato humano por natureza, a gente sem saber sai classificando tudo pela frente, uma maneira de a gente organizar o mundo, entender o mundo".[15] Em seguida, ele traz a citação de Borges (extraído de Foucault: "Palavras e as Coisas"): "sabidamente não há classificação no universo que não seja arbitrária e conjectural" para reforçar seu apelo de que tenhamos prudência frente às "classificações científicas, baseadas em evidências".

Dentre os limites associados mais especificamente ao DSM, ele apresenta algumas evidências que indicam que tal sistema de classificação, cuja funcionalidade original estava associada à pesquisa de medicamento no campo farmacêutico, paulatinamente, foi sendo incorporado no campo clínico, impactando fortemente em suas concepções e práticas.[16] Chama especial atenção para as repercussões deste processo na contemporaneidade, quando os transtornos mentais da infância e adolescência adquirem um destaque especial. Em um movimento paradoxal ou ambivalente, por um lado, passa-se a prestar mais atenção no sofrimento mental de crianças, por outro lado, várias categorias e subcategorias de diagnósticos.

Azevedo[17] corrobora essa visão e enfatiza que a proliferação de diagnósticos e de prescrições de medicamentos encontram-se na base do

---

14 LIMA, Rossano Cabral. "Na contramão da patologização". *Patologização e medicalização das vidas*, vol. 33, São Paulo: CRP 06, 2019. (Cadernos Temáticos CRP-SP)

15 LIMA, Rossano Cabral. "Na contramão da patologização". *Patologização e medicalização das vidas*: vol. 33, São Paulo: CRP 06, 2019. (Cadernos Temáticos CRP-SP).

16 LIMA, Rossano Cabral. "Na contramão da patologização". *Patologização e medicalização das vidas*:. vol. 33, São Paulo: CRP 06, 2019. (Cadernos Temáticos CRP-SP).

17 AZEVEDO, Luciana Jaramillo Caruso de. "Medicalização das infâncias: entre os cuidados e os medicamentos". Psicologia USP, vol. 29, nº 3, pp. 451-458, 2018.

incremento de medidas interventivas de caráter médico ou pedagógico envolvendo o cuidado de adultos e crianças. São processos que integram o corolário da medicalização cada vez mais precoce da infância, assentada na simplificação dos sofrimentos que afetam a criança.[18] Constata-se, ademais, que os diagnósticos têm sido realizados frequentemente de modo célere, apressado, comprometendo sua precisão e desconsiderando o contexto no qual a criança está inserida.[19]

Mas, afinal o que norteia o manejo de tais categorias no processo de avaliação diagnóstica? O Rossano nos ajuda a responder esta pergunta quando questiona a respeito da concepção de desenvolvimento humano subjacente a tal procedimento. Cabe reconhecer que "o termo desenvolvimento tem valor, mas ele pode levar a gente por caminhos que às vezes não queria, não previa, não sabia no início".[20] Neste sentido, pode-se seguir por um viés biologicista:

> Richard Lebon, (...) crítico do determinismo genético (...) lembrou que desenvolvimento é a noção oriunda da biologia que está contaminada por essas teorias pré-formacionistas do século 18, ideia de que alguma coisa que já está presente, já está pré-formada e que simplesmente, se desdobra e se desenrola naturalmente.[21]

Mas, certamente, é possível e, devo dizer, imperativo, seguir uma linha radicalmente oposta. Uma ética e racionalidade de cuidado infantil que entende o "desenvolvimento como um processo ativo e dinâmico, que envolve tanto o processamento cognitivo e afetivo, como também

18 AZEVEDO, Luciana Jaramillo Caruso de. "Medicalização das infâncias: entre os cuidados e os medicamentos". Psicologia USP, vol. 29, nº 3, pp. 451-458, 2018.

19 LIMA, Rossano Cabral. "Na contramão da patologização". *Patologização e medicalização das vidas*, vol. 33, São Paulo: CRP 06, 2019, pp. 56-62. (Cadernos Temáticos CRP-SP).

20 LIMA, Rossano Cabral. "Na contramão da patologização". *Patologização e medicalização das vidas*, vol. 33, São Paulo: CRP 06, 2019, p. 96. (Cadernos Temáticos CRP-SP).

21 LIMA, Rossano Cabral. "Na contramão da patologização". *Patologização e medicalização das vidas*, vol. 33, São Paulo: CRP 06, 2019, p. 59. (Cadernos Temáticos CRP-SP).

adição de sentido, que o próprio indivíduo dá às suas experiências no decorrer da vida".[22]

Aprendemos com Canguilhem[23] que o patológico não possui uma existência em si – precisa ser entendido no contexto da cultura e das relações e interações sociais. É preciso reconhecer que "nos meios próprios do homem, que este seja, em momentos diferentes, normal ou anormal".[24] Estabelecer uma norma para que se possa afirmar a existência de saúde ou doença apenas transforma esses conceitos em um tipo de ideal.

Não obstante, a busca de tal norma segue sendo uma obsessão social que se nutre do movimento contínuo de renovação do processo de medicalização. Ganha relevo neste cenário o enfoque de risco, considerado um aliado de peso na busca incessante de sinais que possam antecipar a presença de um suposto desvio da normalidade. O conceito de risco remete-nos para probabilidades ou possibilidades sobre a ocorrência de eventos futuros, surgindo também associado a uma certa contingência ou ambiguidade decorrente das diversas dinâmicas do mundo social.

O enfoque probabilístico do risco tem sido fortemente criticado tanto em função de seu uso indiscriminado, quanto "pelo uso enviesado que alguns peritos lhe conferem".[25] Outro aspecto especialmente preocupante associado à prática da análise de risco diz respeito aos efeitos que a propagação de seus resultados produz no público leigo, tal como adverte Granjo:

> ela não é uma mera actividade técnica desenvolvida de e para especialistas. É uma actividade que se projecta normativamente

---

22 LIMA, Rossano Cabral. "Na contramão da patologização". *Patologização e medicalização das vidas*, vol. 33, São Paulo: CRP 06, 2019, p. 59. (Cadernos Temáticos CRP-SP).

23 CANGUILHEM, Georges. *O normal e o patológico*. 5ª ed. Rio de Janeiro: Forense Universitária, 2002.

24 CANGUILHEM, Georges. *O normal e o patológico*. 5ª ed. Rio de Janeiro: Forense Universitária, p. 162, 2002.

25 AREOSA, João. "O risco nas ciências sociais: uma visão crítica ao paradigma dominante". Revista Angolana de Sociologia, nº 5/6, pp. 11-33, 2010.

> sobre a vida social, exibindo chancela científica, e que nesse processo não se limita a legitimar-se a si própria; também formata a interpretação das ameaças por parte das pessoas que não a praticam e, ao fazê-lo, influencia a sua acção sobre o mundo.[26]

Vale notar que a concepção de risco baseada em probabilidade divide espaço com outras duas tradições discursivas associadas, respectivamente com perigo e aventura, de acordo com a revisão de Spink.[27] Parece ser, no entanto, que é na tradição probabilística, fortemente associada com a ideia de controle e predição que se apoiam aqueles que defendem protocolos clínicos capazes de detectar sinais precoces de transtornos mentais deste a mais tenra idade.

São expressões claras do que Zorzanelli e Ortega[28] denominam de cultura somática, na qual prevalecem as explicações biológicas para os fenômenos humanos e a "crença de que é possível evitar e controlar ao máximo os danos de que o corpo padece". Trata-se de um contexto cultural de hipervalorização e de fascínio pela ciência médica e de suas conquistas no campo da saúde. Entretanto, "quando se trata de compreender transtornos mentais, comportamentos e ações humanas", não basta considerar os alcances, é preciso reconhecer também "os limites dos argumentos fisicalistas – centrados na redução ao cérebro ao agente exclusivo dos estados mentais".[29]

Ao mirar para as práticas curativas voltadas para pessoas com 'deficiência', Rojas[30] identifica fundamentos claramente convergentes

---

26 GRANJO, Paulo. "Quando o conceito de 'risco' se torna perigoso". Análise Social, vol. 41, nº 181, 2006, p. 1176.

27 SPINK, Mary Jane Paris *et al.* "Usos do glossário do risco em revistas: contrastando 'tempo' e 'públicos'". Psicologia: Reflexão e Crítica, vol. 21, nº 1, 2008.

28 ZORZANELLI, Rafaela; ORTEGA, Francisco. "Cultura somática, neurociências e subjetividade contemporânea". Psicologia & Sociedade, vol. 23, p. 35, 2011.

29 ZORZANELLI, Rafaela; ORTEGA, Francisco. "Cultura somática, neurociências e subjetividade contemporânea". Psicologia & Sociedade, vol. 23, p. 35, 2011.

30 ROJAS, Sonia. "Escuela y discapacidad: representaciones sociales y prácticas de diferencia en la escuela". Flacso, Ecuador, 2012.

com essa cultura somática e de reforço à medicalização , tais como: dependência de especialistas (terapeutas, médicos); confinamento, visando evitar que a presença da pessoa com deficiência "afronte ao normalizado além de mantê-lo sob vigilância e controle"; objetividade do discurso científico, reforçando o lugar da "ciência como único meio de explicação e resolução para o que é considerado um problema ou uma disfunção".

Fazendo ainda uma ponte com o tema do desenvolvimento humano que abordei há pouco, Rojas[31] evidencia que a visão médica acerca da deficiência contribuiu para validação de um discurso sobre desenvolvimento que reforça, simultaneamente, os conceitos de normalidade e "uma lógica cientificista e produtiva em um contexto de acumulação de capital e bens". Nesse sentido, a lógica do capitalismo moderno e suas implicações sobre o modo de tratar o "outro", reconhecido como "estranho,[32] desponta entre os elementos presentes na crítica decolonial. Retornarei a esta questão mais adiante.

Concepções de cuidado – da técnica à dimensão existencial ou ontológica

Ao refletir sobre o necessário enfrentamento do processo de patologização e medicalização da infância, vislumbro como um bom ponto de partida, situar a clínica dirigida a criança como um dos elementos que compõe o cuidado neste universo. Tal ênfase deve-se ao fato de que é precisamente no âmbito da atuação clínica que vem sendo observada a tendência à hipervalorização da dimensão técnica e de estratégias preditivas de risco, com implicações inclusive nas normas que orientam as normas institucionais de saúde da criança no Brasil.

---

31 ROJAS, Sonia. "Escuela y discapacidad: representaciones sociales y prácticas de diferencia en la escuela". Flacso, Ecuador, 2012.

32 BHABHA, Homi. "A questão do 'outro': diferença, discriminação e o discurso do colonialismo". *In*: HOLLANDA, Heloisa Buarque de (Coord.). Pós-modernismo e política. Rio de Janeiro: Rocco, 1991.

Por outro lado, é necessário admitir que a prática clínica é uma, entre outras práticas de caráter técnico, ou não, que envolve o processo do cuidado dirigido à infância. Cabe reconhecer, portanto, que o cuidado da criança mobiliza diferentes sujeitos (cuidadores domésticos, profissionais de áreas diversas, vizinhos etc.) e contextos sociais (família, serviços de saúde, escola, creches etc.). Assim, é mister considerar que existem concepções diversas e controversas sobre cuidado em saúde ou, mais especificamente, sobre cuidado infantil.

Seguindo a cronologia da produção de Ayres, encontramos em artigo publicado em 2001,[33] uma espécie de manifesto em defesa de um cuidado em saúde que vá mais além do conhecimento e da prática técnica e abra espaço para as emoções, os afetos e os projetos de vida ou, em termos mais específicos, "projeto de felicidade". Sem deixar de reconhecer a importância da vigilância epidemiológica ou sanitária, ele destaca igualmente a necessidade de se reconhecer os limites do conhecimento ou das ferramentas destinadas para controlar as enfermidades.

Prevalece no horizonte técnico-normativo a ênfase na doença em detrimento de uma atuação que se volta para a vida, para a existência e reconhece sua complexidade. Na ocasião, Ayres[34] constatou que "não temos nos perguntado, quando dialogamos sobre saúde, sobre o que sonham as pessoas (nós mesmos) para a vida, para o bem viver, para a saúde". A propósito, é oportuno interrogar se o cenário atual na clínica ou na saúde coletiva, mais especificamente no campo da saúde infantil, não se apresenta ainda mais restritivo.

Estamos diante de lógicas discrepantes tanto na configuração das práticas que engendram, quanto nos parâmetros para avaliação de êxito. Enquanto o saber a serviço da "produção de artefatos" constrói objetos e visa o êxito técnico, aquele centrado no sucesso existencial,

---

33 AYRES, José Ricardo de Carvalho Mesquita. "Sujeito, intersubjetividade e práticas de saúde". Ciência e Saúde Coletiva, vol. 6, nº 1, 2001.

34 AYRES, José Ricardo de Carvalho Mesquita. "Sujeito, intersubjetividade e práticas de saúde". Ciência e Saúde Coletiva, vol. 6, nº 1, 2001, p. 71.

constitui sujeitos e privilegia "projetos de felicidade".[35] Esta última noção ancora-se na compreensão de que a felicidade, além de singular e pessoal, implica valores publicamente aceitos e que influenciam na realização de tal experiência.

Ayres[36] situa a construção compartilhada de projetos como central no ato de cuidar da saúde. Desde esta perspectiva, o compromisso com o projeto de felicidade por parte dos profissionais de saúde e outros cuidadores constitui o horizonte normativo do ato assistencial. Tal giro ético e epistemológico implica na valorização de um enfoque eminentemente interdisciplinar, no qual o aporte das ciências sociais e humanas é imprescindível.

Em publicação posterior, Ayres[37] avança mais um passo no adensamento do debate teórico ao propor uma taxonomia para distinguir os sentidos do cuidado a partir de quatro categorias: ontológica, genealógica, reconstrutiva e crítica. Ele vai localizar em Heidegger (na obra *Ser e tempo*) a *dimensão ontológica* representada a partir de uma alegoria do cuidado que contempla os seguintes elementos: *movimento, interação, identidade/alteridade, plasticidade, desejo, temporalidade, responsabilidade* e *projeto.*

São elementos que Ayres[38] mobiliza para pensar nas práticas de cuidado em saúde. Os primeiros remetem à identidade e seu caráter relacional e dinâmico. Identidades que são moldadas através do movimento no mundo, na trama das interações, na tensão com alteridades e cuja plasticidade permite um processo contínuo de criação e recriação do ser. Os demais nos ajudam a compreender o ato em si de cuidar,

35 AYRES, José Ricardo de Carvalho Mesquita. "Sujeito, intersubjetividade e práticas de saúde". Ciência e Saúde Coletiva, vol. 6, nº 1, 2001, pp. 63-72.

36 AYRES, José Ricardo de Carvalho Mesquita. "Sujeito, intersubjetividade e práticas de saúde". Ciência e Saúde Coletiva, vol. 6, nº 1, 2001, pp. 63-72.

37 AYRES, José Ricardo de Carvalho Mesquita. "Cuidado e reconstrução das práticas de saúde". Interface: Comunicação, Saúde, Educação, vol. 8, nº 14, pp. 73-92, 2004.

38 AYRES, José Ricardo de Carvalho Mesquita. "Cuidado e reconstrução das práticas de saúde". Interface: Comunicação, Saúde, Educação, vol. 8, nº 14, pp. 73-92, 2004.

que mobiliza desejos, que opera no fluxo do tempo, que nos convoca a ter responsabilidade ou implicar-se, uma vez que somos detentores de conhecimento e, por fim, ser artífice e curador de tal projeto.

Em sua *dimensão crítica*, o cuidado encontra-se envolto nas práticas e relações contemporâneas de saúde, fortemente mediadas pelas tecnologias, as quais tem demarcado seu perfil na esfera institucional. Em contrapartida, o cuidado desde uma ótica *reconstrutiva* se apresenta como "uma tarefa e um compromisso fundamental quando se quer Cuidar".[39] Impõe-se aqui o desafio de reconstruir as práticas de cuidado em saúde em novas bases que passam por potencializar as interações, reconhecer a presença do outro (alteridade) e abrir-se para a expansão de horizontes. Em seu sentido reconstruído, o cuidado passa a designar uma atenção "interessada no sentido existencial da experiência do adoecimento, físico ou mental, e, por conseguinte, também das práticas de promoção ou recuperação da saúde.[40]

A definição apresentada acima já contempla o princípio da integralidade do cuidado, evocado posteriormente por Ayres[41] para retomar a questão da importância e posição relativa da dimensão da técnica nas práticas de saúde. Neste trabalho, a ênfase recai sobre os aspectos mais operacionais do cuidado no cotidiano em saúde. Reflete sobre os meios e modos de atuação requeridos para fazer frente às múltiplas necessidades daqueles que necessitam e/ou demandam cuidado. Ao tempo que ele reitera a oportunidade de refletir sobre a técnica ao discutir o cuidado integral, assim como sua presença cotidiana e, por vezes, naturalizada no cotidiano dos serviços, ele apela igualmente para a valorização da arte do cuidar. São desafios que evidenciam a necessidade de "recompor

39 AYRES, José Ricardo de Carvalho Mesquita. "Cuidado e reconstrução das práticas de saúde". Interface: Comunicação, Saúde, Educação, Botucatu, vol. 8, nº 14, p. 86, 2004.

40 AYRES, José Ricardo de Carvalho Mesquita. "Cuidado e reconstrução das práticas de saúde". Interface: Comunicação, Saúde, Educação, vol. 8, nº 14, p. 90, 2004.

41 AYRES, José Ricardo de Carvalho Mesquita. "Organizações das ações de atenção à saúde: modelos e práticas". Saúde e Sociedade, São Paulo, vol. 18, nº 2, pp. 11-23, jun. 2009.

competências, relações e implicações ora fragmentadas, empobrecidas ou desconexas".[42]

Na mesma publicação, considero especialmente oportuno a referência de Ayres[43] ao uso da "*sabedoria prática*". Um movimento guiado pela pretensão de "fundir horizontes entre nossos saberes técnicos e os saberes que as pessoas de quem cuidamos acumularam sobre si próprias e seus projetos de felicidade".[44] As melhores escolhas sobre o que fazer ou como agir nas diversas situações de cuidado são potencializadas a partir desta abertura necessária para que, do diálogo, entre esses múltiplos saberes. Tal princípio é especialmente oportuno no universo do cuidado infantil, no qual a atuação de cuidadores domésticos, profissionais de creches ou educadores, conforme a idade da criança, é parte inerente ao processo de cuidado.

Para concluir este tópico, destaco alguns apontamentos extraídos do trabalho de Carvalho, Freire e Bosi, que também se volta para a dimensão ontológica do cuidado. Partindo da crítica ao predomínio da lógica pragmática e dimensão técnica dominante na noção de atenção psicossocial, realçam a categoria cuidado interessado com o modo de *ser-no-mundo*, enfatizando especialmente sua dimensão ética. Evoca-se mais especificamente a escuta ética, a qual implica ir além e de uma atitude de resposta à necessidade do outro para constituir-se como "uma abertura ao encontro com o outro". Um movimento que requer do profissional, em sua práxis na saúde, a disposição para "ser afetado, ser desalojado de seu saber-poder para, então, poder acolher quem a ela acorre em sua exigência ética por respeito e cuidado".

---

42 AYRES, José Ricardo de Carvalho Mesquita. "Organizações das ações de atenção à saúde: modelos e práticas". Saúde e Sociedade, São Paulo, vol. 18, nº 2, p. 18, jun. 2009.

43 AYRES, José Ricardo de Carvalho Mesquita. "Organizações das ações de atenção à saúde: modelos e práticas". Saúde e Sociedade, vol. 18, nº 2, p. 19, jun. 2009.

44 AYRES, José Ricardo de Carvalho Mesquita. "Organizações das ações de atenção à saúde: modelos e práticas". Saúde e Sociedade, vol. 18, nº 2, p. 19, jun. 2009.

Pensando essa práxis no campo da infância, tal escuta pode-se dar em uma perspectiva socio-culturalmente orientada que busque compreender as seguintes questões: Como a criança se vê através dos olhos dos outros e de suas expectativas? E dos signos que observa no contexto onde convive? Como marcadores de pertencimento social, notadamente, raça, classe social e gênero são percebidos ou vivenciados pelas crianças?

Outra ruptura epistemológica: na rota do giro decolonial para pensar sobre a criança em sua singularidade

Ao tratar da questão da patologização da infância, fui tecendo até aqui a crítica ao tecnicismo e a hegemonia do saber biomédico e seus limites nas práticas avaliativas do comportamento, corporalidade ou subjetividade infantil, vislumbrando perspectivas alvissareiras que nos oferecem a reconstrução do sentido do cuidado, orientado para a existência do ser e para projetos compartilhados de felicidade.

Nesta última seção retomo a ideia ensejada na introdução de apostar em uma ruptura mais radical que passa pelo questionamento das bases teóricas que têm orientado nossas concepções e práticas no campo das ciências sociais e humanas, em suas múltiplas aplicações ou contextos, tendo como referência os debates em curso em torno das categorias modernidade, colonialidade e decolonialidade. Devo dizer que pisarei com cautela nesse terreno, uma vez que se trata de um caminho que venho trilhando muito recentemente e que cuja complexidade certamente demanda muito mais leituras, intercâmbios e aprofundamentos. Ainda assim, me sinto absolutamente convencida da potência e urgência desse diálogo e das pistas que ele oferece para entender o necessário enfrentamento de modelos excludentes e universalizantes de ser e estar, que no caso latino-americano reflete muito do nosso passado colonial e de seus desdobramentos.

Situando de forma sucinta as categorias referidas, começo me valendo da síntese apresentada por Lander, que destaca as seguintes dimensões presentes na noção de modernidade que tem impregnado fortemente a mentalidade intelectual nas ciências sociais: uma "visão universal da história"; ancorada na ideia de progresso que, por sua vez fundamenta "a classificação e hierarquização de todos os povos, continentes e experiências históricas"; a "naturalização" das relações sociais, da "natureza humana" da sociedade liberal-capitalista assim como a "naturalização ou ontologização das múltiplas separações próprias dessa sociedade" e, por fim, o reforço à ideia de superioridade dos conhecimentos científicos "em relação a todos os outros conhecimentos".

Considero especialmente oportuno para o tema em foco, considerar a alegoria de Castro-Gómez[45] da modernidade como uma "máquina geradora de alteridade que, em nome da razão e do humanismo, exclui do seu imaginário o hibridismo, a multiplicidade, a ambiguidade e a contingência das formas de vida concretas". Podemos dizer, portanto, que o estabelecimento de um padrão universal ou, na melhor das hipóteses, bastante restritivo de normalidade que passa a perseguir o sujeito ainda bebê e que, certamente, encontra-se descolado da realidade social, é parte dessa engrenagem.

Cabe reconhecer ainda que modernidade-colonialidade são desdobramentos históricos dos processos do colonialismo, que impactaram fortemente na formação sociocultural e política do nosso continente. Todo este imbricado de conceitos mereceria bem mais do que alguns parágrafos. Por ora, recorro a Maldonado-Torres,[46] primeiro para entender que não é possível conceber o colonialismo de forma genérica,

---

45 CASTRO-GÓMEZ, Santiago. "Ciências sociais, violência epistêmica e o problema da invenção do outro". *In*: LANDER, Edgardo (Coord.). A colonialidade do saber: eurocentrismo e ciências sociais — perspectivas latino-americanas. Buenos Aires: CLACSO, 2005, p. 145.

46 MALDONADO-TORRES, Nelson. "Analítica da colonialidade e da decolonialidade: algumas dimensões básicas". *In*: BERNARDINO-COSTA, Joaze; MALDONADO-TORRES, Nelson; GROSFOGUEL, Ramón (Coord.). Decolonialidade e pensamento afrodiaspórico. 1ª ed. Belo Horizonte: Autêntica, 2020.

desconsiderando as especificidades de sua ocorrência em cada tempo e espaço, assim como suas implicações no presente; depois, para distinguir as seguintes noções:

> colonialismo pode ser compreendido como a formação histórica dos territórios coloniais; o colonialismo moderno pode ser entendido como os modos específicos pelos quais os impérios ocidentais colonizaram a maior parte do mundo desde a "descoberta"; e colonialidade pode ser compreendida como uma lógica global de desumanização que é capaz de existir mesmo na ausência de colônias formais.[47]

Considero especialmente necessário alinhar-se ao movimento que nos convoca a produzir um giro decolonial,[48] capaz de fazer as múltiplas facetas da colonialidade – do poder, do saber e do ser[49] [50] [51] que alimentam a violência e subordinação epistêmica, racial, de gênero etc.

---

47 MALDONADO-TORRES, Nelson. "Analítica da colonialidade e da decolonialidade: algumas dimensões básicas". *In*: BERNARDINO-COSTA, Joaze; MALDONADO-TORRES, Nelson; GROSFOGUEL, Ramón (Coord.). Decolonialidade e pensamento afrodiaspórico. 1ª ed. Belo Horizonte: Autêntica, 2020, pp. 35/36.

48 "Termo cunhado originalmente por Nelson Maldonado-Torres em 2005 e que basicamente significa o movimento de resistência teórico e prático, político e epistemológico, a lógica da modernidade/colonialidade" (BALLESTRIN, Luciana. "América Latina e o giro decolonial". *Revista brasileira de ciência política*, nº 11, 2013, p. 105.).

49 QUIJANO, Anibal. "Colonialidade do poder, eurocentrismo e América Latina". *In*: LANDER, Edgardo (Coord.). A colonialidade do saber: eurocentrismo e ciências sociais — perspectivas latino-americanas. Buenos Aires: Consejo Latinoamericano de Ciencias Sociales, 2005.

50 MIGNOLO, Walter. *Histórias locais/projetos globais*: colonialidade, saberes subalternos e pensamento liminar. Trad. Solange Ribeiro de Oliveira. Belo Horizonte: UFMG, 2020.

51 MALDONADO-TORRES, Nelson. "Sobre la colonialidad del ser: contribuciones al desarrollo de un concepto". *In*: CASTRO-GÓMEZ, Santiago; GROSFOGUEL, Ramón (Coord.). El giro decolonial: reflexiones para una diversidad epistêmica más allá del capitalismo global. Bogotá: Siglo del Hombre Editores, pp. 127-167, 2007.

Chama atenção, no entanto, a escassa penetração deste movimento no contexto da saúde coletiva brasileira, incluindo o campo da saúde mental.

Mesmo no campo da educação, onde as aproximações com esse debate são mais evidentes, constata-se uma forte lacuna de produções nacionais. Melgarejo e Maciel[52] identificaram alguns trabalhos exemplares alinhados com esse giro epistêmico no Equador, Chile e Colômbia, nos quais se coloca no centro do debate as relações entre infância e colonialismo. Em sua revisão, os autores identificaram que os trabalhos sintonizados com a perspectiva decolonial no campo da infância, cujo número ainda é bastante reduzido, vem abordando os seguintes temas/questões:[53]

- **Estudos sobre a condição da infância indígena em contextos de migração transnacional e urbana** (meninos e meninas migrantes, estrangeiros e indígenas em um contexto de periferia urbana – dão especial destaque para os contextos de multiplicidade identitária e as intersecções de categorias de diferenciação;
- **O conceito de protagonismo infantil como ferramenta para compreender as infâncias trabalhadoras organizadas** - ênfase nos processos de agência infantil;
- **A agência infantil em contextos de violência e conflito armado**, demonstrando a capacidade das crianças de se adaptar, interagir e projetar formas de viver e conviver com a guerra e outras formas de violência;

52 MELGAREJO, Patricia Medina; MACIEL, Lucas da Costa. "Infancia y de/colonialidad: autorías y demandas infantiles como subversiones epistémicas". Educação em Foco, vol. 21, nº 2, pp. 295-332, 2016.

53 MELGAREJO, Patricia Medina; MACIEL, Lucas da Costa. "Infancia y de/colonialidad: autorías y demandas infantiles como subversiones epistémicas". Educação em Foco, vol. 21, nº 2, pp. 308/309, 2016.

- **Exercícios teórico-reflexivos ou estudos de revisão sobre o campo** a partir do reconhecimento da trajetória histórica das noções de infância);
- **Relações entre a infância e o conceito emergente de território** – crianças como sujeitos de uma espacialidade onde situam seus mundos infantil;
- **Etnologias de infâncias indígenas em seus territórios históricos e de seus modos de vida** - questionam universalismos e critérios etários baseados na cultura hegemônica ocidental;
- **Problematização da interculturalidade e no diálogo-participação das crianças**.

Certamente, há um espaço enorme a ser preenchidos para ampliar este escopo temático. Além disso, a possibilidade de seguir na trilha do giro decolonial não se restringe ao contexto da pesquisa e da produção acadêmica. Apresenta-se como uma oportunidade de ressignificar e reinventar o saber e o agir no campo da infância onde quer que ele seja requerido. Focalizando o cuidado infantil, seja na saúde coletiva ou na clínica, seguir essa rota nos abre novas possibilidades.

A proposta do giro decolonial convida a todas, todos, todes comprometidos com a infância a reconhecer e dar visibilidade a "outras maneiras de contar a história, outras formas de organização da vida e dos saberes, bem como a produção de novas subjetividades que não carreguem a herança dos padrões coloniais de poder que seguem vigentes na sociedade".[54] Neste sentido, encerro este capítulo compartilhando com os leitores uma experiência local muito potente e que se apresentou em

---

54 ANSARA, Soraia. "Políticas da memória x Políticas do esquecimento: possibilidades de desconstrução da matriz colonial". Revista Psicologia Política, vol. 12, nº 24, pp. 297-311, 2012.

um momento especialmente crítico: da pandemia da Covid-19. Trata-se do "Podcast Papo de Criança", uma iniciativa de Cláudia Mascarenhas que conta com o apoio do Instituto Viva Infância.

Em seus diferentes episódios, esse podcast tem abordado temas relacionados às crianças, suas famílias e as comunidades onde estão inseridas, que vão além da pandemia em curso. Com seriedade, delicadeza e compromisso ético-político, essa iniciativa tem contribuído para dar visibilidade a idiossincrasias e alteridades múltiplas, próprias da diversidade social, cultural e política na qual vive a nossa infância. Das muitas e ricas narrativas que têm circulado no "Papo de Criança", pincei no quadro 1 alguns relatos que perpassam os universos de famílias/profissionais e crianças contextos negras, indígenas, ciganas e com deficiência (a casa, a escola, a aldeia, o território quilombola, as instituições, a rua etc.).

Relatos Podcast "Papo de Criança"[55]

Racismo estrutural, efeitos para a criança negra e resistência

"O sistema ele nos coisificou, transformou a gente em coisa, a escravidão disse que nós éramos coisa. Há uma contradição, que coisa é essa que amamenta seu filho, que faz sua comida, que cuida de você, as doulas, as amas de leite, as mães, a maioria das sinhás nem pegavam os filhos, os filhos nasciam, eram entregues às mulheres que cuidavam. O cuidado todo era entregue a essa pessoa que você diz que é inferior".

"Eu lembro que uma certa feita minha filha chegou em casa e disse 'meu pai, o senhor pode pintar tinha pele de branco?', 'mas por que, minha filha?', ela veio dizer que o colega disse que a pele dela era cor de fezes [...] Como pai, eu já preparo os meus filhos também pra uma militância [...] 'Levante a cabeça! O problema não é seu não, a doença é do outro'. Tem esse cuidado de manter ela assim de cabeça erguida, de peito pro alto mesmo e também de se afirmar, a questão da afirmação".

O cuidado infantil no território indígena: preconceito e resistência

"**Preconceito** a gente vive todos os dias, todos os momentos, não tem lugar certo pra a gente sofrer preconceito [...] O **cuidado** que a gente tem que ter com as **crianças** é ainda maior e com os **adolescentes**, porque a gente sabe se a gente que é grande sofre esse **preconceito,** a gente sabe quanto é doloroso, imagine uma criança e um adolescente, então o que a gente tem mesmo é que cuidar, falar".

55 Citei relatos disponíveis no Youtube, mas optei por não referir os interlocutores. Os títulos de cada segmento são de minha autoria.

"[...]eu sempre vou estar trazendo aqui a noção de **território** como central porque é um dos elementos chaves pra nossa cultura e [...] desenvolvimento dos sujeitos que estão nesse território, principalmente as crianças, a gente pode pensar em falar desse **bem viver**, **bem-estar** ou **saúde mental**, como queiram estar colocando, quando a gente de fato consegue **garantir** esses **direitos sociais**, **políticos**, **constitucionais**, éticos, **moral**".

"Uma escola na zona rural, na comunidade indígena, tem uma vantagem: a gente mora, a gente convive e a gente trabalha no meio rural. Aqui nós temos liberdade. Na aula de história a gente trabalha nossa história, nossa cultura [...] Na aula geografia, somos ricos, temos a Mata Atlântica e podemos levar os alunos pra lá pra ver a diversidade de árvores, madeira".

A Voz Cigana: sobre preconceito e o lugar da criança

"As pessoas têm o hábito de dizer que **ciganos são porcos**, quem fala isso nunca entrou numa cozinha cigana. A **higiene é uma característica nossa**. Só que é quase humanamente impossível pra quem está acampado, abarrancado, *arrancheado*, que não tem água, que não tem **luz**, conseguir manter essa **higiene**".

"Pra gente aqui as **crianças** têm um lugar de **privilégio** porque é o momento onde toda a nossa **cultura**, todo o nosso saber tá sendo passado o porquê. As **crianças** têm essa prioridade, têm uma **liberdade** imensa até porque eles precisam ter liberdade pra **aprender com prazer** tudo o que eles precisam aprender, o respeito da nossa **cultura**, da nossa **etnia**, dos nossos saberes que só são passados dessa forma, por exemplo, o **dialeto**, o nosso dialeto você não vai encontrar em lugar nenhum por escrito".

Sobre deficiência, diversidade e inclusão

"As minhas filhas têm uma **diferença.** Eu acho muito complicado e delicado como falar *o como olham o mundo*, porque todas as crianças têm suas **diferenças**, mas claro que quando se tem, como elas, uma **limitação motora** que envolve a fala, como se **expressar** e, portanto, como ser **compreendida** pelo outro, isso fica mais complexo. Então desde sempre a gente se colocou muito à **escuta** [...] se presentificou [...] é então possível **criar**, **inventar** e fazer tudo isso que faz diferença nesses tempos".

"A minha filha, ela era pequenininha, e perguntou assim: 'Mamãe, o sol ele é redondo cheio de tracinho?', aí eu falei 'É'. Aí ela falou: 'Mas, mamãe, o sol lá de casa não é assim' [...] A gente criou um signo que o sol era desse jeito e ela olhou pro céu e viu que o sol da casa dela não era desse jeito. E eu acho que quando a gente fala da **diversidade** e fala dessa possibilidade do pente virar uma serpente, é que não tem o certo e o errado, quando a gente passa de um princípio assim, de que não tem um certo e um errado, todas as possibilidades do que vão vir são maravilhosas, são novidades... Então quando você tem uma criança que, eu fico pensando 'com **dificuldade**? como assim né? o que seria isso? Eu não sei'".

"Inclusão significa **convivência** e escola se faz na convivência. Não dá pra ser uma escola de verdade, realizar a sua função de verdade (**pessoas poderem aprender umas com as outras**) se não for na convivência. [...] Quando a gente fala que a **escola especial** [...] eu vou ser muito enfática, não é escola. **Instituição segregada não é escola** porque pra ser escola a gente precisa estar em contato com o **patrimônio da humanidade**".

Empoderar a criança em sua diversidade: a arte pode ajudar

"Cabe lembrar que a própria palavra infância é uma palavra com conotações etimológicas muito restritivas, porque *o infans* é aquele que não tem o uso da palavra e isso significa já conotar a própria palavra infância como um insulto, não como uma possibilidade de criar linguagem, que é o caso da infância".

"[...] As vezes caímos muito nos estereótipos e o que é interessante é que uma criança vive de forma singular o seu espaço-tempo, diferenciado do resto das crianças, tem um ponto de vista que é diferenciado e, portanto, vai questionar o mundo de uma forma completamente diferenciada de outra criança. E essa singularidade nos leva a nós, como artistas, a não ver a infância como uma unidade que vai ser, vai responder de uma forma unívoca, senão que vai ter muitas possibilidades diversas".

"Todas as experiências que a gente fez sempre foram de uma potência, de uma capacidade de conectar um olhar divergente. Eu acho que o espaço artístico da poesia, ele permite a gente encontrar o que tá fora da norma de uma forma muito especial".

Os relatos destacados são apenas uma pequena amostra de visões e situações compartilhadas no "Papo de Criança, com Claudia Mascarenhas", os quais já nos ajudam a refletir o quanto essa diversidade de contextos, modos de vida, trajetórias marcadas pelo preconceito ou pelo racismo, assim como perspectivas diversas de entender a infância e o cuidado para com ela, vem sendo considerada na práxis da saúde coletiva ou clínica infantil.

No contexto da clínica, impõe-se uma leitura contextualizada do "sintoma", o que requer uma escuta sensível que coloque em suspensão (e por que não dizer suspeição?) o conhecimento técnico para exercitar certa "fusão de horizontes". A anamnese precisa transcender o roteiro tradicional para incluir mais elementos dos modos de condições de vida da família, da criança e de sua comunidade. Considerar os universos simbólicos por onde transitam as crianças e suas famílias. Dimensionar as eventuais condições ou contextos de vulnerabilidade nas quais estão inseridas, com especial atenção para os efeitos do racismo estrutural e dos processos já referidos de colonização do ser e do saber para a saúde mental.

No âmbito da saúde coletiva, além de considerar tal perspectiva histórico-social para situar a criança brasileira em seus distintos territórios, cabe reconhecer que o cuidado descontextualizado contribui para invisibilizar os micro e macro determinantes sociais do sofrimento ou adoecimento psíquico infantil. Uma lacuna que contribui para restringir o exercício do "diagnóstico diferencial" nas unidades de saúde a padrões comportamentais universalizantes.

Concluo, afirmando a convergência com a percepção de que a desconstrução da matriz colonial deve ser pauta prioritária no debate psicopolítico, sendo, certamente, uma via de resistência "às demarcações coloniais, que ditam as normas como cada sujeito é ou como deveria viver".[56] Entendo que tais pressupostos devem orientar a escuta e observação da criança nos diferentes ciclos de seu desenvolvimento.

Referências bibliográficas

ALVES, Cândida Beatriz; DELMONDEZ, Polianne. "Contribuições do pensamento decolonial à psicologia". *Revista Psicologia Política*, vol. 15, nº 34, pp. 647-661, 2015.

ANSARA, Soraia. "Políticas da memória x Políticas do esquecimento: possibilidades de desconstrução da matriz colonial". *Revista Psicologia Política*, vol. 12, nº 24, pp. 297-311, 2012.

AREOSA, João. "O risco nas ciências sociais: uma visão crítica ao paradigma dominante". *Revista Angolana de Sociologia*, nº 5/6, pp. 11-33, 2010.

---

56 ALVES, Cândida Beatriz; DELMONDEZ, Polianne. "Contribuições do pensamento decolonial à psicologia". *Revista Psicologia Política*, vol. 15, nº 34, 2015, p. 658.

AREOSA, João. *Riscos e análises de riscos*: contributos para a sua conceptualização. Universidade do Minho, 2008. (Trabalho apresentado no Colóquio Internacional de Segurança e Higiene Ocupacionais).

AYRES, José Ricardo de Carvalho Mesquita. "Sujeito, intersubjetividade e práticas de saúde". Ciência e Saúde Coletiva. Rio de Janeiro, vol. 6, nº 1, pp. 63-72, 2001.

AYRES, José Ricardo de Carvalho Mesquita. "Cuidado e reconstrução das práticas de saúde". Interface: Comunicação, Saúde, Educação. Botucatu, vol. 8, nº 14, pp. 73-92, 2004.

AYRES, José Ricardo de Carvalho Mesquita. "O cuidado, os modos de ser (do) humano e as práticas de saúde". Saúde e Sociedade. São Paulo, vol. 13, nº 13, pp. 16-29, 2004.

AYRES, José Ricardo de Carvalho Mesquita. "Organizações das ações de atenção à saúde: modelos e práticas". Saúde e Sociedade. São Paulo, vol. 18, nº 2, pp. 11-23, jun. 2009.

AZEVEDO, Luciana Jaramillo Caruso de. "Medicalização das infâncias: entre os cuidados e os medicamentos". Psicologia USP, vol. 29, nº 3, pp. 451-458, 2018.

BALLESTRIN, Luciana. "América Latina e o giro decolonial". *Revista Brasileira de Ciência Política*, nº 11, pp. 89-117, 2013.

BERNARDINO-COSTA, Joaze; MALDONADO-TORRES, Nelson; GROSFOGUEL, Ramón. (Coord.). *Decolonialidade e pensamento afrodiaspórico*. Belo Horizonte: Autêntica Editora, 2020 (Coleção Cultura Negra e Identidades).

BHABHA, Homi. "A questão do 'outro': diferença, discriminação e o discurso do colonialismo". *In*: HOLLANDA, Heloisa Buarque de (Coord.). Pós-modernismo e política. Rio de Janeiro: Rocco, 1991.

BIRMAN, Joel. "Laços e desenlaces na contemporaneidade". Jornal de Psicanálise, vol. 40, nº 42, pp. 47-62, 2007.

CANGUILHEM, Georges. *O normal e o patológico*. 5ª ed. Rio de Janeiro: Forense Universitária, 2002.

CARVALHO, Liliane Brandão; FREIRE, José Célio; BOSI, Maria Lúcia Magalhães. "Alteridade radical: implicações para o cuidado em saúde". Physis, 2009, vol. 19, nº 3, pp. 849-865.

CASTRO-GÓMEZ, Santiago. "Ciências sociais, violência epistêmica e o problema da invenção do outro". *In*: LANDER, Edgardo (Coord.). A colonialidade do saber: eurocentrismo e ciências sociais — perspectivas latino-americanas. Buenos Aires: CLACSO, pp. 87-95, 2005.

DIDONET, Vital. *Construção sócio-histórica da infância na América Latina e Caribe*: as várias infâncias. 2005. (Texto base de conferência proferida na Universidade Católica do Peru). Disponível em: http://primeirainfancia.org.br/construcao-socio-historica-da-infancia-naamerica-latina-e-caribe-as-varias-infancias/. Acessado em: 12.08.2020.

FILHO, N.A.; CASTIEL, L. D.; AYRES, J. R. "Riesgo: concepto básico de la epidemiologia". *Salud Colectiva*, vol. 5, nº 3, pp. 323-344, 2009.

GRANJO, Paulo. "Quando o conceito de 'risco' se torna perigoso". Análise Social, vol. 41, nº 181, 2006, 1167-1179.

GROSFOGUEL, Ramón. "Para descolonizar os estudos de economia política e os estudos pós-coloniais: transmodernidade, pensamento de fronteira e colonialidade global". *Revista Crítica de Ciências Sociais*, 80, pp. 115-147, 2008. Disponível em: https://journals.openedition.org/rccs/697. Acessado em: 05.10.2020.

LANDER, Edgardo. "Ciências sociais: saberes coloniais e eurocêntricos". *In*: LANDER, Edgardo (Coord.). A colonialidade do saber: eurocentrismo e ciências sociais - perspectivas latino-americanas. Buenos Aires: Consejo Latinoamericano de Ciencias Sociales, 2005, pp. 7-24.

LIMA, Rossano Cabral. "Na contramão da patologização". *Patologização e medicalização das vidas*, vol. 33, São Paulo: CRP 06, 2019. (Cadernos Temáticos CRP-SP).

LIMA, Rossano Cabral. *Somos todos desatentos?* O TDA/H e a construção das bioidentidades. Rio de Janeiro: Relume Dumará, 2005.

MALDONADO-TORRES, Nelson. "Sobre la colonialidad del ser: contribuciones al desarrollo de un concepto". *In*: CASTRO-GÓMEZ, Santiago; GROSFOGUEL, Ramón (Coord.). El giro decolonial: reflexiones para uma diversidad epistêmica más allá del capitalismo global. Bogotá: Siglo del Hombre Editores, pp. 127-167, 2007.

MALDONADO-TORRES, Nelson. "Analítica da colonialidade e da decolonialidade: algumas dimensões básicas". *In*: BERNARDINO-COSTA, Joaze; MALDONADO-TORRES, Nelson; GROSFOGUEL, Ramón (Coord.). Decolonialidade e pensamento afrodiaspórico. 1ª ed. Belo Horizonte: Autêntica, 2020.

MELGAREJO, Patricia Medina; MACIEL, Lucas da Costa. "Infancia y de/colonialidad: autorías y demandas infantiles como subversiones epistémicas". Educação em Foco, Juiz de Fora, vol. 21, nº 2, pp. 295-332, 2016.

MIGNOLO, Walter. *Histórias locais/projetos globais*: colonialidade, saberes subalternos e pensamento liminar. Trad. Solange Ribeiro de Oliveira. Belo Horizonte: UFMG, 2020.

QUIJANO, Anibal. "Colonialidade do poder, eurocentrismo e América Latina". *In*: LANDER, Edgardo. (Coord.). A colonialidade do saber: eurocentrismo e ciências sociais: perspectivas latino-americanas. Buenos Aires: Consejo Latinoamericano de Ciencias Sociales, 2005.

ROJAS, Sonia. "Escuela y discapacidad: representaciones sociales y prácticas de diferencia en la escuela". Flacso, Ecuador, 2012.

SPINK, Mary Jane Paris *et al.* "Usos do glossário do risco em revistas: contrastando 'tempo' e 'públicos'". Psicologia: Reflexão Crítica, vol. 21, nº 1, 2008.

TESSER, Charles Dacanale. "Medicalização social: o excessivo sucesso do epistemicídio moderno na saúde". Interface – Comunicação, Saúde, Educação, vol. 10, nº 19, pp. 61-76, 2006.

ZORZANELLI, Rafaela; ORTEGA, Francisco. "Cultura somática, neurociências e subjetividade contemporânea". Psicologia & Sociedade, vol. 23, pp. 30-36, 2011.

CAPÍTULO II

A CLÍNICA PSICANALÍTICA COM O BEBÊ EM SEUS DESCENTRAMENTOS

CLAUDIA MASCARENHAS

Os desafios, quaisquer que eles sejam,
nascem sempre de perplexidades produtivas.

Boaventura de Souza Santos

Um percurso é um desafio que podemos transformar em perplexidade produtiva, que tomado do ponto de vista singular, pode se tornar uma perplexidade criativa. A clínica psicanalítica com o bebê atualmente é uma realidade indiscutível, não obstante, ainda necessita avanços. Essa dimensão temporal do percurso exige de nós percorrê-lo de modo advertido, para que se desvele a sustentação de uma posição ética como *fil rouge* amarrando o pertencimento ao seu campo.

Trata-se de circunscrever algumas perplexidades advindas de descentramentos que somaram meu percurso, pendular e em espiral,[57] até esse momento, na delimitação da clínica psicanalítica com o bebê.

57 MONZANI, Luiz Roberto. *Freud movimento de um pensamento*. Campinas: Unicamp, 1985.

Primeira perplexidade: a descoberta do atendimento ao bebê[58]

O primeiro descentramento veio a partir de observações e leituras sobre a ideia de que no atendimento ao bebê não havia demanda,[59] mas tendo referenciais da psicanálise, como considerar a ideia de que no atendimento ao bebê não havia demanda? Tratava-se de um primeiro desafio, dado que a demanda para uma psicanálise é condição *sine qua non*. Foi, portanto, um imperativo avançar o tema, que se mostrava uma condição nessa clínica talvez mais do que em outra, da distinção entre as noções de demanda e apelo. Não me parecia justo afirmar que era uma clínica em que não havia demanda, mas se tratava de ler como como essa construção se fazia. Pude acompanhar na leitura dessa construção que os sinais que os bebês apresentavam descreviam o que Lacan nomeou como apelo. A diferença entre demanda e apelo, portanto, me ajudou a entender que o problema não resulta simples no tratamento, pois a insuportabilidade de sustentar a escuta do apelo do lado do bebê é correlata à impossibilidade de constituição da demanda do lado dos pais. Inicialmente "é quando se produz o apelo, que se estabelecem no sujeito as relações de dependência"[60] e se o apelo é essencial à palavra e está nos seus primórdios é para convocar uma resposta, por isso é um

58 Em 1990, morando em Paris e tomada entre curiosidade e interesse, busquei um curso de especialização em Psicopatologia do bebê que era coordenado por Sergi Lebovici, psicanalista da IPA, diferente do que acompanhava em minha formação Freud-lacaniana. Busquei também o atendimento ao bebê e seus cuidadores numa das poucas opções de atendimento a bebês com olhar psicanalítico, e propus minha pesquisa (entrevistas aos profissionais, observação de atendimentos, conversas na sala de espera, pesquisa nos prontuários, entrevista de *follow up* por telefone, leitura da produção da instituição, estudos sobre o que se produzia no trabalho com o bebê). Desse modo eu conheceria, na teoria com a especialização e na prática com a pesquisa-ação, o trabalho de atendimento ao bebê. Então começava a jornada.

59 Entrevistas com profissionais que atendiam bebês e seus cuidadores.

60 LACAN, Jacques. *Os escritos técnicos de Freud* (1953-1954). Trad. Betty Milan. livro 1, Rio de Janeiro: Zahar, 1981, p. 105. (Coleção Seminários).

apelo e desde já na linguagem.[61] Segundo Fingermann,[62] a importância da demanda, à qual o apelo é seu primórdio, coloca-nos numa posição de desdobrá-la e revela seis proposições: permite articular o inarticulável, manifesta a relação singular que cada um tem com a estrutura; proporciona o limite do saber com desejo como resposta à questão do ser; permite (através da demanda) desdobrar a dor do ex-sistir; revela que a crença no sintoma se baseia no valor estrutural da demanda e, por fim, que a psicanálise se apoia no aspecto estrutural da demanda. A ideia de tomar o trabalho com o bebê como um trabalho com a demanda articula-se a todas as proposições acima referidas, mas sem dúvida que a possibilidade de articular o inarticulável e o valor estrutural da demanda como resposta à questão do ser aplicam-se de imediato a essa clínica.[63]

Não se tratava, portanto, de uma "não demanda", mas de uma cadeia de apelos que precisaria ser elevada à categoria de demanda a partir do encontro com o psicanalista. O descentramento levou a uma primeira perplexidade criativa: há de se acompanhar a cadeia de apelos que perpassa o caminho do bebê e seus cuidadores até chegar a uma leitura das manifestações do bebê como pedido de ajuda, e assim, o trabalho inicial seria a construção da demanda e elevação do apelo a uma função secundária de comunicação, como bem disse Freud em sua famosa citação no texto sobre o Projeto para uma psicologia científica:[64]

> O organismo humano é no início incapaz de levar a cabo a ação específica. Ela se efetua por ajuda alheia, na medida em que, através de eliminação pelo caminho da alteração interna, de um indivíduo experiente atento para a experiência da criança. Esta via de eliminação passa a ter, assim, a função secundária, da

61 LACAN, Jacques. *O desejo e sua interpretação* (1958-1959). livro 6, Rio de Janeiro: Zahar, 2016. (Coleção Seminários).

62 FINGUERMANN, Dominique; MENDES, Mauro. *Por causa do pior.* São Paulo: Iluminuras, 2005.

63 FERNANDES, Claudia Mascarenhas. *Psicanálise para aqueles que não falam?* A imagem e a letra na clínica com o bebê. Salvador: Viva Infância, 2005.

64 FREUD, Sigmund. *Projeto para uma psicologia científica.* Trad. e notas Osmyr Gabbi Jr. Rio de Janeiro: Imago, 2000, p. 32.

> mais alta importância, de comunicação, e o desamparo inicial do ser humano é a fonte originária de todos os motivos morais.

O fundamento de Freud ao falar dessa necessidade essencial da ajuda alheia para o bebê humano é, sem dúvida, a ideia de que o aparelho psíquico do bebê humano não se fecha em si mesmo, vai do próprio corpo ao corpo do outro e retorna completando o registro psíquico, por isso o outro e sua resposta estão incluídos no psiquismo do bebê humano. Esse é um fundamento de tal radicalidade que sua retirada implicaria na impossibilidade de fazer caber essa clínica com o bebê no campo da psicanálise.

Segunda perplexidade: uma busca pela formalização da interação/relação como eixo regulador para o trabalho com o bebê.

Estava presente em todos os autores psicanalistas uma necessidade de formalizar as interações e suas dificuldades, para poder se pensar de que modo poderiam trabalhar com o bebê e seus cuidadores. Um segundo descentramento, portanto, nesse percurso, foi provocado pela necessidade da materialidade do que se apresentava descrito como as interações do bebê e seus cuidadores, numa confrontação entre corpos, como se refere Lacan, ao tratar do corpo do analista no trabalho com a criança. Dos três preços que Lacan comenta que o analista há de pagar,[65] concebo, no caso do atendimento à criança, que há um preço a mais para pagar: o pagamento com ações sustentadas pelo corpo do próprio analista. É preciso reconhecer o uso que isso exige, dada a materialidade do corpo

---

65 LACAN, Jacques. "La direction de la cure et les principes de son pouvoir". *In*: ______. *Écrits*. Paris: Seuil, 1992. O analista paga com suas palavras (se na transmutação que elas se submetem na operação analítica, as eleva a um efeito interpretativo), com sua pessoa, em qualquer caso que seja, ele a empresta como suporte aos fenômenos singulares que a análise a descobre na transferência. Paga com o que há de essencial do seu julgamento mais íntimo, para se jogar numa ação que vai no coração mesmo do ser.

do analista na sessão. O analista empresta seu corpo como veículo de movimentações, ações, em um espaço gravitacional, dado que sofre também uma transmutação que o coloca mais como um ator, mesmo que daí retire o seu ser, suas palavras, sua pessoa. O corpo do analista fica a serviço de empréstimos de intervenções na direção da criança, que eleva esse corpo a uma outra categoria, em que movimentações e uso são esvaziados dessa espécie de corpo próprio do analista, servindo de suporte na direção do trabalho em momentos pontuais de invasão de pedaços do real, com o simbólico e o imaginário. No seminário 9,[66] lemos que a clínica com criança levou às últimas consequências a ideia de que o encontro entre o analista e o paciente é uma a confrontação entre corpos. Há um corpo do analista e o corpo daquele que o encontra, num espaço físico compartilhado. Portanto, a condição contundente da materialidade do corpo do analista. No caso da clínica com o bebê, a necessidade imperiosa de ações e movimentações por parte não só do bebê, mas do analista também, ganha nesse item uma dimensão mais intensa e exige inclusive de seu sistema sensorial um alargamento para além do par olhar-voz, mas a experiência táctil, olfativa, proprioceptiva participam e a necessidade de conhecer, observar, se deixar impactar pela intensidade sensorial dessa clínica, não apenas corporal da motricidade, torna-se fundamental.

Logo, no caso dos bebês, um mundo teórico-clínico foi inaugurado com uma grande bibliografia sobre o tema da materialidade na sessão do corpo do bebê e das suas interações. A observação da interação começa a guiar o olhar para o bebê, e uma acomodação entre toda teorização da psicanálise sobre os seus aspectos relacionados a realidade psíquica do paciente precisava ser redimensionada com as exigências advindas daí, da clínica com o bebê.

As concepções foram se construindo tendo a relação, ou mesmo a interação do bebê com seus cuidadores, como eixo central fundamental, tornando-se uma exigência epistemológica (um bebê sozinho, isso não existe, ou o sujeito se constitui na sua relação com o Outro) passou a

66 LACAN, Jacques. *A Identificação* (1961-1962). livro 9, Recife: Centro de Estudos Freudianos do Recife. (Coleção Seminários).

ser também materializada nas sessões, nas leituras, e consequentemente na avaliação, nas hipóteses diagnósticas, como admite Leon Kresler que a originalidade fundamental dos estudos sobre o bebê fez uma escolha metodológica que evidenciou o que até então havia escapado: "a interação designada como objeto singular de observação e de pesquisa".[67] Até mesmo a noção de psicopatologia do bebê bem delimitada por Serge Lebovici[68] evoca isso de modo claro: a psicopatologia do bebê é uma perturbação do laço relacional entre o bebê e seu cuidador primordial, que se manifesta por distúrbios funcionais de sono e apetite e comporta diversas irregularidades. Algumas consequências são retiradas daí: não teria como se inventar uma classificação taxonômica dado que cada relação-interação é única, e a materialidade das ações e interações passava a contar de modo muito incisivo para essa clínica. Por exemplo, um cuidador primordial que, para a psiquiatria clássica de adultos, se encontre com alguma perturbação psiquiátrica, no caso do atendimento pais-bebê, não necessariamente *a priori* traria problemas ou causaria dificuldades nesse encontro inédito com seu bebê.[69]

Os autores que trabalhavam com a clínica do bebê e seus cuidadores admitiam a dificuldade de uma semiologia das expressões psicopatológicas precoces,[70] [71] [72] pois pela própria definição inicial de psicopatologia, não podia considerar os sinais unicamente do lado do

---

67 KREISLER, Léon. "Semiologie et classification en psychiatrie du tres jeune enfant". *In*: LEBOVICI, Serge; WEIL-HALPERN, Françoise (Coord.). Psychopathologie du bebe. Paris: PUF, 1989, p. 323.

68 LEBOVICI, Serge. "La psychiatrie du nourrisson et la pathologia des interactions precoces". *In*: LEBOVICI, Serge; WEIL-HALPERN, Françoise (Coord.). Psychopathologie du bebe. Paris: PUF. 1989.

69 GOLSE, Bernard; MORO, Marie Rose. *Le devellopment psychique precoce, de la conception au lingage*. Paris: Elsevier Masson, 2014. (Collection Médecine et Psychothérapie).

70 LEBOVICI, Serge. "La psychiatrie du nourrisson et la pathologia des interactions precoces". *In*: LEBOVICI, Serge; WEIL-HALPERN, Françoise (Coord.). Psychopathologie du bebe. Paris: PUF, 1989.

71 GOLSE, Bernard; MORO, Marie Rose. *Le devellopment psychique precoce, de la conception au langage*. Paris: Elsevier Masson, 2014. (Collection Médecine et Psychotherapie).

72 KREISLER, Léon. "Semiologie et classification en psychiatrie du tres jeune enfant". *In*: LEBOVICI, Serge; WEIL-HALPERN, Françoise (Coord.). Psychopathologie du bebe. Paris: PUF, 1989, p. 323.

bebê, nem tampouco apenas do lado dos pais, a partir de suas dificuldade ou patologias adultas, como responsáveis a princípio por uma etiologia da psicopatologia do bebê. Era preciso tentar uma espécie de semiologia relacional.

Alguns desses autores podem ser considerados clássicos no trabalho com o bebê. Leon Kreisler,[73] como psicossomatista, definia a psicopatologia da expressão somática do bebê[74] como uma inadequação do funcionamento mãe-filho, uma inadequação das respostas maternas às necessidades do bebê. Considera que o Eu, em sua expressão funcional, é constituído pelos cuidados maternos, e o inconsciente materno tende a se materializar na interação com o bebê. Esse corpo, então, se torna um lugar de expressão plástica dos conflitos inconscientes das suas relações. Uma perturbação da relação ocorre quando há na interação, do bebê com a mãe, uma insuficiência (falta de relação e estímulos, carência e descontinuidade), uma sobrecarga (como uma superestimulação), ou uma incoerência (irregularidades quantitativas e quantitativas interações). As expressões das dificuldades do bebê poderiam se dar no campo, seja somático (desvios de funções fundamentais), seja do desenvolvimento (se exterioriza pelas aquisições), campo motor (comportamentos anormais ou condutas motoras desviantes), ou mesmo como expressões mentalizadas (depressões, fobias, autismo). A importância era, portanto, considerar as interações em suas qualidades de plenitude (riqueza afetiva), leveza (adequação da mãe às necessidades do filho), estabilidade (continuidade e coerência espaço/temporal), regularidade. Nessas interações pode-se encontrar fenômenos interativos geradores de desordens: insuficiência (falta de relações e estímulos, carência libidinal, descontinuidade da relação), sobrecarga (superestimulação), incoerência (distorções ou irregularidades quantitativas do vínculo).

Philippe Gutton[75] trouxe de modo mais próximo a tentativa de uma semiologia da relação, mesmo que ainda com algumas limitações também. Ele descreve a relação entre sedução primária e cuidados

---

73 KREISLER, Léon. *Le nouveau enfant du désordre psychosomatique*. Payot: Paris, 1992.

74 KREISLER, Léon. "Semiologie et classification en psychiatrie du tres jeune enfant". *In*: LEBOVICI, Serge; WEIL-HALPERN, Françoise (Coord.). Psychopathologie du bebe. Paris: PUF, 1989, p. 323.

75 GUTTON, Philippe. *Le bébé du psychanalyste*. Paris: Paidós, 1992.

maternos: a criança é objeto do desejo materno e os cuidados maternos podem ser descritos como protocolo da realização desse desejo. O cuidado materno seria, então, o primeiro modelo de vínculo libidinal. O desejo materno inscreve uma erogeneidade durante os cuidados maternos, uma excitabilidade no lugar do corpo da criança. A tópica dessas zonas erógenas se situa nos lugares de intercâmbio entre o somático do bebê e o desejo materno. A unidade mãe-filho da gravidez procura se restabelecer por ocasião dos cuidados maternos. Nessa tentativa de reparar, podem acontecer as desarmonias relacionais, definidas como inadequações entre a sedução primária e a ordem da necessidade do filho. Todo signo (sintoma) é o resultado de um compromisso entre as demandas do bebê e as dos cuidados maternos, é resultado de uma busca de adequação. Essas desarmonias se dividem em hipofuncionamentos diádicos e hiperfuncionamentos diádicos.

Esses dois primeiros autores, mesmo imbuídos de uma tentativa de ampliar o olhar e não definindo uma psicopatologia apenas pelo que se passa com o bebê, representando teorizações realizadas com intuito de contemplar a interação ou a relação, ainda tropeçam na ideia de uma relação causal biunívoca, ou seja, o que acontece do lado materno afeta, de modo direto, o lado do bebê; este, por sua vez, pode (mesmo que em menor escala) também provocar diretamente sua mãe. A relação causal entre ações maternas (mesmo que movidas por determinantes inconscientes) e os sinais do bebê parecem evidentes para esses autores, que infelizmente não problematizam o que pode decorrer de efeitos numa “não relação” intrínseca para além das relações entre ações maternas e sinais do bebê.

Bertrand Cramer,[76] outro importante autor desse período, delimita sua atuação ao que se propõe: acredita que o trabalho com o bebê precisa ser de caráter breve. Vai propor uma psicopatologia do bebê baseada na ideia de que o pós-parto será fruto de uma nova tópica psíquica materna que a gestação vai iniciar, ocasionando uma redistribuição de investimentos e projeções psíquicas maternas para incluir o bebê, que ainda não existe, em seu campo fantasmático. Há uma necessidade do Ego, materno, se desestruturar para se estruturar já considerando o

76 CRAMER, Bertrand; PALACIO-ESPASA, Francisco. *Técnicas psicoterápicas mãe/bebê*. Porto Alegre: Artes Médicas, 1993.

bebê em seu psiquismo. A partir daí temos um terreno fértil para que o bebê passe a ser o depositário dos investimentos maternos. Torna-se efeito vivo dos objetos antes recalcados da mãe. A psicopatologia do sistema mãe-filho no pós-parto é uma "neoformação original", possui um caráter específico que a distingue da patologia materna pré-existente, não afeta todo o funcionamento psíquico da mãe (pois é muito bem localizada).

Cramer se diferencia dos anteriores por se encontrar mais no campo de uma hermenêutica. Trata-se de "interpretações maternas" que ampliam ou distorcem as manifestações do bebê, mas estes sinais do bebê não necessariamente estão em relação direta com essas interpretações maternas, nem necessariamente são efeitos das ações maternas. Não se trata mais de uma relação causal biunívoca, como nos casos anteriores, mas de mostrar como uma mãe pode ser afetada por uma ação do seu bebê, se ela está em situação de sofrimento com um grande inchaço imaginário.

Bernard Golse[77] faz uma leitura semiológica mais descritiva e menos interpretativa, mas sem deixar de lado a tentativa de abarcar os atores dessa clínica, pais e bebês. Ele acredita que deve se proceder nessa clínica de modo o mais descritivo possível. Descreve as grandes situações clínicas do lado do bebê (perturbações alimentares, perturbações do sono, perturbações da expressão motora, problemas psicossomáticos, perturbações da linguagem, depressão do bebê, autismo), as perturbações do laço, perturbações do funcionamento parental. Uma avaliação tripartite descritiva, e por isso se afasta também dos dois primeiros já tentando incorporar uma triangulação nas descrições semiológicas, no caso, o laço entra como um terceiro entre o bebê e sua mãe. Desse modo, o laço em sua função terceira pode se dar de modo novo e surpreendente; por exemplo, o bebê pode ter uma dificuldade ou a mãe uma patologia, mas no encontro único entre os dois não há relação de causalidade dessa dificuldade. Esse laço entre o próprio bebê e sua mãe é a própria alteridade entre ambos.

Existia, então, nesse mundo que se abria para o atendimento ao bebê, uma incessante busca para que, compondo o campo da psicanálise,

77 GOLSE, Bernard; BÉNONY, Christelle. *Psychopathologie du bébé*. Paris: Érès, 2002

esses descentramentos (não adequação entre o que se mostra e o que se representa) ali também coubessem. Porém se teorizava uma coerência ético-epistemológica, se posso assim nomear, para que os fundamentos da psicanálise e sua clínica fossem estabelecidos para caber a clínica com o bebê, sem sair do seu campo.

Era esperado que se buscasse nesses primórdios conhecer os sinais que poderiam indicar sofrimento do lado do bebê, pois ainda eram incipientes e na falta da palavra falada, como era a práxis psicanalítica, tais signos ou indícios da forma de manifestar sofrimento precisariam ser pesquisados. Considerei então na minha leitura até esse momento do percurso que havia, de modo geral, patamares epistemologicamente distintos para pensar esses signos.

- Sinais de dificuldades que aparecem no corpo do bebê.
- Sinais que apontam para uma função desse corpo que foi transbordada.
- Sinais que apontam para um desencontro do laço entre o bebê e seus cuidadores.
- Sinais que apontam para fracassos nas operações básicas de constituição do sujeito.
- Sinais que mais especificamente consideravam as dimensões sociais ou situações contextualizadas.

Uma riqueza de pesquisa muito ampla seria necessária para que não se restringisse e nem se corresse o risco da cristalização desses riscos em índices fixos de psicopatologias ou taxonomias psiquiátricas.

Havia mecanismos ou operações que não eram mais sinais no/do bebê, mas que passei a ver como outra possibilidade elucidativa para essa clínica tão complexa. Nem mais um ensaio estratificado semiológico da relação do bebê e seus cuidadores, mas a importância na clínica das funções de operações que se desvelavam na clínica. Naquela época, a antecipação e o transitivismo se tornaram as primeiras âncoras para uma abertura da leitura clínica: identificar mecanismos ou operações que estavam frágeis ou em impasses.

A antecipação[78] se fazia em uma aposta sobre um filho antes que este demonstre concretamente de suas capacidades. A antecipação provoca também um corte na forma como a psicanálise pensava o tempo – unicamente como *a posteriori*.[79] A antecipação será a possibilidade de imprimir outro paradigma de temporalidade, sem cair na falsa dicotomia, para o inconsciente, do antes e do depois, indicando causa e consequência. Ela tende a se transformar em pressa ou precipitação e "envolve o sujeito na sua relação com o semelhante, mas sobretudo em seu confronto com a alteridade".[80] Já o transitivismo[81] descreve um mecanismo que se passa entre a mãe e seu bebê, de forma a favorecer as codificações e decodificações necessárias entre ambos, assim como situa as hipóteses maternas sobre os afetos do bebê. Trata-se da verbalização da mãe das suas hipóteses sobre o filho, sobre o que se passa com o corpo deste.

Porém um último e fundamental patamar na minha clínica e junto à viva infância, passou a ser condição, de sinais que precisam incluir uma dimensão contextualizada ou cultural, que precisamos admitir a amplitude que define o tamanho nessa clínica e seus cabimentos. É como se na clínica com o bebê, por estar o outro à flor da pele, ou seja, completamente poroso entre o seu corpo e o do outro, talvez com mais intensidade do que nas outras clínicas da psicanálise, a dimensão dos efeitos do contexto e das circunstâncias de vida possuem um inserção mais aguda para a clínica e para a pesquisa, dois modos da atenção ao bebê que precisam estar advertidos e necessitam contemplar o contexto, quando a retirada ou invisibilidade dessa questão traz um preço alto a pagar.

---

78 ROHENKOHL, C.M.F. "Do transitivismo à antecipação". *In*: FERNANDES, Mascarenhas Claudia. A clínica com o bebê. ed. Casa do psicólogo, 1999.

79 A antecipação marcada pela pressa do sujeito ante a possível falha na suposição do Outro instaura outro tempo para a psicanálise: o tempo do espaço entre a suposição e sua verificação.

80 LINS, C. E. E. "Observações sobre o tempo e o sujeito". Sujeito e Linguagem, ano 16, nº 22, Rio de Janeiro: Revinter, 1977.

81 BERGÉS, Jean; BALBO, Gabriel. *Jogos de posições entre a mãe e a criança*: ensaios sobre o transitivismo. Trad. Nina Virgínia de Araújo Leite *et al*. Porto Alegre: CMC, 2004.

Descrevo com Michel Soulé,[82] num antigo trabalho de pesquisa-‑ação, um modelo que consegue realizar uma ação em saúde pública, ao mesmo tempo que não sai dos fundamentos acima citados, da interação e do contexto. Ele coordenou uma pesquisa durante dez anos sobre situações que precisariam ser melhores, bem-acompanhadas pelos profissionais de saúde. São situações que indicavam "um estado de alarme", que designariam uma espécie de *demanda mascarada*, ou seja, demanda disfarçada, com objetivo de dar subsídios para uma prevenção médico-‑psicossocial precoce. O interessante dessa pesquisa e de seus parâmetros epistemológicos é que, saindo totalmente da busca por uma proposta classificatória que descrevesse uma semiologia da interação consegue, com fundamentos de uma pesquisa no território, detectar as "situações contextuais" que teriam chance de provocar vulnerabilidades. Foram pesquisados durante esses dez anos, indicadores no período pré-natal (para além dos dados clássicos, como antecedentes obstétricos, abortos espontâneos ou provocados) os antecedentes psiquiátricos e antecedentes sociais deveriam ser considerados, por exemplo: família dissociada ou que necessitasse da assistência social. Outro índice interessante era poder entender a situação da mãe naquele momento, se em isolamento ou em ruptura com seus pais; entravam nessa perspectiva também as péssimas condições de habitação,[83] declaração tardia de gravidez para família, gravidez anterior sem pré-natal, nenhum projeto para a chegada do bebê, ou uma demanda de interrupção da gestação não realizada. Na maternidade, igualmente, para além de dados biográficos, indicadores de dificuldades, estar numa relação difícil com o bebê nos primeiros tempos de vida, ou mesmo não haver nenhuma visita à puérpera, assim como a falta de preparação na vida da família, para a chegada do bebê, saída prematura da maternidade contra a recomendação médica. Já em

82 SOULÉ, Michel. *Document P*: prevention medico-psycho-social precoce. Paris: Copes, 1989

83 A definição de Saúde pela OMS considera a "Saúde é um estado de completo bem-estar físico, mental e social e não apenas a mera ausência de doença ou enfermidade". No Brasil, a saúde como um direito público foi instituída em 1988 com a criação do SUS, Sistema Único de Saúde. Mesmo que a ideia de completo bem-estar seja uma irrealidade, não se pode deixar de considerar que definir a saúde em sua integralidade, como condições de lazer, trabalho, moradia etc., e não apenas a falta de doença, foi um avanço considerável.

casa: se a mulher estava deprimida ou muito descuidada, criança em mau estado físico, com dificuldade de sono e alimentação, desinteresse pelo bebê, doenças repetidas da criança, conflito entre pais e creche.

Portanto, para além de uma busca de sinais no corpo do bebê, nas relações causais biunívocas bebê e seu cuidador, em mecanismos psíquicos, ou na relação da interação como referente terceiro, existia nessa pesquisa-ação, o imperativo da consideração da inserção da condição socialmente contextualizada de situações de vida.

Como segunda perplexidade criativa, retomo rapidamente a realização de trabalhos de prevenção precoce em saúde mental, que tinha como objetivo uma mudança do olhar em relação aos bebês e crianças bem pequenas.[84] A premissa básica nessas duas iniciativas era irmos até o campo de trabalho, tentando ao máximo nos abstermos de nossas teorias sobre o bebê ou seus sinais generalizados nas teorias. Escutar e observar para, posteriormente, falar e decantar o que aquelas pessoas nos relatavam e nos mostravam; isso serviria de guia para a leitura do sofrimento do bebê e das situações que precisavam de intervenções profissionais. Referia-se a uma diferença epistemológica, clínico-teórica e também ética. Não se trata aqui de descrever a metodologia ou o trabalho realizado durante o desenvolvimento dessas duas iniciativas, já encerradas há muitos anos, mas de considerar a existência de trabalhos que seguem essa linha na pesquisa e na clínica, sustentando os fundamentos teóricos tomados a partir da noção de que o sujeito se constituir na relação com o Outro, incluem na prática a consideração princeps do trabalho com o bebê sobre a necessidade da materialidade da interação e das relações, e funcionam seguindo a ideia de partir da prática particular do contexto, para inclui-lo como fazendo parte do campo do Outro na constituição do sujeito.

84 A primeira iniciativa foi num Capsia e creches públicas do território, junto com a colega pedagoga Valdiria Lopes. Na segunda, realizamos o programa de prevenção precoce, mas já no âmbito de uma cidade, com a colega psicanalista Ana Amelia Arruda, que durou 10 anos. Período de 2003 e 2004, o primeiro, e de 2004 até 2014 o segundo.

Terceira perplexidade: sustentar o estilo próprio de uma clínica com o bebê no campo da psicanálise. Trata-se de encontrar um laço entre a clínica e o que se transmite.

Já advertida sobre os fundamentos da psicanálise que costuraram a sustentação da minha posição na atenção ao bebê, a partir de dois autores que, de modos diferentes, compõem esse fundamento epistemológico (Donald Winnicott: um bebê sozinho, isso não existe; e Jacques Lacan: o sujeito se constitui na sua relação com o Outro), tratava-se avançar na tecitura de uma atenção ao bebê "advertida", partindo de fundamentos, como alicerces, para uma estrutura teórica, com um centro epistemológico referente, de tal modo que, se sairmos dele, fissuramos próprio campo. Nesse caminho, um terceiro descentramento, portanto, o deslocamento da clínica como eixo principal para uma clínica de *um entre outros*, nos elementos da atenção ao bebê, fui a mais dois fundamentos em mais dois campos de saberes que, pelo menos até o momento, somam três eixos de sustentação para uma atenção integral ao bebê, tendo a clínica como "apenas um" dos seus elementos.

É na filosofia que uma parte desse descentramento se configurou. Passados todos esses anos, foi possível acompanhar uma mudança da relação almejada pelos profissionais entre o que o bebê mostrava e a sua interação. No decorrer desses anos ainda, sobre todos os elementos para compreender o que aconteceu, é fato que um deslizamento de relações, antes mais fluidas entre indícios e significados, passa-se para uma busca de relações mais diretas e estreitas, numa maior aproximação em torno de relações mais fixas, que tanto estreita relações causais biunívocas. Houve um estreitamento entre indícios e significações, diria, um reducionismo no caminho do trabalho com o bebê. E se para o saber médico a busca de evidências, promovendo um estreitamento necessário entre sinais, significações e sua nomenclatura, tornando-se uma condição de trabalho, para a psicanálise não se pode afirmar o mesmo, será por isso que vale a pena rever a crítica que alguns filósofos fazem a Freud, dado que tem uma importante relação com o trabalho com o bebê também.

Foucault[85] retoma, a partir de Husserl, o que acredita ser a confusão feita por Freud, entre indícios e significações. Quando se encontra pegadas na neve, explica o autor, "vejo buracos na neve, espécies de estrelas regulares, cristais de sombra. Um caçador aí verá os rastros frescos de uma lebre. Estas são duas situações vividas; seria vão dizer que uma comporta mais verdade do que a outra".[86] As duas interpretações podem ser indicadoras de que um coelho acabou de passar; todavia, elas não são mais significativas para o caçador do que seria para qualquer outro que ali passasse, assim como não é somente o caçador que pode ter a imagem do coelho na cabeça, e o que provocou a cada um pensar numa lebre pode vir de contextos completamente diferentes, mas o que afirma Foucault é que ao se confundir indícios com significados, a dimensão propriamente imaginária é inteiramente omitida. Como um indício não traz uma significação a priori ou em si mesmo, a significação só poderá ser adquirida de modo secundário, quando precisa se considerar o que fez para cada pessoa essa associação.

Quando Husserl, nas Investigações lógicas, distingue índice e significação, faz sua crítica a Freud quando este considera as imagens oníricas como simbólicas, na medida em que são índices ou fazem alusão a algo que não é manifesto (acontecimentos vividos anteriormente, estruturas implícitas, experiências que permaneceram silenciadas); por outro lado, Freud buscaria relatar as imagens em conjunto para fazê-las parecer ter um sentido interpretativo intrínseco: o desejo incestuoso, a regressão infantil, o retorno narcísico, ou seja, ante a fragilidade da ligação entre índices e significados, recorrer ao conjunto de indícios poderia ajudar. Para Foucault, é também essa falta de clareza no que diz respeito à distinção entre dois tipos de símbolos, que faz com que a psicanálise se contente com um método que só confirma o sentido do sonho pela probabilidade, que toma as imagens oníricas como códigos secretos ou índices psicológicos a serem decifrados. Um método, enfim, que só chega a uma ligação "eventual", "contingente" e "[...] possível"

---

85 FOUCAULT, Michael. *Problematizações do sujeito*: psicologia, psiquiatria e psicanálise. Trad. Vera Ribeiro. Rio de Janeiro: Forense Universitária, 2006. (Coleção Ditos e Escritos)

86 FOUCAULT, Michael. *Problematizações do sujeito*: psicologia, psiquiatria e psicanálise. Trad. Vera Ribeiro. Rio de Janeiro: Forense Universitária, 2006, p. 82. (Coleção Ditos e Escritos).

entre imagem e sentido; é um método em que "o ato expressivo em si mesmo nunca é reconstituído em sua necessidade".[87] Aos olhos de Foucault, a diferença entre Freud e Husserl é que este segundo não tenta explicar o sentido a partir das "coincidências da decifração".[88]

O significado do conceito de "vermelho"[89] tem como possíveis instâncias objetais, por exemplo, um vestido vermelho, uma folha de papel vermelha, uma lâmpada vermelha etc. Desde as relações entre intenção e preenchimento de significação, até as sínteses de preenchimento em relação dinâmica rumo à evidência e verdade, há um longo caminho. Descrever[90] que a evidência (tentativa de correspondência entre índices e significações) é um ato que é posicional, ou seja, "toma posição" dentro da dinâmica entre intenção e preenchimento de significação, certamente parte daí a necessidade de leis ideais que impedem tanto expressões absurdas quanto àquelas que pecam por "contrassenso". São leis gramaticais puras aquelas que impedem a combinação entre expressões anormais e são leis epistemológicas aquelas que descrevem e explicam como a inevidência, a incompatibilidade e a decepção se dão nessa dinâmica. Vale problematizar, portanto, as relações de evidências entre os sinais que um bebê possa mostrar com seu corpo, seus gestos, suas emissões sonoras, e as significações que lhes são oferecidas, afinal que tipo de lei poderá fazer uma relação pura entre esses índices e as significações que os profissionais lhe dão?

Há o ipsum facto: "Todo e qualquer signo é signo de qualquer coisa, mas nem todo signo tem uma "significação", um "sentido" que

87 FOUCAULT, Michael. *As palavras e as coisas*. Trad. Salma T. Muchail. São Paulo: Martins Fontes, 2007, p. 99.

88 FOUCAULT, Michael. *As palavras e as coisas*. Trad. Salma T. Muchail. São Paulo: Martins Fontes, 2007, p. 106.

89 MADALOSSO, Yuri José Victor. "Evidência e significação nas investigações logicas: o papel do conceito de evidência na semântica e na epistemologia de Husserl". Intuitio, vol. 9, nº 1, 2016. Disponível em: http://dx.doi.org/10.15448/1983-4012.2016.1.20530. Acessado em: 19.11.2021.

90 MADALOSSO, Yuri José Victor. "Evidência e significação nas investigações logicas: o papel do conceito de evidência na semântica e na epistemologia de Husserl". Intuitio, vol. 9, nº 1, 2016. Disponível em: http://dx.doi.org/10.15448/1983-4012.2016.1.20530. Acessado em: 19.11.2021.

seja "expresso" com o signo".[91] Daí se conclui o seguinte: o signo pode ser qualquer coisa: "qualquer coisa só pode ser denominada índice quando e no caso de servir efetivamente como indicação de uma coisa qualquer para um ser pensante".[92]

A filosofia e o fértil debate que trava com a psicanálise freudiana nos ajuda a tomá-lo emprestado para ler a tensão existente entre concepções de avaliação, atendimento e políticas públicas relativas ao bebê e seus cuidadores. O que promove a relação entre os índices que um bebê pode manifestar e as significações que profissionais podem aí imprimir?

Outro caminho, saindo da esfera do debate filosófico sobre índices e significações, para fazer uma leitura entre as correlações de sinais do bebê e o que podem significar/indicar, é a pesquisa que toma como modelo uma busca por evidências científicas. Esta é sem dúvida outra busca por uma lei que possa reger essas ligações, nesse caso especificamente, a pesquisa epidemiológica, onde há necessidade de coincidências quantitativas, pois será num cálculo entre índice populacional, porcentagens, dentre outros dados, que medirão a probabilidade forte ou frágil dessa ligação entre um indício e uma significação. Inquestionável é a contribuição desse modelo de saber, todos temos que incluí-lo no debate e nas contribuições que lhes forem pertinentes, a questão central, porém é fazer crê-la hegemônica, posto que precisa que seja lida como pertencente a um conjunto de saberes e não precisa ser considerada como única maneira de operar para buscar essa necessária coincidência nos acordos da designação entre indícios e significações.

Nem sempre ajustar a distância entre promoção da saúde e prevenção em saúde mental é um alvo considerável. A migração da prevenção

---

91 HUSSERL, Edmund. "Logische Untersuchungen". *In*: SANCHEZ, Devair Gonçalves. "Expressão e significação: influxos e dissidências a cerca da teoria da significação nas investigações logicas de Edmund Husserl". Griot – Revista de Filosofia, vol. 8, nº 2, dez. 2013. Disponível em: https://www.redalyc.org/journal/5766/576664910011/html/. Acessado em: 22.11.2021.

92 HUSSERL, Edmund. "Logische Untersuchungen". *In*: SANCHEZ, Devair Gonçalves. "Expressão e significação: influxos e dissidências a cerca da teoria da significação nas investigações logicas de Edmund Husserl". Griot – Revista de Filosofia, vol. 8, nº 2, dez. 2013. Disponível em: https://www.redalyc.org/journal/5766/576664910011/html/. Acessado em: 22.11.2021.

da saúde pública para a clínica das doenças, a necessidade de estudos epidemiológicos para se falar em fatores de risco, indistinções cada vez maiores entre prevenção e cura, são trânsitos ocorridos nos últimos tempos. Vale acrescentar a isso a passagem de fatores de risco como medida generalizada para o controle individualizado da saúde, incluindo esses mesmos fatores de riscos como indicadores de promoção da saúde MS,[93] o que favorece a imprecisões para a noção de promoção da saúde e acompanhamento no desenvolvimento no caso dos bebês. Pulverizar a diferença entre promoção da saúde e prevenção de doenças a partir de detecção de riscos para uma vida saudável impacta desde as políticas públicas propostas para a atenção ao bebê e a criança pequena, com o gradativo apagamento entre promoção e detecção de risco até a clínica psicanalítica, que também tem sido impactada quando se trabalha de modo nada advertido quanto a essas diferenças.

Portanto, foi imprescindível contribuir a partir desses três campos, desses três fundamentos, para um movimento no sentido de uma concepção para além da interdisciplina, mas numa construção de "entre saberes" que, contando com incompletudes fundantes, somem contrapontos aos propagados caminhos do "pensamento único". Aposta-se num trabalho com o bebê que seja socialmente contextualizado, numa clínica que conta com o analista fazendo parte do quadro, compondo também ele mesmo, num dispositivo de "um entre outros", em enxame, a atenção integral e "advertida" ao bebê e seus cuidadores.

Uma direção possível

A clínica com o bebê se desenha num espaço em que a palavra e imagem circulam, porém, mesmo que o bebê seja seu ponto de cruzamento, considerando que não existe relação intrínseca ou natural entre indícios e significações, que o bebê não existe sozinho e que o sujeito se constitui na sua relação com o Outro, então, decididamente o lugar socialmente construído tem sua incidência na clínica, melhor,

---

93 BRASIL. Ministério da Saúde. Décima terceira conferência nacional de saúde, 2009.

na atenção integral ao bebê da qual a clínica é uma das suas partes. Para que se encontrem possibilidades de decantar lugares relativos aos enunciados e as enunciações (quando diz isso está falando o quê?), em que a transferência ao analista seja uma transferência temporária, relativa a um empréstimo de sustentação da suposição de saber[94] que, trabalhando as costuras entre demanda e desejo, possa atravessar o transbordamento da angústia quando a falta da palavra faz marca, é necessário considerar, no trabalho com o bebê, de que modo as circunstâncias de vida e seus níveis de pertencimentos impactam. Se há sofrimento, é preciso escutar o bebê e seus cuidadores. O sofrimento é um indício, cuidadosamente trabalhado para que as significações múltiplas e ao mesmo tempo singulares decantem em cada encontro com o analista, em cada aposta sustentada por sua clínica. Assim como Freud produziu o campo da psicanálise ao romper definitivamente com a suposição de uma aparente e natural ligação entre a pulsão e o objeto,[95] precisamos seguir essa direção na clínica do bebê, desnaturalizando de uma vez por todas a fixidez entre indícios e significações por vezes inadvertidamente almejada.

Se o que o bebê mostra escreve um texto a ser lido, precisamos ver o contexto dessa leitura e escrita, a posição do leitor e as condições daquele que escreve o texto. Acredito que não é a clássica interpretação da psicanálise baseada numa espécie de tradução "isso significa aquilo", seja justa com a condição do preço ao analista de não usar de seu ser ou seu repertório. Poder deixar decantar pontos de captonagem entre o que o bebê mostra e o que se fala no momento pelos cuidadores é uma possibilidade interessante de poder deixar a imagem se expressar, por contiguidade no tempo ou instantaneidade da mesma, antes de qualquer ligação apressada entre a imagem e a palavra, sua significação. Nesse momento ocorre o que chamei de "mostração",[96] um signo de visibilidade. Tomar a imagem muda como via de aproximação possível ao real não é interpretá-la. Se na clínica existe uma chance de passar

---

94 PORGE, Eric. "A transferência para bastidores". *In*: A criança e o psicanalista (Littoral). Rio de Janeiro: Companhia de Freud, 1998.

95 FERNANDES, Claudia Mascarenhas. *A criança em cena*: o infantil e a perversão. São Paulo: Casa do Psicólogo, 2007.(Coleção Primeira Infância).

96 FERNANDES, Claudia Mascarenhas. *Psicanálise para aqueles que não falam?* A imagem e a letra na clínica com o bebê. Salvador: Viva Infância, 2005.

para outra coisa, esta só acontece quando se passa mais uma vez pela coisa do outro.[97]

Trata-se de uma escolha. Hoje é preciso considerar a psicanálise com bebês e com a criança bem pequena em sua topologia, mas considerando esse trabalho socialmente contextualizado, a clínica fazendo parte desse quadro mais amplo numa maior porosidade entre psicanálise em intensão e em extensão, uma psicanálise em intensão na extensão.[98] É preciso sustentar uma clínica com o bebê considerando todo o entorno que ela comporta, se realmente levamos a sério o fundamento de que um bebê sozinho não existe, pois se retiramos as circunstâncias de vida, o contexto ou o entorno do bebê, retiramos também o imaginário narrativo,[99] desatamos o fio constitutivo desse mesmo bebê. Grosso modo: se descontextualizado, o bebê é lido de modo falacioso.

Para finalizar, o esforço do nosso tempo precisa ser o de escapar das dicotomias e antagonismos, num fértil encontro entre os saberes tanto psicanalíticos e filosóficos quanto da saúde coletiva. Trata-se de um caminho pelos discursos contra-hegemônicos. Cada vez mais o particular importa, o singular sustenta o fio das sutilezas, como bem afirma Boaventura,[100] as irracionalidades globais só conseguem ser combatidas localmente, sendo particularizadas, e a clínica com o bebê nos tem exigido isso: contextualizações possíveis.

Referências bibliográficas

ALLOUCH, Jean. *Lettre a lettre, transcrire, traduire et translitterer.* Paris: Érès, 1984.

---

97 ALLOUCH, Jean. *Lettre a lettre, transcrire, traduire et translitterer*. Paris: Érès, 1984.

98 TAVARES, L.A. "Psicanálise em (in)tensão e (ex)tensão: uma experiência na Rede Escuta Saúde (RES)". *In*: Rede Escuta Saúde: escritos sobre atendimento psicanalítico na pandemia. Salvador: Pinauna Editora, 2021.

99 TYSZLER, Jean-Jacques. *Actualité du fantasme dasn la psychanalyse*. Paris: Stilus, 2019. (Collection Nouages).

100 SANTOS, Boaventura de Sousa. *Pela mão de Alice, o social e o político na pós-modernidade*. 14ª ed. São Paulo: Cortez, 2013.

BERGÉS, Jean; BALBO, Gabriel. *Jogos de posições entre a mãe e a criança*: ensaios sobre o transitivismo. Trad. Nina Virgínia de Araújo *et al*. Porto Alegre: CMC, 2004.

CRAMER, Bertrand; PALACIO-ESPASA, Francisco. *Técnicas psicoterápicas mãe/bebê*. Porto Alegre: Artes Médicas, 1993.

FERNANDES, Claudia Mascarenhas. *A criança em cena*: o infantil e a perversão. São Paulo: Casa do Psicólogo, 2007.

FERNANDES, Claudia Mascarenhas. *Psicanálise para aqueles que não falam?* A imagem e a letra na clínica com o bebê. Salvador: Viva Infância, 2005.

FINGUERMANN, Dominique; MENDES, Mauro. *Por causa do pior*. São Paulo: Iluminuras, 2005.

FOUCAULT, Michael. *As palavras e as coisas*. Trad. Salma T. Muchail. São Paulo: Martins Fontes, 2007.

FOUCAULT, Michael. *Problematizações do sujeito*: psicologia, psiquiatria e psicanálise. Trad. Vera Ribeiro. Rio de Janeiro: Forense Universitária, 2006.

FREUD, Sigmund. *Projeto para uma psicologia científica*. Trad. e notas Osmyr Gabbi Jr. Rio de Janeiro: Imago, 2000.

GOLSE, Bernard; MORO, Marie Rose". *Le devellopment psychique precoce, de la conception au lingage*. Paris: Elsevier Masson, 2014.

GOLSE, Bernard; BÉNONY, Christelle. *Psychopathologie du bébé*. Paris: Érès, 2002.

GUTTON, Philippe. *Le bébé du psychanalyste*. Paris: Paidós, 1992.

KREISLER, Léon. *Le nouveau enfant du désordre psychosomatique*. Payot: Paris, 1992.

KREISLER, Léon. "Semiologie et classification en psychiatrie du tres jeune enfant". *In*: LEBOVICI, Serge; WEIL-HALPERN, Françoise (Coord.). Psychopathologie du bebe. Paris: PUF. 1989.

LACAN, Jacques. "La direction de la cure et les principes de son pouvoir". *In*: ______. *Écrits*. Paris: Seuil, 1992.

LACAN, Jacques. "Le stade du miroir comme formateur de la fonction du je, telle qu'elle nous est révélée dans l'expérience psychanalytique". *In*. ______. *Écrits*. Paris: Seuil, 1992.

LACAN, Jacques. *Os escritos técnicos de Freud* (1953-1954). Trad. Betty Milan. livro 1, Rio de Janeiro: Zahar, 1981. (Coleção Seminários).

LACAN, Jacques. *O desejo e sua interpretação* (1958-1959). livro 6, Rio de Janeiro: Zahar. 2016. (Coleção Seminários).

LACAN, Jacques. *A identificação* (1961-1962). livro 9, Recife: Centro de Estudos Freudianos do Recife. (Coleção Seminários).

LEBOVICI, Serge. "La psychiatrie du nourrisson et la pathologia des interactions precoces". *In*: LEBOVICI, Serge; WEIL-HALPERN, Françoise (Coord.). Psychopathologie du bebe. Paris: PUF, 1989, pp. 317-323.

LINS, C.E.E. "Observações sobre o tempo e o sujeito". Sujeito e Linguagem, ano 16, nº 22, Rio de Janeiro: Revinter, 1977.

MADALOSSO, Yuri José Victor. *Evidência e significação nas investigações logicas*: o papel do conceito de evidência na semântica e na epistemologia de Husserl. Disponível em: http://dx.doi.org/10.15448/1983-4012.2016.1.20530. Acessado em: 19.11.2021.

MONZANI, Luiz Roberto. *Freud movimento de um pensamento*. Campinas: Unicamp, 1985.

ROHENKOHL, C. M. F. "Do transitivismo à antecipação". *In*: FERNANDES, Mascarenhas Claudia. A clínica com o bebê. ed. Casa do psicólogo, 1999.

PORGE, Eric. "A transferência para bastidores". *In*: A criança e o psicanalista (Littoral). Rio de Janeiro: Companhia de Freud, 1998.

HUSSERL, Edmund. "Logische Untersuchungen". *In*: SANCHEZ, Devair Gonçalves. "Expressão e significação: influxos e dissidências acerca da teoria da significação nas investigações logicas de Edmund Husserl". Griot – Revista de Filosofia, vol. 8, nº 2, 2013. Disponível em: https://www.redalyc.org/journal/5766/576664910011/html/. Acesso em: 22.11.2021.

BRASIL. *Terceira conferência nacional de saúde*. Ministério da Saúde, 1963.

SANTOS, Boaventura de Sousa. *Pela mão de Alice, o social e o político na pós-modernidade*. 14ª ed. São Paulo: Cortez, 2013.

TAVARES, L. A. "Psicanálise em (in)tensão e (ex)tensão: uma experiência na Rede Escuta Saúde (RES)". *In*: Rede Escuta Saúde: escritos sobre atendimento psicanalítico na pandemia. Salvador: Pinauna Editora, 2021.

TYSZLER, Jean-Jacques. *Actualité du fantasme dans la psychanalyse*. Paris: Stilus, 2019. (Collection Nouages).

VORCARO, Angela Maria Resende. *A clínica da psicanálise com crianças*. Rio de Janeiro: Companhia de Freud, 1997.

CAPÍTULO III

A CLÍNICA COM OS BEBÊS: ENTRE CORPOS, RELAÇÃO E CULTURA,[101] OS SEIS IMPERATIVOS E OS SEIS NÍVEIS DE INTERAÇÃO[102]

BERNARD GOLSE E ROSE MARIE MORO

A clínica com os pequeninos abriu um novo capítulo da semiologia em geral, na medida em que essa clínica deve levar em conta não apenas aquilo que o bebê nos mostra, mas também o funcionamento dos adultos que cuidam dele (pais e/ou profissionais), assim como a qualidade do laço que os une.[103]

No quadro deste capítulo, falaremos, em primeiro lugar, sobre os seis imperativos categóricos dessa clínica precoce antes de descrever os seis níveis de interações que temos hoje a considerar.

---

101 Capítulo escrito para a obra coletiva coordenada por Claudia Mascarenhas.

102 Tradução de Maria Auxiliadora M. Fernandes.

103 GOLSE, Bernard; MORO, Marie Rose. *Le développement psychique précoce*: de la conception au langage. Paris: Elsevier Masson, 2014. (Collection Médecine et Psychothérapie).

Os seis imperativos da clínica precoce

Após ter sido longo tempo considerado como um ser passivo, **o lactente,** no curso das duas ou três últimas décadas, foi visto como competente, isto é, dotado, desde o início, de certo número de aptidões – notadamente aptidões interativas –, fazendo dele um organismo com orientação social imediata.

O próprio termo "lactente" foi aos poucos sendo substituído por "bebê", para tentar dar conta desse movimento de ideias de diferentes raízes históricas, que não abordaremos aqui, mas diante isso, o adulto realizador de cuidados ("o cuidador") deve evidentemente, ele mesmo, ser provido de competências relacionais que fundam a possibilidade de seu acesso à parentalidade, pelo viés do processo de *parentificação.*

Lembremos que além de suas significações imediatas de aptidão, de qualidade, de capacidade e habilidade, o termo "competência" – no domínio linguístico[104] – significa uma virtualidade cuja atualização (pela palavra ou pela escrita) constitui uma "performance".

Isso chama a atenção para o fato que todas as competências que foram descritas no recém-nascido não são forçosamente todas encenadas, de maneira espontânea, no coração de seu sistema interativo, algumas dentre elas permanecem potenciais como, por exemplo, a motricidade liberada descrita por Grenier.[105]

De outro modo, de um ponto de vista etimológico, o termo competência vem do verbo latim "*competere*", que significa "voltar para", raiz que indica que as competências interativas do adulto para a criança comportam sempre uma certa dimensão de retorno às aptidões que foram suas no curso de sua história pessoal mais precoce, ou seja, uma dimensão de identificação dita regressiva.

---

104 CHOMSKY, Noah. *Sur la nature et le langage*. Marseille: Agone, 2011.

105 GRENIER, Albert. "La 'motricité libérée' par fixation manuelle de la nuque au cours des premières années de la vie". Archives de Pédiatrie, vol. 38, pp. 557-561, 1981.

Face à rica complexidade do desenvolvimento de um bebê humano, nós somos confrontados com a exigência ética de garantir à criança seu estatuto de sujeito, aí compreendido de sujeito de seu próprio sofrimento, em certos casos. Desde então, do ponto de vista epistemológico, podemos insistir sobre seis qualidades necessárias à abordagem clínica do bebê.

Ser detalhadamente descritiva

A abordagem clínica do bebê se funda sobre a observação e as qualidades de atenção e de transformação que a fundam.[106] Ela joga no espelho as capacidades de observação, de atenção e de transformação do bebê, ele mesmo que é um excelente clínico do comportamento interativo dos adultos que o cercam e que cuidam dele.

O bebê, mesmo não tendo linguagem, é particularmente sensível à linguagem de seu corpo e de suas interações, as quais não somente mostra, ele "conta" alguma coisa de seu mundo interno; a questão da intencionalidade comunicativa surge evidentemente com acuidade, mas se pensa doravante que, mesmo aquém do acesso à intersubjetividade, ele pode, sem dúvida, imediatamente existir num nível de intenção comunicativa inconsciente.[107]

Este primeiro imperativo da clínica precoce se encontra, é claro, no coração das técnicas de observação direta, e notadamente daquela elaborada por Bick.[108]

106 BION, Wilfred Ruprecht. *L'attention et l'interprétation*: une approche scientifique de la compréhension intuitive em psychanalyse et dans les groupes. Paris: Payot, 1974. (Collection Science de l'Homme).

107 HOUZEL, Didier. *L'aube de la vie psychique*: études psychanalytiques. Paris: ESF, 2002. (Collection La vie de l'enfant).

108 BICK, Esther. "Notes on infant observation in psychoanalytic training". *International Journal Psychoanalysis*, vol. 45, pp. 558-566, 1964.

Ser interativa

A abordagem clínica do bebê deve ser interativa, no sentido que não se trata apenas para o profissional de saúde observar, mas também se implicar.

Poderíamos então falar de observação participante, e o contato que o profissional de saúde deve buscar estabelecer com o bebê necessita certamente de tato, para que não seja vivido de maneira intrusiva pelo bebê, que poderá então reagir por condutas de evitamento ou de desvio.

Mas é preciso também muito tato para que o contato estabelecido não funcione como um começo ou como uma ferida narcísea para os pais, eventualmente em dificuldade de comunicação com seu filho.

Mesmo quando estava muito idoso, Winnicott reservava sempre, no meio de sua consulta pais-bebês, um "tempo no tapete", a fim de se pôr à altura do bebê, para tentar com doçura interagir com ele.

Ser contratransferencial

A abordagem clínica do bebê deve levar em conta a experiência emocional do profissional de saúde. Não utilizamos aqui a noção de contratransferência no *strictu sensu*, que é o sentido no enquadre da cura psicanalítica, mas simplesmente no sentido de considerar aquilo que o bebê faz o profissional de saúde experimentar, viver e sentir emocionalmente. Nas crianças pequenas, no *infans* (aquém da linguagem), a semiologia não está inteiramente escrita no âmbito do bebê.

A experiência do praticante é parte integrante da semiologia, especialmente por serem suas habilidades de observação, atenção, conhecimento e transformação que atrairão os indicadores comportamentais expressos pelo bebê para um estatuto de signos.

Quer dizer que a atenção do profissional de saúde deve imperativamente revestir uma dupla vertente: uma vertente centrífuga que lhe permite observar o bebê real que ele encontra, ou seja, o bebê de carne e osso, mas também uma vertente centrípeta que o põe em conexão com ele mesmo (seja o bebê que ele foi ou o que pensa ter sido) e com o que o bebê lhe faz experimentar.

Ser historicizante

A abordagem clínica do bebê é historicizante.

O bebê advém ontologicamente, antropologicamente, no interior de um tecido de humanidade que, tendo precedido sua concepção, fornecerá o substrato relacional para a construção de seu ser somato--psíquico. Desse modo, desde a concepção (mesmo antes), o desafio da reprodução humana é aquele de impor ao mundo um novo ser, mas habitado pela memória de duas linhagens, de duas filiações das quais se originou, e que ele deixará, transformada, aos descendentes. Essas noções nos convidam a nos preocupar com o encontro da história da criança, por mais curta que possa ser, com a história de seus pais.

Ser transdisciplinar

Todo organismo é fundamentalmente transdisciplinar, de certo modo, pois todo organismo funciona como o resultante de sistemas somáticos, neurológicos, biológicos, psicológicos, cognitivos, afetivos, sociológicos, culturais etc.

O humano não é apenas a soma dessas diferentes dimensões, mas o fruto de sua sinergia que transcende e perpassa sua simples adição.

Há então todo o interesse que em torno do bebê se reúnam profissionais de horizontes variados e que tenham referência de corpos teórico/clínicos distintos, a fim de que cada bebê não se deixe adoecer em um modelo *a priori*, mas possa ser observado em suas especificidades desenvolvimentistas.

Nenhum modelo é padrão para um determinado bebê, posto que busca dar referências de uma norma geral, estatisticamente válida. Não há um bebê neurológico, genético, cognitivo, freudiano, spitziano, winnicottiano ou kleiniano...

Cada bebê traz sua pedra pessoal para a problemática do desenvolvimento, e o melhor meio de ser sensível e de não se atolar nos riscos da autorreferência é precisamente trabalhar a pluralidade, de maneira transdisciplinar e dialética, pois o bebê real se escuta nas diferentes abordagens possíveis. Além disso, quem diz transdisciplinar diz grupal, e sabemos a que ponto o grupo permite uma melhor abordagem da clínica precoce, pondo em jogo processos e mecanismos psíquicos igualmente em jogo na ontogênese da árvore da vida: a configuração dos envelopes psíquicos, as identificações projetivas normais, os fenômenos de clivagem...

Há coisas que podemos fazer e compreender apenas com os bebês, mas há coisas as quais só podemos aceder pela via do grupo, o que nos faz, finalmente, reforçar a importância de uma transdisciplinaridade bem temperada.

Ser, enfim, cultural

Esta última dimensão é essencial. É um imperativo categórico, ontológico e coletivo.

Qual é o enquadre compartilhado das interações? Como as pessoas do grupo se representam e antecipam a vinda de um bebê e como lidar com ele? Como acolhê-lo, carregá-lo, fazê-lo querer ficar no mundo dos humanos? É um imperativo cultural para todos os membros do grupo e, portanto, para os pais, bem como para os profissionais.

É um fundamento que permite estabelecer com o bebê as interações individuais, singulares e íntimas. Essas interações culturais estruturam e colorem o estilo interativo dos pais. Elas permitem que as interações pais-bebês sejam investidas antes mesmo de serem percebidas, como dizia S. Lebovici[109] ou experimentadas, como o dizia Cl. Lévi-Strauss.[110]

O fato de que o bebê seja efetivamente um bebê vindo de outro lugar ou não, a própria cultura dos bebês e a cultura dos adultos já é fundamentalmente diferente, o que exige do adulto uma certa capacidade

---

109 LEBOVICI, Serge. (em colaboração com STOLERU, S.). *Le nourrisson, la mère et le psychanalyste*: les interactions précoces. Paris: Le Centurion, 1983. (Collection Païdos).

110 MORO, Marie Rose. *50 Questions sur les bébés, les enfants et les adolescents*: comment devenir des parentes ordinaires ici et dans le monde. Grenoble: La Pensée Sauvage, 2021.

de descentramento interior. Alexandre Jardin[111] pôde assim dizer: "A infância e a idade adulta aparecem nessas páginas como culturas distintas...", e mais adiante "A infância não é uma estação, mas uma cultura inteiramente à parte".

Os seis níveis de interações precoces

Para os bebês, as interações precoces representam a trama humana dos primeiros laços sobre a qual se edificarão em seguida as relações propriamente ditas, que incluem sempre um terceiro (real, imaginário ou simbólico). O termo *inter-ação* visa destacar o fato que o bebê não é nada passivo, mas ao contrário, ele é um parceiro ativo do que se passa entre ele e o adulto, que muito rápido é uma pessoa – um bebê – e não mais um simples lactente. A instauração dos laços primitivos e, em seguida, as relações supõem que foi alcançada no início a organização dos envelopes psíquicos.

A relação pais-filhos se constrói ocasionalmente a partir dos cuidados e das circunstâncias de sua vida comum, segundo um sistema de interações[112] que não se estabelece de maneira anárquica.

As díades e as tríades vão selecionar um modelo (*pattern*) singular e permanente, que regerá até nos mínimos detalhes as interações, participando assim da construção da personalidade da criança num sentido determinado.

Esse modelo interativo pode ser analisado segundo diversas variáveis: quantidade de excitações, tom, modos de início e fim da interação, momentos privilegiados das trocas. Os parceiros da interação se implicam com seus corpos, suas competências, sua intimidade psíquica, suas histórias, de um modo tal que um sistema evolutivo vai se criar para

---

111 JARDIN, Alexandre. *Les coloriés*. Paris: Gallimard, 2004. (Collection Nouvelle Revue Française)

112 LEBOVICI, Serge. (em colaboração com STOLERU, S.). *Le nourrisson, la mère et le psychanalyste*: les interactions précoces. Paris: Le Centurion, 1983. (Collection Païdos).

dar uma estrutura às diferentes etapas do desenvolvimento do bebê e à realização da parentalidade.

As trocas de prazer, de estimulação e de frustração recíprocas são elas mesmas o reflexo dos arranjos que os adultos puderam constituir no curso de sua própria história, e são também o fruto do trabalho psíquico da criança.

As interações biológicas

Fundam-se sobre as trocas de produtos biológicos entre os parceiros, constituindo um registro primordial, particularmente em torno do trabalho de exceção imunológica da gravidez onde o *heteroenxerto*, que são os tecidos fetais, não está sujeito à rejeição imunológica materna.[113] Na vida pós-natal, elas cedem lugar a outros modos de troca, mas podemos considerar que a situação de aleitamento materno constitui ainda uma ocasião de interação biológica (via o leite da mãe em uma direção, e a saliva do bebê em outra).

As interações comportamentais ou etológicas

Elas se definem pelo termo de interações etológicas, porque as observações que deram origem a esse conceito se fundam sobre o modelo de estudo sobre animais. A interação é um sistema circular, faz múltiplas regulações comportamentais, tendendo a um estado de equilíbrio. Aqui a noção de "espiral transacional" ganha todo seu sentido, notadamente no momento da observação do "diálogo tônico", descrito por Wallon, em 1945, onde o tônus e a propriocepção do adulto e do bebê se conjugam em torno de um compartilhamento ativo, conjunto, mutável e vivo.

Um exemplo comovente de interação comportamental que pode ser relatado, é aquele da sincronia das contrações da glândula mamária da mãe com os gritos do bebê que tem fome e reclama sua mamada.

---

113 GOLSE, Bernard; BYDLOWSKI, S. "La double négation: un mécanisme structural central entre biologie, langage et cognition". La Psychiatrie de l'Enfant, ano 63, vol. 2, pp. 3-9, 2020.

Sendo assim, a *haptonomia* nos faz pensar que certas interações comportamentais podem provavelmente surgir desde a gravidez, posto que o contato tátil psico-afetivo entre o feto e o adulto não parece ser mediado pelas substâncias biológicas, mas diretamente pela pressão das mãos do adulto (aquelas do *haptonomista* ou dos pais) sobre o ventre da mãe.

As interações afetivas ou emocionais

Foi Stern[114] quem descreveu sob o termo "*d'affective atunement*" (sintonização afetiva), termo traduzido para o francês como "sintonia afetiva" ou "harmonização dos afetos", para guardar a diferença sugerida pelo monema inglês "tune" (afinação, sintonia), um mecanismo que se tornou central em nossa compreensão das interações afetivas.

Fundado sobre um sistema de respostas em eco, trata-se de um mecanismo operacional do segundo semestre da vida do bebê (com talvez precursores mais precoces) e que permite à mãe (mesmo o pai?) e à criança de se pôr em fase ou em ressonância emocional, isto é, de serem informados de modo simétrico e recíproco do estado emocional que o outro se encontra; apesar do adulto ter a possibilidade de verbalizar seu estado afetivo, esse não é o caso para o bebê. Os sinais podem ser emitidos seja pelo bebê, seja pela mãe, e o mesmo vale para as respostas.[115]

As respostas podem ser imediatas, ou diferenciadas, ampliadas ou atenuadas e enfim, uni-modais, se os sinais são trocados no mesmo canal de comunicação, ou transmodais, se vários canais são utilizados. Se a mãe vive uma depressão branda, seus sinais e suas respostas terão, por exemplo, tendência a ser mais uni-modais e atenuadas. Se, ao contrário, a mãe está mais agitada ou mais excitada, seus sinais e suas respostas terão tendência a ser mais transmodais e ampliadas.

É então assim que o bebê será informado do estado afetivo ou emocional de sua mãe, pois a análise que ele faz do seu estilo interativo,

---

114 STERN, Daniel. *Le monde interpersonnel du nourrisson*: une perspective psychanalytique et développementale. 1ª ed. Paris: PUF, 1989. (Collection Le fil rouge)

115 GOLSE, Bernard. *L'Être-bébé*: les questions du bébé à la théorie de l'attachement, à la psychanalyse et à la phénoménologie. Paris: PUF, 2006. (Collection Le fil rouge).

sabendo que cada adulto tem um estilo interativo que lhe é próprio, e que o bebê tem igualmente capacidade de distinguir não apenas as variações do estilo interativo de sua mãe, mas também os diversos estilos interativos entre os adultos que lhe cuidam.

No que concerne ao aspecto mais imediato ou mais ou menos diferenciado das respostas maternas, elas têm, sem dúvida, uma significação diferente para o bebê: as respostas imediatas funcionam somente como um índice de presença, enquanto que as respostas um pouquinho diferenciadas estimulam a capacidade de representação do bebê que pode, efetivamente, durante o tempo de espera representar mentalmente o que ele espera, em função do conhecimento que ele adquiriu do tipo de respostas de sua mãe, (aqui se junta ao que Winnicott[116] indicou quanto à importância da necessidade do "atraso à satisfação", para permitir a elaboração das necessidades em desejos).

Os parceiros da interação dispõem assim de uma vasta gama de possibilidades de comunicação, e a sintonia afetiva aparece ao mesmo tempo como um meio e como o fruto do acesso à intersubjetividade.

Em torno do sexto mês, a estabilização dessa intersubjetividade e a construção da parentalidade facilitam a observação dos mecanismos de implementação de seus estados afetivos, determinados pela homologia de estrutura entre os sinais e respostas dos parceiros. Os parceiros da interação dispõem assim de uma vasta gama de possibilidades de comunicação, e a sintonia afetiva aparece ao mesmo tempo como um meio e como o fruto do acesso à intersubjetividade.

Nessa construção comum, a clareza dos sinais e as competências da criança desempenham um papel importante, assim como as capacidades de identificação regressiva e a reatualização dos cenários da história infantil do adulto. Nós então vemos aqui se insinuar toda a profundidade da transmissão trans e intergeracional.

A sintonia afetiva construirá uma marca interativa grande, fornecendo ao bebê o substrato relacional necessário à organização de sua experiência

116 WINNICOTT, Donald Woods. *De la pédiatrie à la psychanalyse.* 1ª ed. Paris: Payot, 1970. (Collection Bibliothèque Scientifique).

de cada instante, ao fundamento de seu narcisismo e à sustentação de uma dinâmica desenvolvimentista de construção e de crescimento.[117]

Essa sintonia não é um dado estável e o profissional de saúde presta uma atenção especial às capacidades mútuas de modulação e de restauração da interação afetiva. Ao contrário, uma desafinação costumeira deixaria a criança numa situação de vulnerabilidade e de desorganização diante de sua experiência cotidiana.

Em torno do oitavo mês, o bebê poderá extrair de seu sistema interativo as representações de interações generalizadas (RIG), verdadeiras marcas invariantes do estilo interativo habitual e esperado da experiência relacional com o adulto.

Agora a criança experimentará uma vivência de segurança quando as trocas atuais estão conforme as RIG, e sua vida fantasmática será solicitada diferentemente se ela é confrontada com discrepâncias.

Enfim, essas antecipações da criança e essa previsibilidade do adulto são o fundamento das primeiras capacidades narrativas do bebê, e constituem uma **narrativa** dos acontecimentos significantes, permitindo começar a habitar o tempo.

As interações fantasmáticas

O conceito foi elaborado por Cramer, Kreisler e Lebovici, no curso dos anos setenta, e se funda sobre a observação das influências reciprocas do mundo interno dos parceiros no âmago da díade e da tríade.

É sem dúvida o nível interativo que reenvia o mínimo a uma verdadeira simetria entre o bebê e o adulto, pelo fato da grande dissimetria que existe entre o funcionamento psíquico do bebê e do adulto.[118]

---

117 STERN, Daniel. *Le monde interpersonnel du nourrisson*: une perspective psychanalytique et développementale. 1ª ed. Paris: PUF, 1989. (Collection Le fil rouge).

118 GOLSE, Bernard. *L'Être-bébé*: les questions du bébé à la théorie de l'attachement, à la psychanalyse et à la phénoménologie. Paris: PUF, 2006. (Collection Le fil rouge).

A vida fantasmática parental é feita de afetos e representações em torno de sua história infantil, de contingências atuais e construções concernentes à criança. A vida fantasmática do bebê, rudimentar no seu começo, vai se desenvolver muito rapidamente e interagir com aquela dos pais. Em qualquer caso, é igualmente a sintonia afetiva que parece hoje ser o melhor candidato ao papel de mensageiro da interação fantasmática.

Considerando que esse nível de interação fantasmática permite dar conta do fato que, clinicamente, está claro que os fantasmas parentais têm um efeito sobre a organização psíquica do bebê, não sendo transmitidos tais e quais, mas influenciando o estilo interativo da criança, e isto de modo eventualmente muito durável.[119]

Podemos imaginar, efetivamente, que as representações que a mãe tem, por exemplo, do masculino, podem levá-la no nível de suas respostas interativas a induzir comportamentos interativos de seu bebê menino que lhe façam se identificar, ou ao contrário, se contra-identificar às imagens masculinas que ela tem na cabeça (querer inconscientemente que ele pareça com seu pai ou que ele se diferencie).

Não são fantasmas muito completos que são transmitidos à criança, mas sobretudo induções interativas implícitas para que ele se **conforme** ou não a certos traços parciais dos objetos identificatórios, cuja mãe lhe "fala", sem mesmo o saber, frequentemente, em seus gestos e suas atitudes comportamentais.

Do ponto de vista da transmissão inter ou transgeracional, a interação fantasmática com o pai e com a mãe podem ser contraditórias, resultante às vezes de mandatos transgeracionais inconscientes incompatíveis.[120]

Certos comportamentos do bebê serão interpretados pelos pais como tendo um valor comunicativo, adquirindo então uma outra profundidade interativa. É toda a gama das figurações corporais pré ou

---

119 CRAMER, Bertrand; PALACIO-ESPASA, Francisco. *La pratique des psychothérapies mères-bébés*: études cliniques et techniques. Paris: PUF, 1983. (Collection Le fil rouge).

120 LEBOVICI, Serge. "L'arbre de vie". *In*: CRAMER, Bertrand (*et al.*). Transmettre la vie. Paris: Érès, 1997. (Collection Mille et un Bébés).

proto-simbólicas que aqui está em jogo. Um exemplo muito precoce é fornecido pelo sentimento de troca intersubjetiva e reconhecimento na função parental que experimentam os adultos quando seu dedo é alcançado intensamente, pela mão do recém-nascido, sob os efeitos do reflexo de preensão.

As interações pré ou proto-simbólicas

Essas interações preparam e condicionam o advento da linguagem que representa, evidentemente, a interação simbólica mais elaborada, a que virá se inscrever no quadro das relações mais que dos laços primitivos.

As interações culturais

São as interações prescritas pela cultura e que preexistem ao bebê e seus pais. É o que se chama o berço cultural das interações que trazem os outros níveis de interações. Elas vêm codificar todos os outros níveis de interações que nós citamos. É uma espécie de quadro das interações ao mesmo tempo antropológica e comportamental, afetiva, imaginária, fantasmática... que pode ser modificado mesmo transgredido, mas que serve de matriz aos outros níveis das interações. É também uma espécie de saber ser e de saber fazer coletivo que os pais se agarram e que lhes permitem antecipar.

As interações culturais são essenciais e elas se fundam sobre as representações que uma sociedade ou um grupo cultural particular se dão sobre a infância e as crianças.[121] Cada grupo cultural tem, efetivamente, uma maneira específica de interagir com os bebês, pois as representações coletivas que vêm impregnar as representações individuais dos cuidadores têm um efeito concreto sobre as práticas de cuidados prestados às crianças pequenas.

121 MORO, Marie Rose; GOLSE, Bernard. *Crecer en situación transcultural*: una oportunidad para las infâncias. Buenos Aires: Miño y Davila, 2019.

Por exemplo, certas interações, como nos EEUU e na Europa são distais, quer dizer, que o corpo da criança está distante do corpo de sua mãe e são as interações distais que predominam, isto é, visuais e vocais. O protótipo das interações mãe-filho é o da Virgem com seu filho (a Virgem que olha seu filho direto nos olhos). São interações distais, em particular, visuais, que têm influenciado a psicanálise, na medida que a psicanálise está inscrita num contexto que a molda.

Mas há interações, as proximais, muito boas para as crianças, onde o corpo da criança é carregado pelo corpo de sua mãe. Essas são as interações que predominam no Oeste da África ou na Índia rural. Nesses casos os modos de interações privilegiados são as interações corporais e cinestésicas tanto no portar (carregar), na massagem, como nas interações do cotidiano.

No primeiro caso, os bebês são moles e no segundo eles são duros porque muito estimulados e caminham muito cedo bem antes de um ano. Mas, além do berço cultural,[122] além das interações preferenciais, há também os mitos, os ritos, as maneiras de fazer, de dizer... tudo o que pré-existe ao bebê.

Conclusões

Do ponto de vista das classificações internacionais, a psicopatologia e a psiquiatria do bebê não encontraram ainda um lugar à altura dos seus desafios atuais, pois é importante poder avaliar, repetimos, não apenas o bebê, mas igualmente o funcionamento de seus cuidadores, assim como que tipo de laços os unem.

Isso não é em realidade possível no quadro do DSM-5,[123] nem no quadro do CIM - 10.[124] Essa perspectiva também existe dentro do DC

---

122 MORO, Marie Rose. *Guide de psychothérapie transculturelle*: soigner les enfants et les adolescents. Paris: InPress, 2020.

123 5ª edição do Diagnostic and Statistical Manual of mental disorders.

124 10ª edição Classification Internationale des maladies.

0/3,[125] que pensou do mesmo modo o que constitui o eixo "Bebê" do DSM - 5. Acrescentamos essa perspectiva na Classificação Francesa dos transtornos mentais da Criança e do Adolescente (CFTMEA), revisada em 2020, e que os dois autores desse capítulo tiveram a responsabilidade da revisão do eixo "Bebê" dessa nova edição.[126]

Os esforços classificatórios se revestem certamente da importância para confortar a legitimidade da psicopatologia e da psiquiatria do bebê, que são disciplinas recentes, ainda extremamente recentes.

Referências bibliográficas

BICK, Esther. "Notes on infant observation in psychoanalytic training". Trad. francesa por D. Alcorn: "remarques sur l'observationdes bebés dans la formation des analystes". International Journal Psychoanalysis, vol. 45, pp. 558-566, 1964.

BION Wilfred Ruprecht. L'attention et l'interprétation: une approche scientifique de la compréhension intuitive em psychanalyse et dans les groupes. Paris: Payot, Coll. "Science de l'homme", 1974.

BOTBOL, Michel; BURSZTEJN, Claude *et al.* (Coord.). *Classification française de Troubles mentaux de l'enfant et de l'Adolescent*: classification psychopathologique et développementale. 6ª ed. Rennes: EHESP, 2020.

CHOMSKY, Noah (*et al.*). *Sur la nature et le langage*. Marseille: Agone, 2011.

CRAMER, Bertrand; PALACIO-ESPASA, Francisco. *La pratique des psychothérapies mères-bébés*: études cliniques et techniques. 1ª ed. Paris: PUF, 1983. (Le fil rouge).

GOLSE, Bernard. L'Ê*tre*-bébé: les questions du bébé à la théorie de l'attachement, à la psychanalyse et à la phénoménologie. Paris: PUF, 2006. (Le fil rouge).

125 MÉDECINE ET HYGIÉNE. *Classification diagnostique 0-3 ans*. Geneve: Médecine et Hygiène,1998.

126 BOTBOL, Michel; BURSZTEJN, Claude *et al.* (Coord.). *Classification française de troubles mentaux de l'enfant et de l'adolescent*: classification psychopathologique et développementale. 6ª ed. Rennes: EHESP, 2020.

GOLSE, Bernard; BYDLOWSKI, S. "La double négation: un mécanisme structural central entre biologie, langage et cognition". La Psychiatrie de l'Enfant, ano 63, nº 2, pp. 3-9, 2020.

GOLSE, Bernard; MORO, M.R. *Le développement psychique précoce*: de la conception au langage. Paris: Elsevier Masson, 2014. (Collection Médecine et Psychothérapie).

GRENIER, Albert. "La 'motricité libérée' par fixation manuelle de la nuque au cours des premières années de la vie". Archives de Pédiatrie, vol. 38, pp. 557-561, 1981.

HOUZEL, Didier. *L'aube de la vie psychique*: etudes psychanalytiques. Paris: ESF, 2002. (Collection La vie de l'enfant).

JARDIN, Alexandre. *Les coloriés*. Paris: Gallimard, 2004. (Collection Nouvelle Revue Française).

LEBOVICI, Serge; STOLERU, Serge (Colab.). *Le nourrisson, la mère et le psychanalyste*: les interactions précoces. Paris: Le Centurion, 1983. (Collection Païdos).

LEBOVICI, Serge. "L'arbre de vie". *In*: CRAMER, Bertrand (*et. al.*). Transmettre la vie. Paris: Érès, 1997. (Collection Mille et un Bébés).

MÉDECINE ET HYGIÉNE. Classification diagnostique 0-3 ans. Geneve: Médecine et Hygiène,1998.

MORO, Marie Rose. *50 Questions sur les bébés, les enfants et les adolescents*: comment devenir des parentes ordinaires ici et dans le monde. Grenoble: La Pensée Sauvage, 2021.

MORO, Marie Rose. *Guide de psychothérapie transculturelle*: soigner les enfants et les adolescents. Paris: InPress, 2020.

MORO, Marie Rose; GOLSE, Bernard. *Crecer en situación transcultural*: una oportunidad para las infâncias. Buenos Aires: Miño y Davila, 2019.

STERN, Daniel. *Le monde interpersonnel du nourrisson*: une perspective psychanalytique et développementale. 1ª ed. Paris: PUF, 1989. (Collection Le fil rouge).

WALLON, Henri. *Les origines de la pensée chez l'enfant*. 4ª ed. Paris: PUF, 1975. (Collection Psychologie d'aujourd'hui).

WINNICOTT, Donald Woods. *De la pédiatrie à la psychanalyse*. Paris: Payot, 1970. (Collection Bibliothèque Scientifique).

PARTE II

UM RECORTE VERTICAL DE DELICADEZAS

CAPÍTULO IV

PSICANÁLISE PAIS-BEBÊ:[127] "ACENDER UMA VELINHA"[128] E VER "O SOL NASCER"[129]

PASCALE AMBROISE

Frances Tustin nos mostrou através da sua obra como "acender uma velinha para iluminar o campo obscuro do autismo". Essa pequena chama se espalhou por muitos autores, permitindo-lhes aprofundar a compreensão dos transtornos autísticos. Para F. Tustin:

> O autismo corresponde a um desvio precoce que é causado por um terror absoluto. (...) Desde a primeiríssima infância, o desenvolvimento psicológico da criança (...) é literalmente desviado

---

127 Tradução de Astrid Bandeira Santos.

128 TUSTIN, Frances. *Le trou noir de la psyché*. Paris: Seuil, 1989, p. 259.

129 HAAG, Geneviève. "Hypothèses d'une structure radiaire de contenance et ses transformations". *In*: ______. Le moi corporel: autisme et développement. Paris: PUF, pp. 251-274, 2018.

> em uma direção excessivamente auto-sensual (...). Se nenhuma modificação intervier, todo o desenvolvimento será afetado.[130]

Nessa época da afirmação do determinismo diagnóstico do autismo a partir dos 18 meses (HAS,[131]), parece-me relevante atestar as modalidades terapêuticas baseadas no ensino teórico e clínico transmitido por F. Tustin, e, em particular, na psicanálise pais-bebê dos bebês com risco de evolução autística, com seus arranjos específicos à relação transfero-transferencial plural terapeuta-criança-pais. "Esse tratamento do laço", como explica Bianca Lechevalier,[132] é um fator terapêutico de transformação e pode reverter uma trajetória muito frequentemente predefinida.

Esses dois anos de tratamento pais-bebê com Lilian,[133] um bebê com risco de autismo, ilustram as dificuldades, mas também os avanços desse trabalho baseado na observação, na empatia e "no caráter disciplinado ordenado do quadro terapêutico"[134] para compreender, conter e elaborar "a consciência da separação física no desenvolvimento".[135]

O longo e às vezes árido trabalho de decifração da linguagem corporal e emocional das crianças autistas e, *a fortiori*, dos bebês a risco, às vezes evoca no terapeuta imagens e sentimentos que encontram uma representação artística nas obras de arte. Assim, uma pintura, um poema ou uma ária musical podem passar pela nossa mente quando cuidamos dessas crianças. O quadro de Georges de La Tour, O Recém-nascido (Figura 1),[136] impôs-se a mim logo que me encontrei com Lilian. Como a criança rígida envolta em seus panos, sendo carregada por sua mãe,

---

130 TUSTIN, Frances. *Le trou noir de la psyche*. Paris: Seuil, 1989, p. 37.

131 Nota tradutor: Haute Autorité de Santé (Alta Autoridade de Saúde).

132 LECHEVALIER, B. "Psychanalyse mère-enfant: une approche de la clinique à la théorie". Journal de la Psychanalyse de l'Enfant, vol. 7, nº 2, pp. 91-126, 2017.

133 Nota tradutor: em francês, Lilian é um nome masculino, a versão feminina sendo Liliane.

134 TUSTIN, Frances. *Le trou noir de la psyché*. Paris: Seuil, 1989.

135 TUSTIN, Frances. *Les états autistiques chez l'enfant*. Paris: Seuil, 2003.

136 http://www.panoramadelart.com/sites/default/files/styles/grand/public/nouveau-ne-a.jpg

mas não aconchegada,[137] Lilian me parecia encapsulado, emparedado em sua carapaça. Uma observação cuidadosa da pintura mostra que a luz do claro-escuro centrada na cabeça do bebê levanta e ilumina os rostos de Maria e de Ana. A mãe da mãe assim representada me faz pensar em uma representação metafórica do meu papel como terapeuta nesse tratamento conjunto mãe-bebê, com uma mão segurando a vela iluminando a cena e, a outra, com um movimento arredondado semelhante ao arredondamento da cabeça do bebê, que protege, acolhe e contém. Como em uma primeira sessão, a cena está congelada, os olhares à espera formam um triângulo, a avó olha para sua filha que se tornou mãe, e esta olha para seu bebê, e esperam uma movimentação relacional libertada dos entraves psíquicos e corporais.

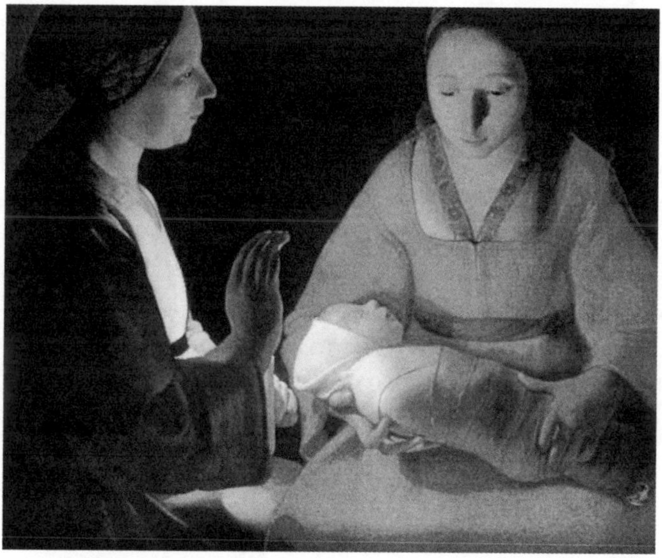

Figura 1 - George de la Tour, "O Recém-nascido" (1645)

137 Nota tradutor: em um bom ajustamento corporal com a mãe 4.1.

Relação adesiva, a impossível separação física

Na sala de espera, Lilian, com 20 meses, está sentado no colo da sua mãe. Seu olhar não está fixo em nada, suas mãos postas sobre as da sua mãe e, até mesmo a chupeta em sua boca, estão imóveis. O que me interpela é que ele não está aconchegado corporalmente, suas costas não encostam na sua mãe. Ele se sustenta sozinho, apenas sentado. A mãe me parece tensa, à espera. Eu me apresento, dirijo-me a Lilian, que não desvia nem a cabeça, nem seu olhar que me atravessa, aparentemente indiferente à minha pessoa, enquanto sua mãe me responde imediatamente e me estende sua mão, que repousava sob a mão e sobre o joelho do seu filho, para me cumprimentar. Por trás desse simples movimento de polidez, sinto a intencionalidade no contato dessa "mão estendida", primeira demanda transferencial e digo a mim mesma, respondendo concretamente corporalmente a esse gesto, que devo segurá-la, como um início frágil de uma relação de aliança, e não "deixá-la cair",[138] o "la" podendo representar a mão, a mãe, Lilian ou a díade. Não tenho tempo para pensar, pois esse simples movimento de descolamento corporal, a mão retirada do joelho e da mão de Lilian, leva imediatamente a um enrijecimento do corpo de Lilian, seguido de gritos estridentes, que aumentam ainda mais em potência proporcionalmente aos movimentos da mãe, que se levanta para entrar na sala de terapia. A frase de F. Tustin[139] "o bebê [em risco de autismo] experimenta uma separação prematura da sua mãe, separação que ele vivencia como a perda de uma parte do seu corpo" se impõe a mim, face a esse menininho rígido e aos berros com a boca escancarada, carregado com dificuldades por sua mãe. Enredada com esse corpo enrijecido, a mãe tenta justificar a atitude de Lilian, através do seu medo dos médicos.

Eu aquiesço acenando com a cabeça, transmitindo pelo meu olhar toda minha empatia por essa situação da qual já vejo toda a dificuldade e a implicação diagnóstica e terapêutica.

---

138 Nota tradutor: Laisser tomber é uma expressão que também significa "largar" ou "abandonar".

139 TUSTIN, Frances. *Les états autistiques chez l'enfant*. Paris: Seuil, 2003, p. 190.

A mãe me segue, senta-se em uma das poltronas, e Lilian, recuperando sua posição no colo da sua mãe, com o contato pele a pele, mão-mão, e com sua chupeta na boca, acalma-se instantaneamente.

A calma tendo voltado, dirijo-me a Lilian e à sua mãe, verbalizando o quanto as mudanças parecem difíceis e dolorosas. Explico quem eu sou, modulando minha voz, sem fixar Lilian. Eu digo a ele que eu nunca separo os bebês da mãe, que a porta do consultório está devidamente fechada e que vamos ficar aqui nós três para falar, explicar e entender o que está acontecendo, o que dá medo; e brincar, se ele quiser. Eu descrevo a sala, mostro os brinquedos à sua disposição. Lilian, ainda imóvel, não olha para mim, mas parece interessado pelos objetos que descrevo, pois seu olhar mudou de tonalidade e encontrou uma mobilidade periférica e uma intencionalidade. O bebê utiliza a visão periférica dos bastonetes para controlar seus limites corporais e eu me pergunto se Lilian não se apega a essa sensorialidade arcaica ao observar os limites do consultório, dos objetos ou até mesmo do contorno do meu corpo, como se ele os tocasse para apreender esse espaço desconhecido. Lilian não sairá da sua posição durante essa primeira consulta. Claramente tranquilizado pelas minhas palavras, e especialmente pelo retorno a uma posição de homeostase adesiva no colo da sua mãe, ele acabará adormecendo após um movimento da sua chupeta na boca; não são movimentos de sucção, ele mobiliza sua língua em volta da extremidade dura da chupeta. Uma vez "adormecido", Lilian se encontra em uma posição mais confortável e mais ajustada nos braços da sua mãe que, em espelho, adapta-se ao relaxamento do seu filho, carregando-o verdadeiramente em seus braços. Esse apaziguamento tônico e esse encontro corporal passivo são sentidos no discurso da mãe, que se torna menos fatual e cheio de emoção.

Com efeito, ela, que me contava a história de Lilian, uma gravidez perfeita, um bebê desejado, para, olha para Lilian, que acaba de adormecer, e retoma com uma voz ensurdecida: "Ele nunca fica quieto assim em meus braços". Eu comento sobre os braços suaves e reconfortantes da mamãe, em que Lilian adormeceu. Ela sorri, emocionada, e pode então abordar comigo as dificuldades de Lilian e suas preocupações: "Quando ele nasceu, eu o peguei no colo", ela me diz, "mas depois os médicos disseram que ele tinha um torcicolo congênito e, portanto, que eu não o carregasse muito. Eu pensava que eu o machucava, eu não sabia como segurá-lo. Eu tinha medo de deixá-lo cair ou que ele caísse; ele chorava muito". Eu comento como é difícil não poder carregar seu bebê no colo e que Lilian, hoje, ainda tem esse medo que o deixem cair quando ele não está colado na sua mãe. A mãe aquiesce. Ela descreve um bebê mole, que se enrijecia ou se desorganizava diante da menor mudança, evitava o olhar, não gostava de ser tocado, não mamava bem e não chorava pedindo a mamadeira. Ele teve um refluxo gastroesofágico tratado tardiamente aos três meses. Marie-Christine Laznik[140] lembra que a exposição repetida às dores provocadas pelo refluxo gastroesofágico leva a uma manifestação hipertônica de extensão, reforçando as condutas de evitamento no bebê e o sentimento de incapacidade da mãe.

Hoje, aos 20 meses, Lilian não balbucia, não fala, mas grita. Ele pega a mão da sua mãe para conseguir o que quer, ou espera sem fazer nada. Lilian recusa ser abraçado, mas permanece colado na sua mãe. Esta descreve perfeitamente como ela não se alimenta com essa proximidade. Lilian deu alguns passos espontaneamente aos quatorze meses, mas parou abruptamente durante quatro meses, para só então andar novamente se apoiando nos móveis. Suas atividades são restritas e imutáveis. Ele exige que a televisão esteja ligada o tempo todo. Ele não se interessa pelos brinquedos.

Ele não come sozinho, recusa os pedaços. A mãe percebe que seu filho tem algo diferente há muito tempo; ela não consegue o definir com palavras, mas ela está preocupada.

Lilian é, portanto, um bebê em sofrimento, que não pôde estabelecer laços primários com sua mãe. Ele se refugiou em uma carapaça *para se proteger da sensação de perda associada à catástrofe da separação física com a mãe*[141] sentida muito precocemente quando ele ainda não estava pronto para suportá-la. O toque é seu modo preferido de percepção, como o mostra sua mão sobre a mão da sua mãe, cujo descolamento ocasiona uma birra (*tantrum*), que termina quando a continuidade desse

---

140 LAZNIK, Marie-Christine. *Une psychanalyste avec les parents et trois enfants autistes se mettent à parler*. Toulouse: Érès, 2014.

141 TUSTIN, Frances. *Les états autistiques chez l'enfant*. Paris: Seuil, 2003.

contato adesivo é restabelecida. Após a crise, ele se acalma rodando sua língua e sua saliva ao redor da chupeta, criando "*formas autísticas autossensuais*"[142] que o acalmam. Lilian, colado na sua mãe, a considera como sendo uma parte dele, como um verdadeiro *objeto autístico.* Esse modo de relação em "*identificação adesiva*",[143] que exclui qualquer sentimento de separação, se faz às custas dos laços relacionais que estão entravados. Segundo Geneviève Haag,[144] "*na fase do autismo severo*" e antes da "*recuperação da continência*", a criança com autismo, para se sentir existir, cria estereotipias de autoestimulação táteis, mas também visuais, auditivas, motoras ou cenestésicas. A criança, nesse estágio, se vê como um ponto agarrado a essa sensação que lhe dá a ilusão de existir. Se tirarmos dela essa estereotipia que chamarei de "sobrevivência", sem propor outra coisa, a criança, confrontada às angústias arcaicas de aniquilação, de queda, de despedaçamento ou de escoamento, "*torna-se um nada*"[145] e se desorganiza.

Essas manobras autísticas auto-sensuais existem de forma transitória no desenvolvimento normal do recém-nascido, em particular face às angústias fisiológicas consecutivas aos fluxos gravitacionais, mas, em *um bebê vulnerável*, elas se tornam um modo de defesa exclusivo. Ao preferir objetos e formas sensuais fiáveis e controláveis, como "*um cobertor que contém e protege as sensações do eu e impõe respeito ao não-eu*",[146] o bebê se isola da relação primordial com seu entorno, necessária para o seu crescimento psíquico. Lilian está nessa fase de desenvolvimento, sujeito, em particular, às sensações de angústia de queda, que ele transmite, por difusão adesiva, à sua mãe, que o exprime através do "seu medo de deixá-lo cair" e sentida por mim, contra-transferencialmente, quando ela aperta minha mão. Pode-se também considerar, sem buscar explicitar uma causa, mas pensando em termos de processo facilitador, que não

---

142 TUSTIN, Frances. *Les états autistiques chez l'enfant.* Paris: Seuil, 2003.

143 BICK, Esther. *Considération ultérieure sur la fonction de la peau dans les relations d'objet précoces.* 1987.

144 HAAG, Geneviève *et al.* "EPCA échelle d'évaluation psychodynamique des changements dans l'autisme". Pour La Recherche, 2013.

145 TUSTIN, Frances. *Les états autistiques chez l'enfant.* Paris: Seuil, 2003.

146 TUSTIN, Frances. *Le trou noir de la psyché.* Paris: Seuil, 1989.

ter tomado em conta a dor do torcicolo e do refluxo e as consequentes falhas do carregar no colo favoreceram o recurso à adesividade tátil.

A mãe vem tentando, há vinte meses, preencher essa ausência de retorno relacional. O comportamento de Lilian diante de suas solicitações termina em crises, com a terrível impressão de nunca fazer a coisa certa, ou em indiferença, com o sentimento antagonista de nunca fazer o suficiente. Essa experiência dolorosa é descrita de forma muito justa pela mãe, que se esgota tentando entender e acalmar seu bebê trancado em sua carapaça, da qual ela está excluída como mãe, mas indispensável enquanto superfície corporal em uma relação adesiva.

No final dessa consulta vou nomear e descrever para a mãe os problemas do seu filho, que vou qualificar de transtornos do risco de autismo, como mecanismos de defesa estabelecidos por Lilian muito precocemente, causando dificuldades em apreender o mundo e as pessoas ao seu redor.

Não vou me pronunciar sobre um diagnóstico, pois Lilian tem apenas vinte meses, até porque, contra-transferencialmente, a lembrança de um outro bebê, cujo caminho foi favorável ao seu desenvolvimento, impõe-se a mim. Explico que todos esses sintomas de alerta devem ser levados em conta, mas como Lilian é um bebê em desenvolvimento, ele deve ser acompanhado para restabelecer a relação. Penso em F. Tustin, que diz que "*[o] autismo patológico é uma parada ou regressão em um estágio primário de desenvolvimento em que o sujeito congela*"[147] e que repor em movimento é possível. A terapia pais-bebê se inicia, com uma sessão por semana sustentada pelo investimento materno.

Relação simbiótica construtiva: a não-separação física em relação

No consultório, Lilian fica a maior parte do tempo colado no colo da sua mãe, agarrado a essa sensação que lhe dá a ilusão de existir,

147 TUSTIN, Frances. *Autisme et psychose de l'enfant*. Paris: Seuil, 1977.

de se sustentar, e que o protege. F. Tustin[148] ressaltou "a necessidade vital, do ponto de vista da criança, desses modos de autorregulação (...) auto-gerados e que (...) desviam a criança das relações humanas". Lilian substituiu as funções maternas por *formas autísticas* suaves (a saliva que roda), e as funções paternas pelos *objetos autísticos* duros. Proponho-me a modificar esses recursos às *sensações-objetos* e, em particular, essa colagem ao corpo da sua mãe, mediando o apoio das costas aliado ao olhar para reiniciar os laços e a relação. *A interiorização do objeto continente e a constituição da primeira pele se fazem através da integração do olhar quando ele está ligado à experiência tátil.*[149] É o contato das costas, ligado à interpenetração dos olhares, olhos do bebê ao rosto materno, e em seguida à interpenetração boca-mamilo que garantem ao bebê um sentimento basal de segurança e a primeira organização da imagem do corpo. Para Lilian, essa interiorização não ocorreu.

Vou contar a Lilian como ele pode ser bem carregado no colo, descrever os braços bons, as costas sólidas da mamãe que podem segurá-lo, como ele pode ficar tranquilo por encontrar em cada sessão sua mãe, a sra. Ambroise, com sua voz e seu olhar que o carregam. Gradativamente sustentado pela repetição do "mesmo", minha presença, minhas palavras, a modulação da minha voz e meu olhar suavizado, "indireto", acolhedor, carregado de *rêverie*[150] *materna construtiva*,[151] Lilian poderá se deixar levar para se encostar na sua mãe e aproveitar, tanto ele como ela, desse corpo a corpo construtivo e em uma relação.

Pode-se pensar, como diz F. Tustin,[152] que Lilian apresentou "*fatores constitucionais que o expuseram a um conhecimento muito brutal e precoce da separação corporal*" em uma relação mãe-bebê de *fusão não-natural*.

---

148 TUSTIN, Frances. *Les états autistiques chez l'enfant*. Paris: Seuil, 2003.

149 HAAG, Geneviève. "Hypothèses d'une structure radiaire de contenance et ses transformations". *In*: ______. Le moi corporel: autisme et développement. Paris: PUF, pp. 251-274, 2018.

150 Nota Tradutor: o conceito de rêverie pode ser traduzido por "devaneio".

151 BION, Wilfred Ruprecht. "Une théorie de la pensée". *In*: ______. *Réflexion faite*. Paris: PUF, pp. 125-135, 1983.

152 TUSTIN, Frances. *Autisme et psychose de l'enfant*. Paris: Seuil, 1977, p. 83.

Pode-se também pensar que a separação física real, em consequência do torcicolo, modificou profundamente a relação mãe-bebê já frágil. Por um lado, temos o fim abrupto da fusão corpo-a-corpo mãe-bebê com uma forma de carregar no colo que se tornou descontínua e insegura e, por outro lado, uma mãe que ficou fragilizada e provavelmente deprimida, que não era mais capaz de responder psiquicamente às necessidades imperiosas desse bebê hipersensível e doloroso. Na ausência de continência e de reciprocidade no olhar da mãe, há uma queda no vazio a nível psíquico, que o bebê percebe em seu corpo, como uma sensação de cair em buracos sem fundo, vivência de depressão primária. O encapsulamento é então uma reação protetora psicofísica do corpo que se tornou vulnerável, que entrava a poli-sensorialidade e mantém um contato de auto-agarramento, impedindo o surgimento do sentimento de segurança. Quando a separação é vivenciada muito precocemente, é necessário voltar a passar por uma fase de simbiose construtiva de boa tonalidade, "*gestação pós-natal em uma pele comum*",[153] valorizando os contatos corporais na relação, sem confundi-los com a relação adesiva, o "colar em". Lilian, estando com as costas apoiadas, cabeça e costas sustentadas, cercado pela prosódia e ritmicidade da minha voz, vou verbalizar para ele, virado para mim e encostado em sua mãe, por um lado as angústias espaciais, ligadas à ausência de organização da profundidade, o espaço que faz "como um vazio" entre nós, o medo de cair no buraco dos olhos, ou atrás da cabeça da sra. Ambroise e, por outro lado, o encontro possível, as costas que se sustentam apoiadas na mãe, os olhos suaves com um fundo sólido da sra. Ambroise. Eu o sinto interessado pelas minhas palavras ao notar que o tônus do seu corpo está mais ajustado e que ele para suas manobras com a chupeta. Carregado dessa forma na minha mente, Lilian se lançará em meu olhar, momento especial de um primeiro encontro furtivo, mas intenso e inteiro, que devo acolher e conter sem deixar transbordar minha emoção ainda intacta.

Ao longo das sessões, Lilian, sustentado por essa forma de ser carregado, contido pela ritmicidade e permanência do quadro terapêutico, vai ousar olhar cada vez mais para mim e começar a interagir comigo a

153 TUSTIN, Frances. *Les états autistiques chez l'enfant*. Paris: Seuil, 2003.

partir do colo e das costas da sua mãe. Ele olha para mim, olha para o brinquedo que estou segurando, oscilação entre meus olhos e minhas pequenas encenações com um início de expressões em seu rosto, especialmente com as bolhas de sabão, equivalentes simbólicos do olhar, que "brilham como os olhos da mamãe ou da sra. Ambroise". "*Circuitos de retorno relacional*"[154] se estabelecem assim entre mim e Lilian: envio, recepção e retorno do olhar sustentado pelo apoio das costas maternas em alternância com um compartilhamento de atenção conjunta a três, da *emoção estética*[155] proporcionada pelas bolhas, prelúdio da formação do envelope psíquico.

Em contrapartida, olhar para sua mãe, perdendo o apoio das costas, tão perto, ainda é muito difícil para Lilian, que desvia e se enrijece tanto quanto a intensidade da demanda da sua mãe é muito intensa. Didier Houzel[156] descreve "*um fantasma de precipitação que seria catastrófica sem o encontro com a atenção e a capacidade de rêverie do entorno*". Eu contenho a decepção muda e invejosa da mãe e valorizo sua forma de carregar no colo e o laço corporal "que alimenta" de apoio das costas com ela, que são etapas prévias indispensáveis para o desenvolvimento de Lilian.

A mãe se acalma, seu olhar se suaviza. Gradativamente, Lilian vai descer do colo de sua mãe para olhar as bolhas de sabão ou manusear os carros à sua frente, mas uma parte do seu corpo permanece sempre em contato com o da mãe. Em pé, Lilian fica em hipertonia na ponta dos pés, com "*uma segunda pele muscular*" como descrito por E. Bick.[157] A tensão do seu corpo rígido reforça meu sentimento de queda iminente. Além disso, se ele se descola completamente do corpo materno, colapsa,

---

154 HAAG, Geneviève. "Hypothèses d'une structure radiaire de contenance et ses transformations". *In*: ______. Le moi corporel: autisme et développement. Paris: PUF, pp. 251-274, 2018.

155 MELZER, D. (*et al.*). *Exploration dans le monde de l'autisme*. Paris: Payot, 1980.

156 Em HAAG, Geneviève. "Hypothèses d'une structure radiaire de contenance et ses transformations". *In*: ______. Le moi corporel: autisme et développement. Paris, PUF, p. 269, 2018.

157 BICK, Esther. "The experience of the skin in early object-relations". *International Journal of Psychoanalyse*, vol. 49, pp. 484-486, 1987.

e tudo precisa ser reconstruído. Essa sequência lembra o aprendizado da marcha, com a parada da locomoção diante das angústias espaciais.

Irei mediatizar concretamente o vazio entre os corpos, e o olhar que faz uma ponte sobre eles. Faço andar, com um barulho sonoro, um carrinho em cima da mesinha entre mim e sua mãe: "e upa, o carrinho chegou até a mamãe! E upa, para a sra. Ambroise!". A mãe participa da brincadeira e me manda de volta o brinquedo, imitando a minha voz. Refaço a mesma sequência entre mim e Lilian. Lilian, inicialmente, não pode me enviar de volta o carro, mas seu olhar faz vaivéns entre o meu olhar e os movimentos do carro. Em um segundo momento, ele fará o gesto, sem olhar, de empurrar o carro, como um primeiro traço lançado mostrando a fragilidade do fundo de recepção. Eu verbalizo o longe e o perto, o buraco duro e o olhar suave. F. Tustin insiste nesse trabalho de diferenciações e de integrações dos opostos, para unificar os registros sensoriais separados no "*desmantelamento*".[158]

A sucessão rítmica das sessões, com suas experiências de encontro costas-olhar permite metaforizar a situação primitiva ritmada da alimentação com o objeto ideal. O envelope-terapia composto por invariantes tempo-espaço-pessoas faz um continente que favorecerá a separação corporal.

Ao lhe propor "*ser contido, o bebê sente que ele se tornou um continente*".[159] Gradativamente, Lilian vai se aventurar a se sustentar sozinho, sem contato físico, com repetidas idas e vindas entre "estou colado, não estou colado e me sustento" que se transforma em "eu me afasto e posso olhar para a sra. Ambroise e voltar, em seguida posso olhar para a mamãe, com um retorno de pedido de apoio-costas", que eu teatralizo como o surgimento de um verdadeiro abraço-reencontro corpo-olhar em vez de um contato superficial pele.

Lilian, nessa colagem-descolamento sustentado pelo olhar e pela retomada do apoio-costas, continua a formação de circuitos de retorno

---

158 MELZER, D. (*et al.*). *Exploration dans le monde de l'autisme*. Paris: Payot, 1980.

159 TUSTIN, Frances. *Les états autistiques chez l'enfant*. Paris: Seuil, 2003, p. 81.

relacionais, introjeta uma continência, e se sente menos sujeito às angústias espaciais. Os deslocamentos são mais fluidos em um espaço limitado. Ele vai materializar, em uma brincadeira, toda essa encenação condensada: a ausência de plano de fundo, a queda atrás da cabeça, o reencontro do olhar e o fundo encontrado em um envelope circular. Ele dá a volta na mesinha entre mim e sua mãe, onde se encontra a pirâmide de argolas Fisher-Price. Lilian desmonta as argolas e as coloca na mesa em plano horizontal, coladas umas às outras como os anéis olímpicos. Digo: "bem plano e bem colado". Mostro-lhe como empilhá-las novamente, ele as retira, recusando sistematicamente uma construção em volume, para a manutenção de uma bi-dimensionalidade de superfície. Depois de várias repetições dessa montagem, desmontagem, ele escolhe uma argola, coloca-a em frente, depois atrás de sua cabeça e a solta. Eu digo, teatralizando, "ah, não! Não cai!" Pego de volta a argola, que passo suavemente sobre a boca, o nariz até a parte de trás do crânio e nas costas de Lilian, nomeando cada parte e dizendo que elas sustentam bem e que não caem. Quando a argola reaparece na frente dele, Lilian a fixa. Eu a coloco na frente dos meus olhos em uma aparência de brincadeira de cadê-achou. Lilian olha para mim primeiro através da argola, depois diretamente de forma alternada, pontuado pelos meus "achou, Lilian!".

Ele pega em seguida minha mão com a argola para me dizer para recomeçar. Repito os gestos com, a cada vez, o reencontro antecipado na brincadeira de cadê-achou. Por fim, Lilian pega a argola, desliza-a na frente e atrás da cabeça e a passa entre as pernas para pegá-la de volta na frente. Eu digo: "atrás não é um buraco, a argola está de volta" dando tapinhas nas suas costas e na sua nuca com a parte de trás da minha mão para validar a existência do plano de fundo que integra as ritmicidades. Lilian se deita então com suas costas-cabeça em apoio no chão e olha para mim intensamente, longamente.

Essa brincadeira das argolas é uma representação da projeção no espaço em três-dimensões do cair atrás e da constituição do plano de fundo, fundo de recepção do olhar que, em sua repetição, forma a primeira sensação de *entornância* do "*eu corporal*".[160]

Depois dessa brincadeira, Lilian será capaz de fazer demandas, para obter bolhas de sabão, por exemplo, mas pegando minha mão. F. Tustin[161] escreve: "*as crianças autistas começam a experimentar o terapeuta como um instrumento, e não como uma pessoa separada*". Aceito, nessa fase de fusão reconstrutiva do processo, fazer o que ele quer, acrescentando na minha fala a pequena variante que introduz a separação através das diferentes modalidades de demanda. Gradativamente, diante do meu lembrete recorrente de que a minha mão não é uma ferramenta e que ela me pertence, Lilian poderá unir o olhar a esse gesto de mão-ferramenta para pedir, e então usar o dedo em um início do apontar, pré-requisito indispensável para a linguagem.

A mãe, contida pela minha escuta, meu olhar e minhas palavras, fica muito atenta às encenações do seu filho.

O laço tênue que se tece gradativamente na minha frente, com seu filho, conforta-a e permite que ela invista seu papel de mãe, que ela traduz seja por gestos – fazê-lo pedir com os olhos ou com o dedo, ao invés da mão-ferramenta –, seja por palavras – "você quer as bolhas", "a mamãe te dá o carro" –, com um retorno esperado e compreendido em reciprocidade. Sua fala, que descrevia o que ocorreu antes, ou o que estava previsto após a sessão, transforma-se, nesses momentos relacionais, em uma temporalidade do agora em que ela se põe, dirige-se diretamente a Lilian em um início de narratividade.[162]

No espaço do tratamento, Lilian nos mostra que ele constrói seu primeiro sentimento de entornância um conjunto de circuitos

---

160 HAAG, Geneviève. "Hypothèses d'une structure radiaire de contenance et ses transformations". *In*: ______. Le moi corporel: autisme et développement. Paris, PUF, pp. 251-274, 2018.

161 TUSTIN, Frances. *Le trou noir de la psyché*. Paris: Seuil, 1989, p. 259.

162 HAAG, Geneviève. "Hypothèses d'une structure radiaire de contenance et ses transformations". *In*: ______. Le moi corporel: autisme et développement. Paris: PUF, pp. 251-274, 2018.

relacionais com retorno a um ponto de rebote (a argola que não cai e o reenvio do olhar) que forma um envelope circular ligado por um núcleo sólido, descrito no "*esquema de continência*".[163]

A interpretação limitante que separa

Lilian se experimenta agora transitoriamente como um saco, com uma pele envelope ainda frágil. Ele percebe e tolera o dentro e o fora, o eu e o não-eu. O limite permanece vago e a confusão presente, como transitoriamente no "*autismo confusional*" descrito por F. Tustin, com o recurso à identificação projetiva. Essa etapa permite agora que ele invista no desenho. Ele dá impulsos que caem sem retorno. Eu sonorizo com a minha voz, em uma tonalidade descendente, esses traços que me fazem lembrar da queda e especialmente da ausência de um fundo de impressão, que ele pode repetir aqui em um *só-depois*. Lilian faz então rabiscos tracejados que mostram um esboço relacional rítmico e de retorno possível. A separação agora não é mais sentida como um buraco que deve ser preenchido com formas ou objetos autísticos, mas como um arrancamento da pele-envelope. As interdições, a frustração ou a ausência que agora é notada, tornam-se intrusões e perfuram a pele que se retrai como um balão de sopro desinflado.

Do lado materno, a "*preocupação materna primária*"[164] que não havia encontrado respostas de Lilian nos primeiros meses de vida, manteve-se muito além do período esperado, e se transformou em uma simbiose patológica. A manutenção da busca pela satisfação, aliada a uma maleabilidade materna muito grande, ajudam a reforçar a onipotência de Lilian, que utiliza e considera sua mãe como "*uma máquina de vendas*

---

163 HAAG, Geneviève. "Hypothèses d'une structure radiaire de contenance et ses transformations". *In*: ______. Le moi corporel: autisme et développement. Paris: PUF, pp. 251-274, 2018.

164 WINNICOTT, Donald Woods. *La mère suffisamment bonne*. Paris: Payot, p. 53, 2008.

automática":[165] é o colado para fazer. Lilian sabe perfeitamente quais são as "fichas" que ele deve usar com sua mãe para obter satisfação: mão--ferramenta, gritos, crises. A mãe relata em sessão, com detalhes, esse comportamento, sem olhar nem para Lilian, nem para mim, autocentrada na descrição detalhada da sua experiência sem afeto expressado.

Ao ouvi-la, tenho uma impressão de vertigem, como se contra--transferencialmente eu estivesse tomada em um turbilhão de atos e de palavras, como Lilian, que, em suas deambulações atrás da poltrona da sua mãe, enrijece-se ou faz *flapping* para não cair: o movimento incessante ou o duro como "*segunda pele*" para se sustentar.[166] Saio muscularmente exausta dessas sessões de regressão. É muito difícil para a mãe, apesar dos progressos do seu filho, mudar sua atitude fora da minha presença, e ela não consegue acompanhar Lilian rumo a um descolamento "suave" para saírem ela e ele dessa simbiose.

Trata-se, portanto, de um período de oscilação entre a onipotência e a regressão transitória às defesas autísticas de desmantelamento sensorial. Então, quando Lilian sente que seu envelope se rompe, ele retorna à ilusão reparadora de sempre-ficar-colado-na-mamãe. Os progressos estagnam na repetição dessa separação impossível e do retorno à identificação adesiva. A vinda espontânea do pai de Lilian à sessão permitirá o desbloqueio desse impasse no processo. Lilian vai fazer três anos. Bianca Lechevalier nos lembra que:

> O laço mãe-filho pode se modificar e passar da simbiose à triangulação no jogo de transferências projetadas nesse espaço, graças ao papel paterno que é então crucial tanto na transferência quanto em sua presença concreta nas sessões.[167]

---

165 TUSTIN, Frances. *Le trou noir de la psyché*. Paris: Seuil, 1989.

166 BICK, Esther. *Considération ultérieure sur la fonction de la peau dans les relations d'objet précoces*. 1987.

167 LECHEVALIER, B. "Psychanalyse mère-enfant: une approche de la clinique à la théorie". Journal de la Psychanalyse de l'Enfant, vol. 7, nº 2, 2017, p. 93.

O pai me conta como, apenas muito recentemente, aproximou-se de Lilian. Quando bebê, Lilian chorava e em seguida berrava sempre que ele se aproximava e o carregava no colo. Diante do que sentia como uma rejeição, o pai, constantemente em conformidade com sua inadequação, desistiu.

Durante essa primeira sessão com o pai, Lilian não está com sua chupeta e recorre muito pouco à colagem adesiva corporal. Com efeito, depois de fazer uma minipausa no colo, o pai coloca Lilian no chão com convicção, dizendo-lhe para ir brincar. Sustentado unicamente pela voz confiante do seu pai que lhe mostra os carros, Lilian poderá se lançar, após uma troca de olhares, até o armário e voltar, sustentado por um carro em cada mão e os colocará sobre a mesa, colados. Parabenizado por seu pai e por mim, ele fará vaivéns de forma idêntica, alinhando conscienciosamente os carros trazidos de volta à mesa. Lilian aceita que eu participe do alinhamento dele, com alguns "colados-descolados" pois eu altero a ordem. Vou buscar o estacionamento de brinquedo. Lilian vai se dedicar à ladeira por onde os carros descem. Ele encena a queda derrubando os carros no chão. Eu aciono a barreira embaixo da ladeira, sendo logo substituída pelo pai, e depois por Lilian. Ele participará dessas pequenas encenações, alinhando os carros colados ao longo de toda a descida e em seguida aceitando abrir e fechar a barreira, com controle e antecipação da queda que vou amortecer com um fundo. Serão quatro sessões seguidas com seu pai nessa modalidade, em que Lilian mostrará suas novas capacidades de separação e de interesse pelo que o cerca. Suas brincadeiras permanecem ainda no controle, com categorizações que retomam parcialmente elementos de desmantelamento com qualidades de superfície, mas as mudanças e as trocas são possíveis. A encenação da queda controlada pela barreira com um suporte de recepção consolida "*seu sentimento de que não há perigo em existir como um ser separado*",[168] sustentado pela autoridade disciplinadora do pai que faz limite.

Quando sua mãe volta às sessões, Lilian com a chupeta enfiada na boca, em seu colo berra ao menor interstício entre eles, mostrando-me

168 TUSTIN, Frances. *Les états autistiques chez l'enfant*. Paris: Seuil, 2003, p. 64.

um quadro totalmente em regressão. A mãe fica muito afetada com esse retrocesso.

Inicialmente, eu comento sobre a longa ausência da mamãe na sessão que fez como um buraco na boca (preenchido pela chupeta), interpretando a angústia da depressão primária que é reativada por essa separação nas sessões, que F. Tustin descreve como a tomada de consciência muito precocemente sentida da separação física em um bebê incapaz de tolerá-la, que foi vivenciada "*como um sentimento catastrófico que se centralizou na boca: a criança tem a impressão de ter um buraco ali onde se encontrava o buquê de sensação*".[169]

Em um segundo momento, Lilian tendo se acalmado, digo que agora sei que ele é capaz de se sustentar sem estar colado, de brincar, pois o vi com o papai. Lilian, de fato, adquiriu um início de sentimento de identidade, mas que depende do sentimento de segurança de estar contido. A aliança e o quadro terapêuticos estando firmemente estabelecidos, eu modificarei meu posicionamento para permitir o descolamento entre Lilian e sua mãe.

F. Tustin[170] fala de "*terapia cicatrizante e disciplinadora*", e enfatiza as restrições e as limitações. Faço então *uma intervenção direta* e anuncio a Lilian que, agora, acabou o "colado-na-mamãe" pois sei que ele pode se sustentar sozinho. Oponho-me muito concreta e firmemente a esse retorno adesivo corporal que impede e congela novamente qualquer iniciativa. Em meu embasamento teórico, apoio-me na atitude de F. Tustin com sua paciente Ariadne, e sua proibição de morder o interior das bochechas, manobra que assegura a continuidade da sua existência, para me manter firme face às reações violentas e explosivas de Lilian e face ao desespero materno que causei dessa forma. Para cada um dos meus "não! Você não está colado à mamãe", Lilian mostra o surgimento de verdadeiras crises de frustração, enquanto até então ele mostrava crises de birra (*tantrum*) ou evitamentos ao confronto através do uso de objetos autísticos.

---

169 TUSTIN, Frances. *Les états autistiques chez l'enfant*. Paris: Seuil, 2003, p. 299.

170 TUSTIN, Frances. *Le trou noir de la psyché*. Paris: Seuil, 1989, p. 256.

Eu o separo da sua mãe e o contenho, seguro suas mãos "*para segurar concretamente a cólera*", comentando sobre sua raiva. "*Nossas palavras e nossas ações fornecem um continente que irá represar seu transbordamento*", diz F. Tustin.[171] Eu verbalizo para Lilian a transferência negativa em relação a mim, digo-lhe que ele acredita que eu sou uma malvada sra. Ambroise que proíbe Lilian de fazer como quando ele era pequeno, como uma mãe malvada que diz não a Lilian. Enfatizo a solidez das paredes do consultório na terapia, da sra. Ambroise e da mamãe, que são mais fortes do que sua raiva. À medida que ele se acalma, certifico-lhe de que as palavras ou o olhar fazem uma ponte entre ele e sua mãe por cima do buraco negro da separação, que os olhos e as costas são sempre muito sólidos, que a boca está bem fechada, que nada está perdido, verbalizando "o *trabalho de digestão empática no interior do terapeuta que tem uma função curativa*".[172] Solto as mãos dele, pois sinto que ele está mais calmo, mas o carrego com os olhos, pois me sinto trêmula, com uma impressão de me sustentar e de cair. Essas sensações contra-transferenciais me fazem duvidar do tempo certo para ter imposto essa injunção limitante. Enquanto me pergunto se não é Lilian que projeta em mim esse sentimento de impotência, Lilian, com o olhar lacrimejando por estar a poucos centímetros da sua mãe, com choros e não mais berros, se vira, me mostra suas costas duras, e pronuncia seu primeiro "mamãe" lançado ao ar, que sua mãe e eu pegamos no ar e verbalizamos para Lilian, moderando nossa emoção recíproca. Depois dessa primeira palavra simbólica, Lilian se permite ir sozinho explorar os brinquedos, sem andar na ponta dos pés. Suas primeiras brincadeiras com sua mãe serão a retomada dos alinhamentos de carros, mas também as brincadeiras de fazer de conta, no início em imitação, como a brincadeira de comidinha que eu vou enriquecer com "as coisas boas para se comer, para se colocar para dentro" em mutualidade em uma metáfora da introjeção do objeto interno.

A menor dificuldade ou discrepância entre o que ele quer e o que acontece suscita uma explosão corporal, ele joga tudo, grita e se acalma com tentativas de retorno transitório à adesividade. A colagem já

171 TUSTIN, Frances. *Le trou noir de la psyché*. Paris: Seuil, 1989, p. 256.

172 TUSTIN, Frances. *Le trou noir de la psyché*. Paris: Seuil, 1989, p. 250.

não sendo mais vivenciada como bastante eficaz, dado que não anula a frustração, imediatamente favorece Lilian passar a utilizar a atuação em identificação projetiva da raiva que ele projeta muito concretamente em sua mãe, na qual ele bate. As regras da terapia sendo "não machucar", eu o afasto da sua mãe, levando-o para o cantinho macio para deixar "explodir" sua raiva. Eu seguro suas mãos e sua excitação, verbalizando a permissão para ficar com raiva e, ao mesmo tempo, sobre a malvada sra. Ambroise que proíbe Lilian de bater na mamãe. É muito difícil para a mãe suportar o estado de agitação em que ele se põe, mesmo que não esteja mais desmantelado corporalmente: Lilian está com raiva e não aceita que eu possa não ceder a ele. Como diz F. Tustin,[173] "*ele faz uma barulheira por causa do não-eu duro (non-moi) que não está sob seu controle*".

A mãe acha que ele está infeliz, e se encontra na incapacidade de conter esses sentimentos negativos e, muito menos, de os "*desintoxicar*", como diria Bion.[174] Eu verbalizo a diferença entre Lilian, um bebê de 20 meses em pânico vital, e Lilian, um menino com mais de 3 anos em oposição a qualquer restrição e disposto a fazer qualquer coisa para não ceder, ou seja, a diferença entre birra (*tantrum*) e intolerância à frustração com manifestações corporais barulhentas. Por trás desse degelo maníaco, Lilian luta contra o medo, mas acima de tudo contra a tristeza, corolária da consciência da separação, que eu sinto na minha contra-transferência e também através da expressão da mãe "que considera Lilian infeliz".

A onipotência de Lilian ainda continua grande, reforçando sua convicção implícita de que "*sua mãe boa demais*"[175] sabe tudo. Há uma confusão entre o "não" de um interdito estruturante e o "não" percebido como um arrancamento, que o leva a recorrer à mão-ferramenta para preservar a ilusão fusional.

A repetição das sequências, sobrevivendo à raiva, sem destruição de qualquer um dos protagonistas, Lilian, terapeuta e mãe, e das paredes do consultório-terapia, vão permitir que Lilian aceite gradativamente a

---

173 TUSTIN, Frances. *Le trou noir de la psyché*. Paris: Seuil, 1989, p. 256.

174 BION, Wilfred Ruprecht. "Une théorie de la pensée". *In*: ______. *Reflexion faite*. Paris: PUF, pp. 125-135, 1983.

175 WINNICOTT, Donald Woods. *La mère suffisamment bonne*. Paris: Payot, 2008, p. 53.

existência de um mundo *não-eu* que não satisfaz todos os seus desejos, e, portanto, uma separação física tranquila, imagem de uma separação psíquica sem se sentir arrancado de um sentimento de uma coesão interna que lhe permite entrar em contato com os outros. Vejo essa evolução em seu investimento do desenho que se torna uma mediação privilegiada, com o surgimento de formas rítmicas verticais e em seguida horizontais, de pontos que atestam a existência de um fundo encontrado e, em seguida, o cruzamento das linhas em uma cruz.

A separação simbolizada na linguagem

Esse terceiro ano de tratamento consolidará o processo de individuação em andamento e será concomitante com a explosão da linguagem e do abandono definitivo da chupeta-tampa. De um bebê mudo com gritos, Lilian se tornará um menino falante que comenta, descreve o que o cerca em uma tentativa de compreensão e de controle do seu entorno e das pessoas, mas também de um início de interação. Lilian, no início e no final da sessão, enche sua mãe com frases e palavras, "toma sua cabeça" como ele tomava seu corpo, na retomada da ilusão de manter um laço contínuo com um *não-eu* controlável. Interpreto o reencontro na continuidade das sessões e, em seguida, eu triangulo a relação retomando seus temas de interesse, permitindo que Lilian recupere uma linguagem compartilhada e sua criatividade. Curioso e observador, ele desenvolve uma verdadeira apetência pelas aprendizagens cognitivas, especialmente pelo reconhecimento das letras e dos números que são elementos fiáveis e fixos extremamente tranquilizadores e controláveis por sua previsibilidade. Essas primeiras atividades simbólicas, que podem ser vistas como um agarramento sensorial ao cognitivo, dão a ele a sensação de poder controlar o *não-eu* e o tranquilizam em suas capacidades de pensamento. As letras se tornam um suporte de troca relacional, permitindo que Lilian compartilhe comigo e com sua mãe seus interesses e sentimentos. O grafismo testemunha essa evolução.

Lilian sempre começa a sessão de desenho com pontos espalhados, como um céu estrelado, para testemunhar a solidez do fundo e, assim, a relação encontrada-reencontrada que eu verbalizo para ele. As formas fechadas, o círculo, aparecem, sinal da sua individuação, seguidas pelos primeiros surgimentos do desenho do boneco radial.[176] Gradativamente, o traço espontâneo fica "encoberto" por letras copiadas.

Lilian tem prazer em copiar palavras, mas também em inventar sequências mais ou menos fantasiosas que ele pede à sua mãe e a mim para ler ou reescrever em um compartilhamento cada vez mais em reciprocidade, criando assim uma área transicional de cooperação e de atividades compartilhadas. Simultaneamente, a mãe exprime sua dificuldade em ainda ser o alvo das projeções agressivas, agora principalmente verbais, de Lilian à medida que se instaura a relação em um reconhecimento mútuo. Em um outro nível, o *eu* emergente de Lilian ainda é fraco, e por trás da sua agitação maníaca, ele projeta seus sentimentos de depreciação e de fragilidade. A mãe, submersa por esses sentimentos projetados por Lilian, redobra sua atenção para com seu filho, dizendo que ele não pode ser infeliz e autista.

A verbalização dos mecanismos de identificação projetiva nos dois sentidos – "a mamãe não está na sua cabeça" ou "você não pode decidir pela mamãe" –, associada ao meu posicionamento rigoroso diante dos elementos de entrelaçamento corporais, materiais ou verbais observados em sessão, em apoio a uma posição materna firme – "não vasculhe a bolsa da mamãe" ou "mamãe não vai fazer isso no seu lugar" ou "não é culpa da mamãe" ou "mamãe concorda com a sra. Ambroise" – e a uma compreensão das emoções que isso suscita em Lilian, em uma digestão empática – "você se sente muito pequeno" ou "você não está conseguindo" ou "você está com raiva da mamãe que não entende nada" – vão reforçar o bom objeto interno, consolidar a individuação e, na realidade, circunscrever os ataques. Lilian se experimenta, assim, como um objeto total separado, ao mesmo tempo em que o objeto total está sendo percebido. Não está mais no tempo circular da repetição e do mesmo, mas admite a linearidade do tempo. O tempo que passa inexoravelmente e a tomada de consciência de uma separação real confrontam Lilian ao "terror" do qual ele se defendeu através das suas manobras autísticas, a saber, o surgimento da consciência do sentimento

176 Nota tradutor: Boneco desenhado com traços partindo de um eixo central.

de perda descrito na posição depressiva de Melanie Klein.[177] O objeto encontrado é um objeto que será perdido. Ele tem que admitir que as coisas ou as pessoas podem ter um fim. Lilian inicia esse trabalho de luto corolário do crescimento psíquico e da simbolização.

A ritualização no início e no final das sessões, com o ritual de bom dia e tchau apertando as mãos, são elementos corpóreo-rítmicos que sustentam por sua repetição, a solidez do sentimento de si emergente face à "*sólitude (isolamento)*".[178] A raiva destrutiva projetada na sua mãe, contida e digerida pelo terapeuta, dará lugar à tristeza que ele expressa corporalmente: Lilian "escorre" pelos olhos, pelo nariz, transborda de lágrimas e, em um duplo movimento, que eu vejo e sinto contra-transferecialmente com a impressão de derreter em uma poça de água, permite-me medir a acuidade do seu sofrimento. Eu nomeio para ele essa impressão de escorrer e, ao mesmo tempo, tranquilizo-o com relação à sua pele sólida, bem fechada, que guarda a mamãe e o papai na cabeça. Gradativamente verei Lilian aceitar o luto da sua mamãe-objeto-sensual, fazendo parte dele, para uma mãe separada individuada. Ele vai então verbalizar a perda: "mamãe, sinto sua falta" ou "mamãe, é difícil sem você". Vou conter e verbalizar suas emoções de tristeza interpretando que separar não é perder, que na cabeça de Lilian há muitas coisas boas, os números, os desenhos animados, e sobretudo uma mãe sólida.

Eu desenho Lilian e mamãe, cada um com um balão: no da cabeça da mamãe eu desenho Lilian e no da cabeça de Lilian eu desenho mamãe, em uma representação concreta da permanência de objetos internos e externos. Lilian olha atentamente o meu desenho. Ele vai pedi-lo novamente nas sessões seguintes.

Vou acrescentar aí a sra. Ambroise, que guarda Lilian e sua mamãe na sua cabeça entre as sessões, e Lilian e mamãe, que guardam a sra. Ambroise em suas cabeças, e depois o papai. Esses desenhos ajudarão Lilian a representar sua tristeza e conter seu medo de perder sua mãe.

---

177 KLEIN, Melanie. *La psychanalyse des enfants*. Paris: PUF, 2009. (Collection Quadrige Grands Textes).

178 TUSTIN, Frances. *Autisme et psychose de l'enfant*. Paris: Seuil, 1977.

A mãe, em espelho, vai gradativamente mudar seu posicionamento (que se torna mais firme e mais justo) sustentada pela ajuda concreta do pai. Tranquilizada com o que ela chama de "a saída do autismo" do seu filho, ela deixa surgir, por sua vez, os sentimentos depressivos consecutivos à individuação de Lilian, que ela vivencia como uma perda, tendo em vista a frustração de não ter sido suficientemente alimentada pelas trocas primárias de interrelação mãe-bebê, mas também na narração em um *só-depois* do traumatismo causado pelo anúncio dos transtornos autísticos do seu filho. Eu contenho e sustento o trabalho de luto da mãe assim como contenho o de Lilian. A colocação em palavras desses sentimentos na presença de cada um favorece o descolamento simultâneo de Lilian e sua mãe, em uma mesma ritmicidade, com uma separação sem arrancamento, permitindo que cada um se sinta sozinho, em sua pele com um eixo sólido, na presença do outro, e aborde a posição depressiva com um eu corporal individuado. Lilian, em seu *eu,* digere *o pedaço duro do não-eu*, representação do terror engendrado pela separação física muito precoce que o havia levado a um modo de relação autística, e tolera as frustrações.

Lilian pode, assim, começar a aceder à representação simbólica que torna o mundo exterior mais controlável. Quando ele diz "é difícil quando a mamãe não está aqui", a tomada de consciência da separação física e psíquica representada pela linguagem "*torna-se mais suportável do que a sensação ameaçadora de um terror sem nome*".[179]

Conclusão

A psicanálise pais-bebê, com seu quadro terapêutico específico, é um espaço como "*uma incubadora*"[180] para dois, dentro da qual o bebê em risco de autismo, "*prematuro*" psicológico, e sua mãe não reconhecida como tal, elaboram simultaneamente a tomada de consciência

179 TUSTIN, Frances. *Autisme et psychose de l'enfant*. Paris: Seuil, 1977, p. 350.

180 TUSTIN, Frances. *Le trou noir de la psyché*. Paris: Seuil, 1989.

da separação e constroem as interações primárias que haviam ficado congeladas na cápsula.

Assim, após dois anos de um tratamento baseado na continência e na análise da transferência das sensações e das projeções das angústias arcaicas de depressão primária, o bebê-Lilian, submerso pelo terror da consciência da separação, preso em um estado de unidade patológica com sua mãe, tornou-se um menininho de quatro anos, individuado em sua pele psíquica, que agora pode representar para si "*os sofrimentos da solidão inerente à separação corporal e à identidade pessoal*"[181] em interrelação com sua mãe, objeto de sustentação e de amor.

Esse trabalho clínico mostra a relevância desse tratamento do laço em uma perspectiva de desenvolvimento e de transformação sempre possível, onde a precocidade, a intensidade, o rigor do quadro e a formação são indispensáveis.

Até hoje a terapia continua com a análise da transferência das projeções particularmente intergeneracionais que emergem. Em seu último desenho, Lilian desenhou um sol bem no centro da folha. Espero que esse sol possa "*se descolar e se erguer no ângulo do céu*",[182] testemunhando o fim das manobras adesivas autísticas.

Referências bibliográficas

ANZIEU, Didier. *Le moi peau*. Paris, Dunod, 1985.

BICK, Esther. "The experience of the skin in early object-relations". *International Journal of Psychoanalyse*, nº 49, pp. 484-486. 1987.

BICK, Esther. *Considération ultérieure sur la fonction de la peau dans les relations d'objet précoces*. 1987.

---

181 TUSTIN, Frances. *Les états autistiques chez l'enfant*. Paris: Seuil, 2003.

182 HAAG, Geneviève. "Hypothèses d'une structure radiaire de contenance et ses transformations". *In*: ______. Le moi corporel: autisme et développement. Paris: PUF, pp. 251-274, 2018.

BION, Wilfred Ruprecht. Learning from experience. New York: Basic Books. “Aux sources de l’expérience”. Paris: PUF, 1979.

BION, Wilfred Ruprecht. “Une théorie de la pensée”. *In*: ______. *Réflexion faite*. Paris: PUF, pp. 125-135, 1983.

HAAG, Geneviève. “Autisme, psychoses infantiles précoces et psychanalyse”. Neuropsychiatrie de l’enfance, vol. 31, nº 5/6, pp. 261-263, 1983.

HAAG, Geneviève. “Autisme infantile précoce et phénomènes autistiques: réflexions psychanalytiques”. La psychiatrie de l’enfant, vol. 27, nº 2, pp. 293-355, 1984.

HAAG, Geneviève. “La mère et le bébé dans les deux moitiés du corps”. Neuropsychiatrie de l’enfance, 1985, vol. 33, pp. 107-114, 1985.

HAAG, Geneviève. “Rencontre avec Francès Tustin: autismes de l’enfance”. *La revue française*, Paris: PUF, 1994.

HAAG, Geneviève (*et al.*). “Tableaux pour l’utilisation de la grille de repérage clinique des étapes évolutives de l’autisme infantile traité”. *Psychiatrie de l’enfant*, vol. 38, 1995, pp. 495-527.

HAAG, Geneviève. “Contribution à la compréhension des identifications en jeu dans le moi corporel”. *Journal de la Psychanalyse de l’Enfant*, vol. 20, pp. 104-125, 1998.

HAAG, Geneviève. “Le moi corporel entre dépression primaire et dépression mélancolique”. Revue Française de Psychanalyse, vol. 68, nº 4, pp. 1133-1151, 2004.

HAAG, Geneviève *et al.* “EPCA échelle d’évaluation psychodynamique des changements dans l’autisme”. *Pour La Recherche*, 2013.

HAAG, Geneviève. “Hypothèses d’une structure radiaire de contenance et ses transformations”. *In*: ______. Le moi corporel: autisme et développement. Paris: PUF, pp. 251-274, 2018.

HAUTE AUTORITÉ DE SANTÉ. *Signes d’alerte, repérage, diagnostic et évaluation chez l’enfant et l’adolescent*. 2018. Disponível em: https://www.has-sante.fr/.

HOUZEL, Didier. “Precipitation anxieties and the dawn of anesthetic feelings”. Journal of Child Psychotherapy, vol. 15, nº 2, 1995.

HOUZEL, Didier. *Le concept d’enveloppe psychique*, Paris: In Press, 2005.

KLEIN, M. *La psychanalyse des enfants*. Paris: PUF, 2009. (Collection Quadrige grands textes).

LAZNIK, Marie-Christine. *Une psychanalyste avec les parents et trois enfants autistes se mettent à parler*. Toulouse: Érès, 2014.

LECHEVALIER, B. "Psychanalyse mère-enfant: une approche de la clinique à la théorie". Journal de la psychanalyse de l'enfant, vol. 7, nº 2, pp. 91-126, 2017.

MELZER, D. (*et al*). *Exploration dans le monde de l'autisme*. Paris: Payot, 1980.

TUSTIN, Frances. *Autisme et psychose de l'enfant*. Paris : Seuil, 1977.

TUSTIN, Frances. *Le trou noir de la psyché*. Paris: Seuil, 1989.

TUSTIN, Frances. *Les états autistiques chez l'enfant*. Paris: Seuil, 2003.

WINNICOTT, Donald Woods. *La mère suffisamment bonne*. Paris: Payot, 2008, p. 53.

CAPÍTULO V

COMO PENSAR O AUTISMO A PARTIR DE FREUD – DESDE UMA PERSPECTIVA LACANIANA

ANGELA VORCARO E ARIANA LUCERO

Espera-se retomar em Freud os textos e conceitos que permitem conceber um funcionamento do aparelho psíquico no autismo. Vale ressaltar que, em oposição à definição psiquiátrica de um transtorno do espectro autista (TEA) que pretende incluir praticamente toda a psicopatologia da criança diferenciada por graus de acometimento, consideramos a especificidade do autismo como uma posição subjetiva radical de defesa em que o sujeito ativamente visa a excluir-se do trabalho psíquico a que é intimado por seu corpo (aí incluído o campo em que habita), sem entretanto impedir-se de operar interativamente com certos elementos pontuais. É sabido que Freud nunca teorizou sobre o autismo, até porque tal quadro clínico só foi descrito por Kanner em 1943. Mesmo Lacan, que reconheceu a pertinência do autista ao campo da linguagem, não se debruçou clinicamente sobre estes sujeitos, apesar de seu ensino ser a principal referência para alguns psicanalistas que estudam o autismo e com os quais pretendemos dialogar neste trabalho. De toda forma, nos apoiando nas considerações de Lacan a respeito do circuito pulsional, das inscrições psíquicas e da negação, é que acompanharemos seu retorno à Freud em busca de pistas para pensar o autismo.

A nosso ver, é Lacan quem nos permite uma apropriação de Freud que escapa a todo biologicismo ao colocar sua ênfase na linguagem, no que ela constringe o corpo, para fazer dele a organização simbólica que lastreia sua deriva imaginária, mas também na disjunção que o corpo mantém com ela, só localizável como hiância enigmática de sua dimensão real. Em busca de um corpo que pudesse responder por uma concepção naturalista da ciência, Freud[183] assume o pressuposto de um princípio de prazer que funcionaria segundo um princípio de inércia, visando a homeostase, sem se dar conta do que acionaria o mecanismo do prazer. Nessa direção, vários textos interrogam como o princípio de realidade se sobrepõe ao princípio de prazer, desconsiderando que o princípio de realidade não tem somente a função de regular o princípio de prazer, mas é o que o articula e o faz existir.[184]

Por sua vez, enfatizando que a própria ideia de natureza é um fruto da cultura, Lacan[185] nos adverte dessa derrapagem freudiana inicial em que sua noção de prazer como redução da tensão estava referida à moral antiga, onde o prazer consistia em fazer o mínimo possível, como a suposta sabedoria do animal. Entretanto, assinala que desde a tomada da repetição que franqueou a Freud a descoberta do *além* do princípio de prazer, não se pode considerar o prazer como princípio: "Um princípio em que existe um além não é mais um princípio".[186] Reconhecendo nesse além o princípio de desprazer,[187] cuja visada é a

---

183 FREUD, Sigmund. "Projeto de uma psicologia". *In*: GABBY JR., Osmyr Faria (Coord.). Notas a um projeto de psicologia. Rio de Janeiro: Imago, 2003.

184 LACAN, Jacques. *A ética da psicanálise* (1959-1960). livro 7, Rio de Janeiro: Zahar, 1997, p. 54. (Coleção Seminários).

185 LACAN, Jacques. *Estou falando com as paredes* (1971). Rio de Janeiro: Zahar, 2011.

186 LACAN, Jacques. *Estou falando com as paredes* (1971). Rio de Janeiro: Zahar, 2011. pp. 26/27.

187 Freud (FREUD, Sigmund. "A interpretação dos sonhos". *In*: *Obras Completas*. São Paulo: Cia das Letras, 2019, pp. 654-656 e 658; e FREUD, Sigmund. "Conferências

repetição da tensão, Lacan[188] a localiza como "princípio de tudo que leva o nome de gozo", definido como "relação do ser falante com seu corpo".[189] Assim, enquanto o animal *sabe* o que lhe convém, o saber do inconsciente é outra coisa, é saber que se articula numa linguagem como "um saber não sabido por ele mesmo".[190] Não se trata de um saber suposto, é migalha de saber que se extrai do próprio sujeito, é saber que se postula a partir do gozo de uma tensão de seu corpo.[191]

Ora, desde o *Projeto de uma Psicologia*, Freud[192] concebe um aparelho psíquico que pode alucinar sua satisfação, motivo pelo qual talvez ele tenha abandonado tal empreitada. Afinal, a "experiência biológica", dependente de um signo de realidade, não pode fornecer o próprio signo a partir do qual se interromperia as ocupações referentes ao objeto alucinado. Desde o princípio, portanto, o aparelho psíquico se diferencia de um funcionamento automático, regido pelo par necessidade-satisfação, devido a sua característica de armazenar traços que permitam que a excitação percorra sempre os mesmos caminhos. E o que obriga tal organismo a armazenar esses traços é justamente o fato de que o objeto oferecido à satisfação não é simplesmente o objeto da necessidade biológica. O alimento dado a um bebê não é só rico em nutrientes (o leite), mas um objeto investido libidinalmente (o seio ou a mamadeira, p. ex.) pelo agente das funções de cuidado que não se limita

---

introdutórias à psicanálise". *In: Obras Completas*. São Paulo: Cia. das Letras, 2014, p. 102) também se utiliza do termo princípio de desprazer, sem lhe dar esse alcance. De fato, em seus efeitos primários de apaziguamento e tensão no funcionamento do corpo, ora prevalece o prazer, ora o desprazer. Somente a concatenação dessa oposição pode distingui-los. Nessa linguagem binária, o prazer (apaziguamento) só se distingue pelo desprazer (tensão) que o antecede e que o sucede, e vice-versa (Cf. Vorcaro, 1997).

188 LACAN, Jacques. *Estou falando com as paredes*. Rio de Janeiro: Zahar, 2011, p. 29.

189 LACAN, Jacques. *Estou falando com as paredes*. Rio de Janeiro: Zahar, 2011, p. 59.

190 LACAN, Jacques. *Estou falando com as paredes*. Rio de Janeiro: Zahar, 2011, p. 23.

191 LACAN, Jacques. *...ou pire* (1971-1972). livro 19, Rio de Janeiro: Zahar, 2012, p. 77. (Coleção Seminários).

192 FREUD, Sigmund. "Projeto de uma psicologia". *In*: GABBY JR., Osmyr Faria (Coord.). Notas a um projeto de psicologia. Rio de Janeiro: Imago, 2003.

a prover as necessidades, mas vê naquele corpo vivo um ser humano. É claro que, aqui, poderíamos citar inúmeros exemplos que escapam a essa fórmula e é também evidente que para cada caso teríamos uma variedade de consequências possíveis. Porém, o que queremos frisar é que, antes mesmo de se alimentar, esse bebê é visto e falado por outros seres humanos que compartilham um mesmo sistema simbólico. Ao nascer, o bebê é banhado pela linguagem, modalizada em complexidades que não pode inicialmente assimilar e, por isso mesmo, deve erigir barreiras que contenham parte desse fluxo de significantes (para usarmos termos lacanianos). São essas barreiras que organizam os primeiros modos de defesa que instituem o aparelho psíquico. Ora, mas como construir esses diques?

No *Projeto*, Freud[193] supõe que sempre resta da vivência de satisfação algo inassimilável, *das Ding*, que reaparecerá em todas as experiências posteriores. Já os objetos serão incorporados de acordo com sua capacidade de proporcionar prazer, sem jamais contemplá-lo plenamente. A sobrevinda de um novo estado de urgência enlaça o registro da satisfação antes obtida com intensidade suficiente para aluciná-lo, tendo como resultado final a permanência da insatisfação. Será preciso distinguir, da alucinação, a presença de objetos que ocasionam certa satisfação, a despeito de não equivalerem a ela. Assim, a cada repetição, novos objetos, que só podem se diferenciar da percepção alucinatória pelo fato de contemplarem algo da realidade, um signo, que possui algo de reconhecível e partilhado, o prazer. No texto sobre os dois princípios do acontecer psíquico, ainda às voltas com o princípio de prazer, Freud[194] retoma o exemplo do lactente, afirmando que o bebê alucina sua satisfação, mas, quando não obtém prazer e, ao contrário, há apenas um aumento de quantidade de estímulos internos e o decorrente desprazer, o lactente busca remover o excesso de tensão pela via motora – gritando e se debatendo – sendo que, ao fazer isso, vivencia por meio desta eliminação

193 FREUD, Sigmund. "Projeto de uma psicologia". *In*: GABBY JR., Osmyr Faria (Coord.). Notas a um projeto de psicologia. Rio de Janeiro: Imago, 2003.

194 FREUD, Sigmund. "Formulações sobre os dois princípios de funcionamento psíquico". *In*: *Obras Completas*. São Paulo: Cia das Letras, 2010.

de estímulos a satisfação antes alucinada. Novamente se esboça a tese de que uma satisfação a partir de uma sensação corporal é alcançada, ainda que o objeto – no caso, o seio – não tenha sido contemplado. E é curioso que tal manifestação venha acompanhada de uma emissão sonora. Em uma nota de rodapé, Freud[195] faz o seguinte comentário acerca de tal funcionamento: "com razão objeta-se que tal organização, que se entrega ao princípio do prazer e que despreza a realidade externa, não seria capaz de se manter viva nem sequer pelo tempo mínimo necessário para se constituir". Então, como conceber o abandono da experiência da alucinação para estabelecer a relação do ser humano com a realidade? Como o princípio de prazer cede espaço ao princípio de realidade? Ou, como o Eu-prazer é substituído pelo Eu-real?

Alguns psicanalistas, como Winnicott,[196] colocaram a ênfase na própria realidade, na medida em que "não há possibilidade alguma de um bebê progredir do princípio de prazer para o princípio de realidade... a menos que exista uma mãe suficientemente boa". Esta *mãe suficientemente boa* é aquela que efetua uma adaptação ativa às necessidades do bebê, segundo sua capacidade em lidar com as frustrações. Estas, mais do que as satisfações, é que permitem a passagem de um objeto que era totalmente "subjetivo" para um objeto "percebido objetivamente" (WINNICOTT, 1963/1983, p. 165).

Lacan (1956-57/1995) enxerga na afirmação winnicottiana de que a tarefa final da mãe consistiria em desiludir gradativamente o bebê uma frustração de amor (e não da satisfação ou do gozo). Se a mãe deixa de dispor o objeto no momento em que o bebê demanda é porque ela mesma não possui esse objeto, apesar de ter propiciado a ilusão de que ele existe. Os objetos do âmbito da satisfação das necessidades que a mãe oferta ao filho não são suficientes para apaziguar o bebê, que continua a demandar por algo inapreensível, que só a presença da mãe pode contemplar. Afinal, o bebê chama pelo Outro, mas o Outro

---

195 FREUD, Sigmund. "Formulações sobre os dois princípios de funcionamento psíquico". *In*: *Obras Completas*. São Paulo: Cia das Letras, 2010, p. 73.

196 WINNICOTT, Donald Woods. "Objetos transicionais e fenômenos transicionais". *In*: ______. O Brincar e a Realidade. Rio de Janeiro: Imago, 1975, p. 25.

oferece objetos em seu lugar, uma vez que está atravessado por uma falta imposta pelo pertencimento a uma ordem simbólica, regida pela linguagem. É influenciado por regras sociais que o Outro estabelece um ritmo para a alimentação e cuidados, "decepcionando" ou "frustrando" o bebê em sua "urgência" por prazer. A mãe não corresponde a um suporte biológico disponível na realidade, mas é uma função exercida por um agente atravessado por suas próprias fantasias e submetido a um ordenamento simbólico. O que não podemos deixar de notar é que a mãe se antecipa sim à desilusão, como se antecipa a qualquer resposta que um ambiente externo possa dar ao bebê. Ela se coloca entre a "realidade" e o bebê, mediando essa relação com palavras e antecipando também um sujeito que depende de sua atenção para se "desenvolver" da melhor maneira possível.

Apesar de suas diferenças, Lacan e Winnicott colocam sua ênfase no papel do Outro (ou "ambiente") na constituição subjetiva. Algo que também aparece nos textos freudianos sob a forma do Outro auxiliar (*Nebenmensch*) ou de *uma nova ação psíquica*.[197] A questão é que este agente em função de um suposto princípio de realidade é também o responsável por colocar em funcionamento o que preferimos nomear como princípio de prazer/desprazer, de modo a resguardar sua dupla inserção. A radicalidade da descoberta freudiana aponta, com efeito, para o conceito de pulsão.

O circuito pulsional e o Eu-sujeito

O termo alemão *Trieb* [pulsão] aparece pela primeira vez na obra freudiana em 1905, no texto *Três Ensaios sobre a teoria da sexualidade*. No entanto, ele tem sua origem como noção energética na distinção que

---

197 A ação específica designa "uma série de movimentos realizados no mundo externo para interromper temporariamente uma variação na relação entre o repouso e o movimento" (Gabbi JR., 2003, p. 32).

Freud faz no *Projeto de uma psicologia*[198] entre os dois tipos de estímulos a que o organismo está submetido. Enquanto os estímulos externos podem ser imediatamente "eliminados", os estímulos endógenos consistem em um afluxo constante de excitação a que o organismo não pode escapar e que é a "mola pulsional" do funcionamento do aparelho psíquico.

Lacan[199] afirma que para examinar o que é da pulsão, Freud não se refere ao organismo em sua totalidade, mas àquela parte suportada pelo sistema nervoso, denominada Eu, ou Eu-real. Os estímulos pulsionais correspondem aos investimentos, ocupações do Eu, e se caracterizam por uma força constante. Essa constância proíbe qualquer assimilação da pulsão a uma função biológica, a qual tem sempre um ritmo.

Em um acréscimo feito em 1915 ao texto dos *Três Ensaios*, Freud[200] define a pulsão como o representante psíquico de uma fonte endossomática de estimulação que flui continuamente. Ela se situaria na fronteira entre o somático e o psíquico, e não possuiria qualidade alguma, sendo apenas uma exigência de trabalho feita ao psiquismo. Essa definição é, de fato, formulada no texto *Pulsões e destinos da pulsão*, totalmente dedicado a esclarecer o conceito de pulsão, no qual Freud[201] discute quatro termos utilizados em conexão com o conceito de pulsão e que podem ser facilmente remetidos aos *Três Ensaios*: pressão, fonte, objeto e alvo. Com referência ao texto de 1905, Freud afirma que a mãe – o agente da função do Outro – trata a criança prematuramente como um substituto de um objeto sexual, fato que tem como implicação a *sedução* – termo que o psicanalista adota para referir-se à influência do adulto sobre a criança. A sedução tem como consequência apresentar prematuramente à criança um objeto sexual do qual, a princípio, a

---

198 FREUD, Sigmund. "Projeto de uma psicologia". *In*: GABBY JR., Osmyr Faria (Coord.). Notas a um projeto de psicologia. Rio de Janeiro: Imago, 2003.

199 LACAN, Jacques. *Os quatro conceitos fundamentais em psicanálise* (1964). livro 11, Rio de Janeiro: Zahar, 1979.

200 FREUD, Sigmund. *Três ensaios sobre a teoria da sexualidade*. vol. 7, Rio de Janeiro: Imago, 1996, p. 159.

201 FREUD, Sigmund. "As pulsões e seus destinos". *In*: Obras Incompletas de Sigmund Freud. Belo Horizonte: Autêntica, 2013.

pulsão sexual não mostra nenhuma necessidade, uma vez que poderia se satisfazer autoeroticamente.

A princípio, Freud supõe o autoerotismo como etapa inicial do desenvolvimento da libido, o que aparece inclusive no texto de 1914 sobre o narcisismo. Neste texto, o Eu deve ser constituído a partir de uma nova ação psíquica, que recai sobre os investimentos narcísicos do Outro sobre "*sua majestade, o bebê*". No entanto, no artigo dedicado à pulsão, o autoerotismo aparece como um segundo tempo, colocando em xeque uma suposta "naturalidade" da fonte das pulsões, como a "teoria do apoio" – esboçada em 1905 e retomada em 1914 – deixaria supor. Para falar das pulsões, Freud (2013, p. 153) serve-se das formas verbais – ativa, reflexiva e passiva – e sugere, de maneira geral, a seguinte sequência para explicar a atividade pulsional sádico-masoquista e voyeur-exibicionista: 1) a pulsão é dirigida para um alvo externo: eu bato em alguém; eu olho outra pessoa (atividade); 2) a pulsão retorna sobre o eu tomado como objeto: eu me inflijo dor; eu me olho (reflexividade e autoerotismo/narcisismo); e 3) o Eu procura uma outra pessoa para se colocar como objeto: Eu me submeto a ser batido por outra pessoa; Eu me mostro para alguém (passividade).

Com efeito, a análise da pulsão escópica mostrará variações interessantes no escopo do esquema freudiano. Se no caso do sadismo, "não parece haver um masoquismo original" (Freud, 2013, p. 153), na pulsão escópica, antes da meta ativa, o sujeito olharia seu próprio corpo em um período autoerótico e narcísico, para, em seguida olhar para o outro e comparar-se. Sabemos que Freud[202] aventará a hipótese de um masoquismo primário, porém, no que tange à pulsão, é seu caráter impelente, sua busca por satisfação, que deve ser ressaltado. Afinal, o exibicionista, que se coloca como passivo frente ao olhar do outro, é tão ativo quanto o voyeur – o que faz com que a pulsão só possa ser analisada enquanto atividade. Vale, entretanto, notar que uma primariedade do masoquismo pode indicar que o estado de tensão, ou seja de desprazer infligido a um corpo passivo, pode vir a tornar-se, ele

---

202 FREUD, Sigmund. "O problema econômico do masoquismo". *In*: *Obras Incompletas de Freud*. Belo Horizonte: Autêntica, 2018.

mesmo, fonte de um modo de satisfação distinto, ou mesmo aquém da homeostase do prazer.

Lacan[203] destaca que, em Freud, "é de maneira puramente passiva, *não pulsional*, que o sujeito registra... o que vem do mundo exterior. Sua atividade só vem... de suas próprias pulsões". Nesse sentido, devem ser distinguidos dois campos:

> o campo pulsional, de uma parte, e o campo narcísico do amor, de outra parte, sublinhando que, no nível do amor, há reciprocidade entre o amar e o ser amado, e que, no outro campo, trata-se de uma pura atividade *durch seine eigene Triebe* [por meio de suas próprias pulsões], para o sujeito. Chegaram lá? De fato, salta aos olhos que, mesmo em sua pretensa fase passiva, o exercício de uma pulsão, masoquista, por exemplo, exige que o masoquista, se ouso me exprimir assim, trabalhe feito um burro.[204]

Pois bem, ao retomarmos o texto de Freud (1915/2004) sobre a pulsão encontramos essa cisão entre aquilo que ele denomina "Eu sujeito" e suas pulsões. Sem referir-se ao narcisismo, mesmo que o artigo sobre esta temática tenha sido escrito anteriormente, o psicanalista se serve da distinção entre Eu prazer e Eu Real para conceber como se daria as primeiras relações do sujeito com a realidade. Nota-se, portanto, a suposição de um sujeito desde os primórdios de sua constituição subjetiva em Freud, ainda que este sujeito não corresponda a um Eu Real total. Isso nos permite pensar o sujeito no autismo, mesmo que esse sujeito não fale a mesma língua a que foi exposto ou responda como esperado. Permite também supor alguma atividade em sua aparente passividade frente ao mundo externo, na medida em que, ativamente, dela se exclui.

Em seu texto sobre o estádio do espelho, Lacan (1949/1998) aponta para a diferença entre o eu (*moi*) e o Eu (*Je*), enfatizando o Eu como

---

203 LACAN, Jacques. *Os quatro conceitos fundamentais em psicanálise* (1964). livro 11, Rio de Janeiro: Zahar, 1979, p. 181. (Coleção Seminários).

204 LACAN, Jacques. *Os quatro conceitos fundamentais em psicanálise* (1964). livro 11, Rio de Janeiro: Zahar, 1979, p. 186. (Coleção Seminários).

sujeito da enunciação. Tal sujeito da fala não tem como único recurso disponível para expressão a voz, tampouco este objeto pode ser reduzido à emissão sonora. Assim, é de se espantar que algumas interpretações da psicanálise neguem o estatuto de sujeito ao autismo – e mesmo às psicoses. Sem adentrarmos nesta questão, que encontra certamente outros referenciais teóricos para se apoiar, interessa-nos voltar para as distinções freudo-lacanianas que se fizeram entre *eu ideal* e *Ideal do Eu*.

De modo geral, podemos conceber o Ideal do Eu como advindo das concepções culturais e éticas pelo qual o sujeito mede seu Eu atual. Ele está relacionado com uma avaliação que o Eu faz de si mesmo, elevando seu nível de exigências. Já o Eu ideal corresponderia ao Eu infantil de perfeição e completude desfrutado pelo bebê na posição de "sua majestade". O Eu ideal é tanto o substituto do narcisismo dos pais, sua projeção sobre os filhos, quanto o substituto do narcisismo perdido da infância, durante o qual ele mesmo era seu próprio ideal. O Eu ideal pode ser concebido com um Eu mítico, totalmente imaginário, que só existe na condição de suposto após sua perda. É por isso que Lacan[205] coloca sua ênfase na precedência simbólica do Ideal do Eu ao lê-lo como equivalente ao traço unário:

> Este ponto, grande I [Ideal do Eu], do traço único, este signo do assentimento do Outro, da escolha de amor sobre a qual o sujeito pode operar, está ali em algum lugar e se regula na continuação do jogo do espelho. Basta que o sujeito vá coincidir ali em sua relação com o Outro para que este pequeno signo, este *einziger Zug*, esteja à sua disposição.[206]

Ao colocar o Ideal do Eu como ponto de referência para o estádio do espelho, aventa-se também a possibilidade de que o sujeito não coincida em sua relação com o Outro e, portanto, não tenha este significante a sua disposição.

---

205 LACAN, Jacques. *A transferência* (1960-1961). Rio de Janeiro: Zahar, 1992. (Coleção Seminários).

206 LACAN, Jacques. *A transferência* (1960-1961). Rio de Janeiro: Zahar, 1992, p. 344.

Ao discutir o franqueamento imaginário do estádio do Espelho, situando a mola superior da subjetivação na fala e a mola da fala no Outro, Lacan[207] afirma que, desde que o Outro do discurso esteja em qualquer distância tomada pelo sujeito em sua relação com o outro da díade imaginária, ele estará sempre latente na triangulação que consagra essa distância. Esse Outro em que o discurso se situa apenas subsiste no personagem tomado pela criança como aquele que assente ao reconhecimento dela numa imagem: "pelo gesto da criança que volta-se a quem a segura e apela, com o olhar, para o testemunho que decanta, o reconhecimento da imagem, da assunção jubilatória em que ela já estava".[208] Enfim, a estrutura da presença do Outro, esse terceiro, não se reduz ao personagem que a encarna. A estrutura da presença do Outro só subsiste ao não ser mais, "é anterioridade de limite que o discurso lhe assegura na reserva de atributos em que o sujeito tem que forjar um lugar".[209] Interessa destacar aqui que Lacan[210] aponta que "ao lugar do Outro corresponde o espaço real ao qual se superpõem as imagens virtuais por traz do espelho A", e indica, num parênteses "quer nossa convenção faça o sujeito ter acesso a ele por deslocamento livre ou por ser um espelho sem aço (transparente ao olhar), ajustando sua posição a um I qualquer".[211] Nota-se que a convenção em jogo permite supor que a superposição das imagens virtuais do espelho plano poderia ser constituída não apenas pela formalização da posição em que o sujeito

---

207 LACAN, Jacques. "Observação sobre o relatório de Daniel Lagache: 'psicanálise e estrutura da personalidade'". *In*: ______. *Escritos*. Rio de Janeiro: Zahar, 1988.

208 LACAN, Jacques. "Observação sobre o relatório de Daniel Lagache: 'psicanálise e estrutura da personalidade'". *In*: ______. *Escritos*. Rio de Janeiro: Zahar, 1988, p. 685.

209 LACAN, Jacques. "Observação sobre o relatório de Daniel Lagache: 'psicanálise e estrutura da personalidade'". *In*: ______. *Escritos*. Rio de Janeiro: Zahar, 1988, p. 685.

210 LACAN, Jacques. "Observação sobre o relatório de Daniel Lagache: 'psicanálise e estrutura da personalidade'". *In*: ______. *Escritos*. Rio de Janeiro: Zahar, 1988, p. 684.

211 LACAN, Jacques. "Observação sobre o relatório de Daniel Lagache: 'psicanálise e estrutura da personalidade'". *In*: ______. *Escritos*. Rio de Janeiro: Zahar, 1988, pp. 684/685.

[$] aparece no esquema, e ainda a possibilidade de uma distinção entre psicose e autismo.

Ajustar a posição a um I qualquer talvez implique o anonimato do Ideal do eu, articulado a ausência da afirmação presente na psicose: um I qualquer – a exclusão de um significante se produziria no lugar de fusão do código com o lugar do Outro: "é na sínfise do código com o lugar do Outro que jaz a falta de existência que nem a totalidade dos juízos de realidade em que se desenvolve a psicose conseguirá preencher".[212] Por isso, no lugar em que é convocado a responder, o Nome-do-Pai é apenas furo, o que pode ser contemplado pela extensão do imaginário implicada na substituição metonímica sistemática do eu ideal. Enquanto o imaginário imediato do eu ideal pode operar a partir do trânsito entre identificações e oposições imaginárias, as insígnias do Outro, longe de mediar qualquer tomada identificatória, só aparecem no real. Podemos supor então que o olho do psicótico, no esquema, não estaria numa posição que lhe permitisse situar-se para acessar a imagem virtual do Eu ideal, talvez tão próximo ao espelho que o Outro (A) estaria encarnado no semelhante, sem a distância necessária para distinguir-se do personagem que faz a função.

Lefort e Lefort[213] asseveram que, no autismo, ao espelho plano do Outro teria faltado a camada de estanho que opera a reflexão, limitando-se a um vidro transparente que não assume a identificação simbólica ao traço unário, posicionando a criança previamente às identificações imaginárias. Assim, o espelho transparente ao olhar, afirmado nesses parênteses lacaniano foi reconhecido pelo casal Lefort[214] como específico do autista, ao salientarem a inexistência da função especular, ou o espelho no real, apartado de sua função simbólica: "o espelho do Outro

---

212 LACAN, Jacques. "Observação sobre o relatório de Daniel Lagache: 'psicanálise e estrutura da personalidade'". *In*: ______. *Escritos*. Rio de Janeiro: Zahar, 1988, p. 677.

213 LEFORT, Rosine; LEFORT, Robert. *Diálogos sobre la clínica de la infância*. Barcelona: Paradiso, 1982.

214 LEFORT, Rosine; LEFORT, Robert. *A distinção do autismo*. Belo Horizonte: Relicário, 2017, pp. 34/35.

do esquema ótico, espelho sem a tintura do espelho polido no reverso, pois ele não é apenas o lugar do reflexo do corpo – não se interpondo entre i(a) e i'(a)...".[215] Podemos assim supor no autismo que o Outro compareça como espelho de vidro, e complementamos que talvez um vidro recortado pela moldura que define o campo do Ideal do Eu aí depurado como código. Afinal, buscado e bastante sustentado sem recorrer ao personagem do Outro, o código operaria como reserva de insígnias, assim reduzidas a fixidez de traços em relação biunívoca. Dessa forma, talvez, o eu ideal operaria como complemento imaginário para sustentar a motilidade do corpo, como prótese que se mantém artificial, em busca da univocidade.

Essa leitura do estágio do espelho se coaduna com a ênfase de Lacan[216] na "*autonomia da função simbólica* na realização humana". O reiterado exemplo da criança que, desde muito cedo (aproximadamente entre oito e doze meses), já consegue diferenciar um esbarrão, um tapa acidental, de uma queda, ou de um tapa com intenção punitiva ilustra que, desde antes do aparecimento exteriorizado da linguagem, a criança já tem uma primeira apreensão do simbolismo da linguagem e de sua função de pacto. Com efeito, trata-se, a seguir, de mostrar como o próprio princípio de prazer depende da incidência da linguagem.

As inscrições psíquicas na constituição do sujeito

A intrusão da linguagem se dá concomitante à instantaneidade das demais sensações experimentadas pelo organismo e conduz o ser humano na organização de sua percepção. Suportado pela mediação da linguagem que um outro-experiente – o agente materno – sustenta

215 LEFORT, Rosine; LEFORT, Robert. *A distinção do autismo*. Belo Horizonte: Relicário, 2017, pp. 28/29.

216 LACAN, Jacques. *Os escritos técnicos de Freud* (1953-1954). livro 1, Rio de Janeiro: Zahar, 1979, p. 69. (Coleção Seminários).

ao ratificar suas respostas, o ser se defende da profusão de intensidades excessivas que nele incidem, para mediatizar suas relações. Dos efeitos das primeiras ressonâncias da linguagem, o ser humano não apenas recorta elementos da linguagem quanto relações que ligam esses elementos. Entretanto, como o artifício do termo *alíngua*[217] destaca, vale notar que é sempre de modo singular que esse recorte opera, a depender do que foi capturado e do que foi excluído da trama de linguagem, ou seja, do que dela ressoou no corpo *infans*, funcionando *como uma* linguagem.

Para Freud,[218] bem no início da vida anímica, o ser não está ocupado com interesses pelo mundo exterior, o que ele denomina *Eu-real.* Mesmo submetido a estímulos internos desprazerosos, o *Eu-real* coincide com o que é prazeroso e o mundo externo com o que é indiferente. Antes de constituir um sistema, os neurônios em que as percepções se originam não conservam nenhum vestígio do que aconteceu. A extremidade sensorial apenas captaria as percepções, sem perpetuar nenhum traço do ocorrido, mesmo que forneça "*toda a multiplicidade das qualidades sensíveis*",[219] estando orientada para o "*livre escoamento das quantidades de excitação*".[220]

Freud[221] assevera que o aparelho transforma a excitação momentânea do primeiro momento em traços sucessores das percepções que seriam registrados nos sistemas mnêmicos, compondo um aparelho de memória. A partir das experiências de satisfação, portanto, o que era excitação momentânea de sensações é decantado em traços registrados, dando início a um sistema de notação e memória, os traços de percepção [*Warnehmungszeichen*], organizados de acordo com associações por simultaneidade. Um novo desenvolvimento, de um *Eu-prazer,* qualificado

217 LACAN, Jacques *...ou pire* (1971-1972). livro 19, Rio de Janeiro: Zahar, 2012. (Coleção Seminários).

218 FREUD, Sigmund. "As pulsões e seus destinos". *In*: Obras Incompletas de Sigmund Freud. Belo Horizonte: Autêntica, 2013, p. 53.

219 FREUD, Sigmund. *A interpretação dos sonhos.* Porto Alegre: LP&M, 2012, p. 567.

220 FREUD, Sigmund. *A interpretação dos sonhos.* Porto Alegre: LP&M, 2012, p. 628.

221 FREUD, Sigmund. *A interpretação dos sonhos.* Porto Alegre: LP&M, 2012.

como *purificado*, "*coloca a marca distintiva do prazer acima de tudo*".[222] O Eu toma para si os objetos oferecidos que são fontes de prazer, incorporando-os. Também expele o que, dentro dele, se torna causa de desprazer. A primeira forma de juízo faz, então, com que o mundo externo fique dividido em uma parte prazerosa, que incorporou a si, e um resto que lhe é estranho. O Eu também extraiu de si uma parte, *das Ding*, que projeta no mundo externo e sente como hostil. O *exterior*, o *objeto* ou o *odiado* são *idênticos*, enquanto o que é fonte de prazer é incorporado ao Eu: para o *Eu-prazer purificado*, o fora de si – ou seja, qualquer objeto – coincide com o que é alheio e odiado. Por sua vez, qualquer objeto pode compor o Eu, desde que referido ao prazer.

A ação de expulsar [*Ausstossung*] seria primária e regida pelo princípio de prazer, no sentido de que qualquer excitação vinda do interior ou do exterior deve ser descarregada, expulsa, já que rompe com o funcionamento homeostático almejado pelo aparelho psíquico. Na teorização de Freud, o sujeito é capaz de "viver" (não sobreviver) sob o princípio de prazer apenas valendo-se das recordações alucinatórias do objeto que outrora trouxe satisfação. Por isso, entra em cena o *juízo de existência*, uma vez que a experiência ensinou à psique que não é somente importante saber se uma coisa (objeto de satisfação) é "boa" e merece ser introjetada (*juízo de atribuição*), mas também se ela está presente no mundo externo e pode ser apreendida.[223]

No *juízo de realidade* trata-se de saber se algo que está disponível na forma de uma representação psíquica no Eu pode ser reencontrado também na esfera da realidade. O psicanalista lembra que todas as representações mentais se originaram de percepções e, no princípio, a própria existência de uma representação seria uma garantia de sua realidade. A oposição entre o subjetivo e o objetivo só se estabelece porque o aparelho psíquico presentifica a percepção do objeto (alucinação) sem que ele esteja

---

222 FREUD, Sigmund. "As pulsões e seus destinos". *In*: Obras Incompletas de Sigmund Freud. Belo Horizonte: Autêntica, 2013, p. 55.

223 FREUD, Sigmund. "A Negativa". *In*: ______. *Escritos sobre a psicologia do inconsciente*. vol. 3, Rio de Janeiro: Imago, 2007, p. 146.

efetivamente presente no mundo externo, o que, como vimos, resulta em desilusão. O objetivo deste juízo – chamado *teste de realidade* – não é encontrar na percepção um objeto correspondente à recordação, mas reencontrá-lo, certificar-se de que ele ainda permanece presente, fazendo uma comparação entre a representação atual e a lembrança deixada pela realidade. Por fim, Freud[224] acrescenta que "o teste de realidade só entrará em cena quando e se os objetos, que outrora trouxeram satisfação, já tiverem sido perdidos". Segundo Diana Rabinovich:[225]

> A perda dos objetos de satisfação instala essa possibilidade simbólica, mas essa perda é equivalente à negatividade que a linguagem introduz. Por esta via se abre o acesso à realidade humana e à multiplicidade de seus objetos, objetos que são múltiplos porque o objeto específico da necessidade é abolido pela ação do simbólico.

Para Hyppolite,[226]

> No juízo de existência, trata-se de atribuir ao eu, ou melhor ao sujeito (mais abrangente), uma representação à qual seu objeto já não corresponde, mas correspondeu numa volta atrás. O que está em pauta aqui é a gênese "do externo e do interno".

Resumidamente, a questão não é saber se a representação se conserva na realidade – pois vimos que isso é quase impossível –, mas se poderá ou não ser reencontrada. A prova da representação na realidade está na possibilidade de reencontrar novamente o objeto e a consciência só tem acesso a essa representação através de palavras.

---

224 FREUD, Sigmund. "A Negativa". *In*: ______. *Escritos sobre a psicologia do inconsciente*. vol. 3, Rio de Janeiro: Imago, 2007, p. 149.

225 RABINOVICH, Diana. *O conceito de objeto na teoria psicanalítica*. Rio de Janeiro: Companhia de Freud, 2009, p. 79.

226 LACAN, Jacques. "Resposta ao comentário de Jean Hyppolite sobre a Verneinung de Freud". *In*: ______. *Escritos*. Rio de Janeiro: Zahar, 1998, pp. 899/900.

Se a perda do objeto de satisfação equivale à negatividade da linguagem, a representação desta perda só advém com a própria negação dos objetos como capazes de satisfazer plenamente o eu. Freud[227] ressalta que "o trabalho de emitir juízos *só se torna possível* graças [...] a criação do símbolo da negação". É este símbolo que permite que o aparelho psíquico consiga se desvencilhar das imposições do princípio de prazer.[228] Sob esse ponto de vista, a linguagem intervém como diferença, antes de instituir a repetição. É para propiciar a repetição, no que ela traz algo de novo (novos objetos) que o símbolo deve introduzir a diferença. A repetição alucinatória é a repetição mortífera do mesmo, desprazer, gozo e pulsão de morte.

Obter um grau de independência quanto ao princípio de prazer não deixa de ser uma forma de "controlar" as pulsões, *instinto de morte*, e estabelecer uma relação com a realidade a partir das palavras, do simbólico. Isso não quer dizer que os objetos não estão envolvidos nesse processo de simbolização, mas a relação com eles não pode ser tomada como primária. Os objetos são continuamente oferecidos pelo Outro – agente da função específica – *como se* fossem o objeto do desejo. O Outro atribui certas qualidades ao objeto que ele dá ao bebê – ele "libidiniza" o objeto –, porém a aquisição da linguagem não está vinculada à quantidade ou ao grau de satisfação que tais objetos podem proporcionar.

A *Ausstossung aus dem Ich*, a expulsão para fora do eu, constitui o real na medida em que ele é o domínio do que subsiste fora da simbolização. Aquilo que é mau, que eu quero cuspir e expulsar, é o real; ao passo que aquilo que é bom e eu quero comer é o simbólico. Mas este real, *das Ding*, só existe porque há o simbólico, porque junto com o objeto da necessidade veio algo da linguagem que surpreende o

---

227 FREUD, Sigmund. "A Negativa". *In*: ______. *Escritos sobre a psicologia do inconsciente*. vol. 3, Rio de Janeiro: Imago, 2007, p. 150.

228 Talvez, por isso, tenha sido possível ao primeiro classicismo do pensamento lacaniano definir os operadores das estruturas subjetivas nas modalidades de negação (negação discordancial na neurose, negação foraclusiva na psicose e a denegação na perversão).

organismo prematuro do bebê humano. A descarga sob a forma do grito, inervação muscular e choro como única via de eliminação possível não obtém êxito. Entretanto, essa "última potência da impotência"[229] da descarga atrai uma ajuda alheia que, assim convocada, operou as provisões necessárias ao apaziguamento do organismo. Novos significantes e algo de inassimilável sempre acompanham esses (des)encontros com o Outro. Se o resultado dessa equação caminha em direção ao princípio de prazer, o princípio de realidade encontra seu lugar. Ao contrário do que pensava Freud em um primeiro momento, não há uma oposição completa entre princípio de prazer e princípio de realidade. O princípio de realidade aciona e mantém o princípio de prazer. O que perturba esse funcionamento é o *além do princípio de prazer* ou a pulsão de morte, que é o fechamento do sujeito para aquilo que vem de fora, sua tendência a manter-se sem estímulos, anulando tudo que perturba um suposto equilíbrio homeostático.

No julgamento de atribuição, a afirmação [*Bejahung*] é a incorporação de um primeiro corpo de significantes, ou seja, é a instauração do lugar do Outro, enquanto a expulsão [*Ausstossung*] é a constituição do fora como real exterior, um fora demarcado no interior, a Coisa [*das Ding*], impossível e perdida para sempre no sumidouro do inconsciente. Pela afirmação, algo é introduzido no Eu enquanto algo é dele isolado por ser afirmado como estranho, como não-eu. A expulsão, essa *negação primordial* operada por todo sujeito, é indissociável da afirmação: aí separam-se o Outro e a Coisa, o simbólico e o real.

Esse tempo primário da afirmação é condição para a existência posterior de representações em que a realidade será o representado, ou seja, um mundo imaginário pontuado e ordenado por recortes significantes, numa ligação da dimensão simbólica distinta do que foi afirmado como incomensurável e expulso por ser irrepresentável, o real.

É sobre significantes já introduzidos pela afirmação [*Bejahung*], e já separados da Coisa [*das Ding*], que intervirá a operação de negação

---

229 POMMIER, Gerard. Qué es lo "Real": ensayo psicoanalítico. Buenos Aires: Nueva Visión, 2004.

específica da psicose, ou seja, a supressão ou a forclusão [*Verwerfung*]. A forclusão se distingue assim da expulsão mais primordial [*Ausstossung*] da Coisa. Enquanto a *Ausstossung* se refere ao real, a *Verwerfung* se refere a um fragmento da bateria significante (representação de palavra) introduzido no sujeito pela afirmação. A *Bejahung* é acontecimento que ocorre a um significante já-ali. O que o sujeito escolhe, toma em si desse texto simbólico já-ali, sofrerá certo número de destinos, principalmente o recalcamento; o que ele não toma, o que ele repele, terá outro destino, o de reaparecer no real.[230]

A *Verwerfung* será tida por Lacan (1958/1998, p. 564), "*como foraclusão do significante*". Assim, na forclusão de significantes, mecanismo operador da psicose, alguns traços da bateria significante primária não são afirmados no estabelecimento da rede de representação, sem impedir o trânsito do sujeito na linguagem, mesmo que impeçam o estabelecimento da significação fálica. O sujeito, respondendo com um simples furo no lugar da própria significação fálica que o nomearia, na medida em que "*o próprio significante sofre profundos remanejamentos*",[231] se depara com essa marca que aparece no real como pontuação sem texto.

No momento em que vigora o *Eu-prazer purificado*, o expediente do aparelho psíquico diante da reativação de um estado de urgência pode ser, ainda, a alucinação que reencontra repetidamente uma percepção idêntica que não tem nenhum critério de realidade, pois a urgência da satisfação conduz o organismo a *crer percebê-la*, alucinando-a. Transpor o *Eu-prazer purificado* ao *Eu-real definitivo* implica a assimilação do critério de realidade, estabelecendo seu princípio como orientador do sujeito:

> apenas a ausência de satisfação esperada, a decepção, levou a que se abandonasse a tentativa de satisfação por meio alucinatório. Em vez disso, o aparelho psíquico teve que se decidir a formar uma ideia das reais circunstâncias do mundo exterior e se empenhar

---

230 RABINOVITCH, Diana. *A Foraclusão*. Rio de Janeiro: JZE, 2001.

231 LACAN, Jacques. *As psicoses* (1955-1956). livro 3, Rio de Janeiro: Zahar, 1992, p. 104. (Coleção Seminários).

> em sua real transformação. Com isso foi introduzido um novo princípio da atividade psíquica: já não se imaginava o que era agradável, mas sim o que era real, ainda que fosse desagradável.[232]

Como vimos, é a negação do objeto como passível de trazer a plena satisfação, ocasionada pela desilusão repetidamente vivenciada que obriga o Eu a atentar para o mundo externo, buscando a ação específica que garanta a satisfação. Para Freud,[233] a maior importância dada ao mundo externo exige novo patamar de atenção ativa, capaz de captar suas qualidades, voltando os órgãos sensoriais para a realidade e a consciência ligada a eles. Só o fantasiar é apartado do teste de realidade, estabelecendo-se como uma parte do pensar que permanece livre e distinta. Pela fantasia, o neurótico se reencontra com o objeto perdido através de um processo imaginário mediado pela linguagem. A imaginação atua, com efeito, sobre a realidade, e não na alucinação do objeto. Freud[234] já notava que, na psicose, não há tal recurso, mas uma substituição completa da realidade por uma outra realidade. Já no autismo, vemos um "apego" desmesurado ao objeto.

O modo de o aparelho psíquico capturar e enlaçar cargas para processá-las depende de ligações com representações-de-palavras. A falha dessa transposição localiza elementos que não foram alçados à transcrição. Esses lugares de falha, "*fueros*" sobreviventes, são lugares enquistados submetidos a leis ultrapassadas que se perpetuam num território submetido a novas leis. Insistindo como traumas, eles provocam perturbação e acionam defesas.

A compulsão à repetição seria, nesse contexto, a tentativa de capturar e fixar psiquicamente as impressões traumáticas,[235] insistindo em conter

---

232 FREUD, Sigmund. "Formulações sobre os dois princípios de funcionamento psíquico". *In*: *Obras Completas*. São Paulo: Cia das Letras, 2010, pp. 111/112.

233 FREUD, Sigmund. "Formulações sobre os dois princípios de funcionamento psíquico". *In*: *Obras Completas*. São Paulo: Cia das Letras, 2010.

234 FREUD, Sigmund. "Neurose e psicose". *In*: *Obras Incompletas de Freud*. Belo Horizonte: Autêntica, 2018.

235 FREUD, Sigmund. "Além do princípio do prazer". *In*: *Obras Completas*. São Paulo: Cia das Letras, 2010.

esses traços, cuja representação inconsciente se refere a um material que permanece desconhecido. De modo distinto, a representação passível de tornar-se pré-consciente estaria conectada a representações-de-palavra. A criação de elos e intermediações por *ligações com representações verbais* conduz o material inconsciente à consciência:

> os processos de pensamento, i.e., os atos de investimento de carga mais distantes das percepções [*Wahrnehmungen*], em si não têm qualidade e são inconscientes, só atingindo sua capacidade de se tornarem conscientes pela união com os resíduos das percepções-de-palavra.[236]

Quando mediado pelas palavras, pela realidade, o princípio de prazer busca o reencontro com o objeto fora do Eu Real, no mundo externo. Os objetos ou as coisas vão se ligando por simultaneidade até que possam ser discernidos por uma representação de palavra. Porém, as imposições do princípio de prazer, sem o auxílio do princípio de realidade, podem fazer com que o Eu se volte unicamente para este ponto irrepresentável cuja satisfação vai além do princípio de prazer, isto é, além de uma descarga que visaria estabelecer a homeostase, mas rumo a uma tendência à anulação de qualquer estímulo vindo de fora. É um Eu sujeito ativo por meio de suas pulsões, que operam pela *Ausstossung* um repúdio a tudo que é externo.

Este núcleo real existe ativamente em todos os sujeitos e poder se apassivar também tem suas vicissitudes. A diferença resiste no modo como os sujeitos constituem seu Eu na relação com a realidade. Tentemos, pois, adentrar o campo do autismo nos servindo das ferramentas dispostas por Freud.

---

236 FREUD, Sigmund. "O Inconsciente". *In*: ______. *Escritos sobre a psicologia do inconsciente*. vol. 2, Rio de Janeiro: Imago, 2006, pp. 49/50.

Autismo

Para situarmos o autismo, é preciso entender como Lacan[237] delimita o traço unário a partir do resíduo comum irrepresentável de vivências que sempre variam. O traço unário afirma e testemunha o núcleo incapturável do objeto de satisfação, mas não tem qualidades nem atributos. É o simples traço distintivo de algo ausente, traço vazio que, doravante poderá suportar qualquer existência. Esse traço aponta a privação originária do objeto de satisfação.[238] É ele que será substituído pelo elemento da linguagem – o primeiro significante – que o comemora e que, por não satisfazer, remete-se a uma privação, por não dar acesso a seu objeto, para sempre perdido. Substituindo o traço, o significante que representa tal traço o nega. Essa dupla substituição (do que há de constante e indiscernível no objeto de satisfação pelo traço vazio e desse traço pelo significante) enseja o advento do sujeito como possível.

A primeira identificação simbólica está referida a esse traço distintivo que atingiu o ser, substituído por sua representação significante (S_1), sendo entretecido na linguagem sustentada pelo agente materno que lança a rede de significantes (S_n) tramados com as insígnias do Outro (A), numa incorporação simbólica. O traço rasurado pelo elemento significante que o substitui faz dele um *não-traço*. Tal rasura do traço pelo significante que o apaga consumando a identificação que o recobre, opera uma negação incompleta do traço. Esse traço unário distintivo não é anulado, mas substituído pelo significante como "*não-um*",[239] pois tal substituição rasura o traço sem extirpá-lo. Por isso franqueia a remissão a uma perda incapturável, no entanto passível de ser imaginarizada na temporalidade do futuro anterior: *terá havido* um objeto de satisfação plena. Tal operação insemina a busca do desejo como ponto de inserção do sujeito. Dessa matriz, as substituições das representações subsequentes aí se enovelam em estratos sucessivos, rasuram, ultrapassam e evocam os

---

237 LACAN, Jacques. *A identificação* (1961-1962). livro 9, Recife: CEF, 2003 (Coleção Seminários).

238 FREUD, Sigmund. "Projeto de uma psicologia". *In*: GABBY JR., Osmyr Faria (Coord.). Notas a um projeto de psicologia. Rio de Janeiro: Imago, 2003.

239 LACAN, Jacques. *A identificação* (1961-1962). livro 9, Recife: CEF, 2003, p. 152. (Coleção Seminários).

antecedentes, como modalidades de negação que apoiam o sujeito para interrogar sua própria existência. Vale sublinhar, portanto, que além de conotar "o puro e simples fato da privação",[240] o *não* originário, indiciado por qualquer significante que substitui o traço, não conota um buraco, uma ausência, mas "exprime ao contrário a redução, o desaparecimento talvez, mas não acabado, deixando atrás dele as marcas do menor traço, o mais evanescente".[241] A constatação de um '*não é isso*' que expressa doravante a insuficiência da satisfação, pressupõe a presença perdida da coisa, é ausência que implica a permanência do traço.

Ao estenderem a operação de foraclusão que caracteriza a psicose ao autismo, Lefort & Lefort concebem que no autismo a "forclusão radical" não está relacionada a um déficit de significantes primordiais, como na psicose, mas "ao excesso de real impossível de ser negativizado". Como vimos, na definição lacaniana, a foraclusão da psicose concerniria à foraclusão da negação propriamente dita [*Verneinung*], quando a foraclusão de alguns significantes fundamentais implicam um simples furo na rede simbólica. Esse furo do Outro convocaria o psicótico a tamponá-lo para salvaguardar a consistência plena em que reconhece o Outro. Dessa forma, a ausência de significantes primordiais não impede o psicótico de confrontar-se a um Outro e à mediatização do objeto pulsional mesmo que, na psicose, é ao gozo do Outro que o sujeito estaria submetido.

Já no autismo, os traços mnêmicos carregados de sensações não se decantam no traço unário distintivo e incomensurável, só passível de ser representado pelas substituições significantes. O funcionamento significante implica inibições que franqueiam a ultrapassagem do desapontamento da alucinação do objeto de satisfação, com o consequente encaminhamento da atenção para as modalidades de adiamento, antecipação e substituição implicadas na perda da ilusão alucinatória de satisfações que substituem esse traço pelo significante. Sem a decantação do traço unário distintivo, ou seja, sem que o objeto de satisfação tenha sido perdido, o juízo de existência – que reconhece a presença

---

240 LACAN, Jacques. *A identificação* (1961-1962). livro 9, Recife: CEF, 2003, pp. 121/122. (Coleção Seminários).

241 LACAN, Jacques. *A identificação* (1961-1962). livro 9, Recife: CEF, 2003, pp. 121/122. (Coleção Seminários).

externa ou constata a ausência exterior do que é apenas representado – só opera para reafirmar a diferença absoluta entre o já representado e o percebido atual. Sendo impossível lidar com semelhanças e dessemelhanças implicadas no semblante dos representantes da representação, o autista se mantém no plano do juízo de atribuição, contando com traços consistentes das suas experiências, que busca reencontrar em sua iteração. Assim, mesmo que a alucinação da satisfação cause desilusão, no autismo nada pode substituí-la, o que mobiliza a insistência que quer reencontrar uma identidade perceptiva impossível. É o que parece dar lugar à busca de imutabilidade do que lhe faz bordas e à angústia diante das alterações de seu entorno. Colados ao objeto da satisfação, os traços consistentes de sensações não admitem as diferenças que reencontram. É o que seu recurso ao signo esclarece, ao só admitir uma circulação recíproca e imediata em equivalência, absorvendo e exilando a criança das partilhas simbólicas.

Os autistas não articulam a alienação dos traços de satisfação à desilusão da alucinação fundamental que constitui e ordena o mundo da percepção, talvez por não operar o traço distintivo que marca a perda das qualidades de seu objeto e, daí, a substituição significante. Orientando-se pela insistência em acessar diretamente a satisfação, essa desilusão não é tratada, substituída e suportada, sendo elidida. Assim, os autistas não compõem imaginariamente o objeto inapreensível pela operação simbólica de sua substituição por representantes da representação que constituiriam a realidade.

Sem a substituição operada pelos elementos assimilados a partir do engodo da alucinação, o sujeito daí não se distancia em função de nenhuma realidade, de nenhum discurso, de nenhum semelhante: persegue diretamente os primeiros traços que comportam atributos, ou seja, sensações ou signos da satisfação ali representados.

O engodo vital implicado nas satisfações da realidade que poderiam ser semblantes dessas marcas é, para o autista, decepção insuportável e inadmissível, o que neutraliza a função do discurso e impede a organização da percepção e do pensamento. As representações [*Vorstellungen*] de traços da satisfação não assumem a estrutura do significante, como representantes da representação [*Vorstellungrepräesentanz*], porque não se modulam nem se permutam para tornarem-se combinatórias.[242] Elas se mantêm como signos congelados.

Caso consideremos, com Freud,[243] que o trabalho psíquico do sujeito é o estabelecimento de pontes verbais que ligam, fixam e conectam as representações das experiências que destacou, o autista trabalha na busca de enlaces que fixam representações a elementos concretos destacados da fluidez do mundo. A modalidade específica de sua operação é a *codificação* em que, com o corpo, ata, em signos, relações diretas e recíprocas entre coisa e nome, uma a uma, de maneira a estabelecer, registrar e conferir algumas estacas de orientação.

Lacan[244] advertiu sobre uma posição subjetiva da criança em que o simbólico não se articula ao imaginário, impedindo a constituição da realidade. Pode-se dizer então que esse impedimento para a constituição do que há de partilhado na realidade não impede ao autista o trabalho psíquico relativo à pretensão de capturar traços da satisfação para existir, orientado pelo trajeto circular e recíproco, referido à operação biunívoca que os baliza e os ampara, fazendo-os equivalentes a si mesmo. Tornando idênticas ida e volta, estabelece a matriz de seu movimento, a serviço do reencontro de relações homeostáticas.[245]

Entretanto, diante da inevitável contingência do Outro infamiliar de seu corpo ou dos agentes do Outro da linguagem, os autistas cifram a direção imediata da homeostase, estabelecendo circuitos-curtos no percurso biunívoco de sua trajetória. Interpõem a esse Gozo desmesurado um objeto qualquer a que se aferram, estabelecem com ele um campo gravitacional próprio, em que projetam e reproduzem a inércia

---

242 VORCARO, Angela. "Da recusa a fazer semblante". *In*: LEITE, Nina Virginia de Arajo *et al.* (Coord.). De um discurso sem palavras. Campinas: Mercado das Letras, 2012.

243 FREUD, Sigmund. "O Inconsciente". *In*: ______. *Escritos sobre a psicologia do inconsciente*. vol. 2, Rio de Janeiro: Imago, 2006.

244 LACAN, Jacques. *Os escritos técnicos de Freud* (1953-1954). livro 1, Rio de Janeiro: Zahar, 1979. (Coleção Seminários).

245 VORCARO, Angela. "Paradoxos do diagnóstico psicanalítico nos autismos". Estilos da Clínica, vol. 21, nº 3, São Paulo: USP, 2016.

almejada. Encontram, assim, um modo de articular seus objetos na defesa que demonstra a insistência de sua posição subjetiva singular.

O autista se posiciona face ao outro não como um objeto, mas em um mundo cuja imobilidade lhe permite verificar – na falta de poder controlar – os movimentos do Outro.[246] Assim, essa indiferença às pessoas e a exclusão ativa em que o autista se posiciona, difere totalmente da inserção dos investimentos em que se conecta a um objeto, operando com eles a cinética reguladora da inércia almejada. Kanner[247] reconheceu que crianças autistas são capazes de estabelecer e de manter uma excelente, significativa e inteligente relação com os objetos que não venham interferir em seu isolamento. Tustin[248] os nomeou *objetos autísticos*, que podem até mesmo intermediar a abertura do autista para o mundo.

Maleval[249] considera que, diante desse mundo pressentido caótico, o autista se defende da desorientação significante com o trabalho de assegurar um mundo regido por regularidades fixas, codificado em signos. Entretanto, a despeito de Maleval[250] asseverar que o princípio das defesas do autista é o *objeto autístico*, parece possível supor que o *princípio das defesas do autista é a circunscrição da matriz biunívoca, contínua e recíproca das relações que estabelece.*[251] De toda forma, os clínicos podem tomar essa defesa como um *saber* e, a este saber, *supor um sujeito.*

Segundo Maleval,[252] os autistas votados aos signos que revelam conexão rígida à imagem do referente guardariam a similaridade ou a contiguidade com as coisas, visando a uma significação absoluta. Entre-

---

246 REY-FLAUD, Henri. *L'enfant qui s'est arrêté au seuil du langage*. Paris: Flamarion, 2010.

247 KANNER, Leo. "Os distúrbios autísticos de contato afetivo". *In*: SCHMIDTBAUER, Paulina (Coord.). Autismo. São Paulo: Escuta, 1997.

248 TUSTIN, Frances. *Autismo e psicose na criança* (1972). São Paulo: Martins Fontes, 1977.

249 MALEVAL, Jean-Claude. "Por que a hipótese de uma estrutura autística?". Opção Lacaniana online, vol. 6, nº 18, 2015.

250 MALEVAL, Jean-Claude. *O autista e sua voz*. São Paulo: Blucher, 2017.

251 MEIRA, A.; VORCARO, A. "Autistas e suas linhas de errância". *In*: Outrarte (no prelo). Campinas: Mercado das Letras, 2019.

252 MALEVAL, Jean-Claude. "Por que a hipótese de uma estrutura autística?". Opção Lacaniana, vol. 6, nº 18, 2015.

tanto, por mais que o autista do signo nos pareça alheio à rede significante (ausente e presente) que estrutura o sujeito com uma linguagem, é ainda essa rede significante que, mesmo em bloco compõe seu campo, enquadra a percepção e a distinção de alguns elementos: esse transfundo do Outro se faz presente para o autista, no seu trato ao que dele destaca, sublinhando sua pertinência ao campo da linguagem.

Tomando a cena do campo simbólico como proliferação invasora, o recurso do autista é, mesmo assim, a própria linguagem: é *da* linguagem e *na* linguagem que o autista opera as reduções sígnicas capazes de referenciá-lo. Apurando, do campo da linguagem, elementos em operação recíproca e contínua, o autista recruta-os para com eles fazer um código de signos fixos, alheios à enunciação. Sem mensagem e sem equívocos, devido à exclusão das dessemelhanças, o Imaginário não se coloca a serviço de sustentar e amortecer a relação do Simbólico ao Real, pois toda representação que ultrapasse a relação direta, imediata e unívoca é reduzida ao Real, inassimilável, e, portanto, fadada à experiência avassaladora da angústia.

Conclusão

A leitura aqui proposta para o autismo coloca-o como sujeito afetado pela linguagem, que acessou uma primeira distinção em que algo da sensação de satisfação se afirmou decantado em traços mnêmicos que mantêm atributos da vivência de prazer. Na medida em que a criança autista pode localizar-se num 'aqui', com o qual se distancia e se separa, de um 'lá' que já são estruturas da linguagem,[253] algo da inscrição simbólica primária está em jogo. O problema é que isso é insuficiente para operar deslocamentos e substituições imperiosos no funcionamento da linguagem – que rasura, lê e transpõe – para estabelecer ligações e tramas simbólicas. No autismo, os traços mnêmicos carregados de sensações não se decantaram no traço unário distintivo

---

253 LACAN, Jacques. "Conferência em Genebra sobre o sintoma". Opção Lacaniana, nº 23, São Paulo: Eólia, 1988.

e incomensurável, só passível de ser representado pelas substituições significantes. O funcionamento significante implica inibições que franqueiam a ultrapassagem do desapontamento da alucinação do objeto de satisfação, com o consequente encaminhamento da atenção para as modalidades de adiamento, antecipação e substituição implicadas na perda da ilusão alucinatória de satisfações que substituem esse traço pelo significante. Sem a decantação do traço unário distintivo, ou seja, sem que o objeto de satisfação tenha sido perdido, o juízo de existência – que reconhece a presença externa ou constata a ausência exterior do que é apenas representado – opera para reafirmar a diferença absoluta entre o já representado e o percebido atual que não o contempla. Constatamos aí uma operação de *neutralização*, incidente no julgamento de existência. Assim, a ausência do traço unário distintivo é suplantada pelos traços sígnicos de sensações de homeostase reproduzidas. Afinal, sem se servir das dessemelhanças e dos equívocos implicados nas representações das representações, o autista escolhe manter-se em um *fuero* da constituição subjetiva onde o que lhe faz exterioridade é desprazeroso, mesmo quando, porventura, chega a transitar em outros registros.

Na psicose, também teríamos uma relação particular com a realidade na qual o negativismo tentaria garantir uma diferenciação entre o sujeito e o mundo externo que, por trazer prazer demais, acaba se tornando invasivo e sem limites. Paralelamente, o Eu que não consegue delimitar suas fronteiras tem dificuldades em distinguir o bom do mau objeto. E nessa relação com o além do princípio de prazer, emerge o que há de mortífero no gozo.

É apenas na neurose que o Eu sujeito pode se apassivar frente ao Outro, buscando, através da atividade pulsional, o objeto perdido da satisfação. É claro que este Outro pode servir como acesso ao objeto de gozo, mas está contida na ideia de laço social que o Outro pode ofertar representações de palavra que permitam ao sujeito outros modos de circular na linguagem. Isso já é feito no tratamento das psicoses e, nos casos de autismo, também acreditamos que é somente pela via da palavra que poderemos acessar esses sujeitos, que possuem sim um Eu e um aparelho psíquico, ainda que diferentes do que estamos habituados a considerar como pertencentes a nossa realidade.

	Meta	**Outro**	**Operação**	**Inscrição**
Eu-Real inicial	Eu sujeito ativo e pulsões sexuais ativas: - amor/ódio e indiferença.	Mundo externo indiferente – desprazeroso	Ausstossung Grito de repúdio: ódio mais antigo que amor	Traços de percepção [Wz]
Eu prazer (purificado)	Eu sujeito autoerótico e pulsões sexuais reflexivas: - amar-se e ser amado	Mundo externo prazeroso	Negação ou negativismo. Juízo de atribuição.	Representação de objeto ou representação de coisa [Ub]
Eu-Real definitivo	Eu sujeito passivo e pulsões sexuais ativas: - amor e ódio	Mundo externo não é indiferente: ou prazer ou desprazer.	Bejahung/ Introjeção ou assentimento. Juízo de existência.	Representação de palavra [PCs/Cs]

Quadro esquemático das diferentes modalidades de constituição do Eu.

Referências bibliográficas

FREUD, Sigmund. “Projeto de uma psicologia”. *In*: GABBY Jr., Osmyr Faria (Coord.). Notas a um projeto de psicologia. Rio de Janeiro: Imago, 2003.

FREUD, Sigmund. *Três ensaios sobre a teoria da sexualidade* (1905). vol. 7, Rio de Janeiro: Imago, 1996. (ESB).

FREUD, Sigmund. “O Inconsciente”. *In*: *Escritos sobre a psicologia do inconsciente*. vol. 2, Rio de Janeiro: Imago, 2006.

FREUD, Sigmund. “A Negativa”. *In*: Escritos sobre a psicologia do inconsciente. vol. 3, Rio de Janeiro: Imago, 2007.

FREUD, Sigmund. “Formulações sobre os dois princípios de funcionamento psíquico”. *In*: *Obras Completas*. São Paulo: Cia das Letras, 2010.

FREUD, Sigmund. “Além do princípio do prazer”. *In*: *Obras Completas*. São Paulo: Cia das Letras, 2010.

FREUD, Sigmund. *A interpretação dos sonhos*. Porto Alegre: LP&M, 2012.

FREUD, Sigmund. “As pulsões e seus destinos”. *In*: Obras Incompletas de Sigmund Freud. Belo Horizonte: Autêntica, 2013.

FREUD, Sigmund. “Conferências introdutórias à psicanálise”. *In*: *Obras Completas*. São Paulo: Cia das Letras, 2014.

FREUD, Sigmund. “O problema econômico do masoquismo”. *In*: *Obras Incompletas de Freud*. Belo Horizonte: Autêntica, 2018.

FREUD, Sigmund. “Neurose e psicose”. *In*: *Obras Incompletas de Freud*. Belo Horizonte: Autêntica, 2018.

FREUD, Sigmund. “A interpretação dos sonhos”. *In*: *Obras Completas*. São Paulo: Cia das Letras, 2019.

GABBY Jr., Osmyr Faria. *Notas a projeto de uma psicologia*. Rio de Janeiro: Imago, 2003.

LACAN, Jacques. “A agressividade em psicanálise”. *In*: ______. *Escritos*. Rio de Janeiro: Zahar, [1949].

KANNER, Leo. “Os distúrbios autísticos de contato afetivo”. *In*: SCHMIDTBAUER, Paulina (Coord.). Autismo. São Paulo: Escuta, 1997.

LACAN, Jacques. *A ética da psicanálise* (1959-1960). livro 7, Rio de Janeiro: Zahar, 1997. (Coleção Seminários).

LACAN, Jacques. A relação de objeto. livro 4, Rio de Janeiro: Zahar, 1995. (Coleção Seminários).

LACAN, Jacques. (1998). A significação do falo. *In*: ______. *Escritos.* Rio de Janeiro: Zahar.

LACAN, Jacques. "Da estrutura como intromistura de um pré-requisito de alteridade e um sujeito qualquer". *In*: MACKSEY, R.; DONATO, E. (Coord.). A controvérsia estruturalista. São Paulo: Cultrix, 1976.

LACAN, Jacques. *Os escritos técnicos de Freud* (1953-1954). livro 1, Rio de Janeiro: Zahar, 1979. (Coleção Seminários).

LACAN, Jacques. "O estádio do espelho como formador da função do eu". *In*: ______. *Escritos.* Rio de Janeiro: Zahar, 1998.

LACAN, Jacques. *Os quatro conceitos fundamentais em psicanálise* (1964). livro 11, Rio de Janeiro: Zahar, 1979. (Coleção Seminários).

LACAN, Jacques. "Observação sobre o relatório de Daniel Lagache: 'Psicanálise e estrutura da personalidade'". *In*: ______. *Escritos.* Rio de Janeiro: Zahar, 1988.

LACAN, Jacques. "Conferência em Genebra sobre o sintoma". Opção Lacaniana, nº 23, São Paulo: Eólia, 1988.

LACAN, Jacques. *As psicoses* (1955-1956). livro 3, Rio de Janeiro: Zahar, 1992. (Coleção Seminários).

LACAN, Jacques. *A transferência* (1960-1961). livro 8, Rio de Janeiro: Zahar, 1992.

LACAN, Jacques. "Resposta ao comentário de Jean Hyppolite sobre a Verneinung de Freud". *In*: ______. *Escritos.* Rio de Janeiro: Zahar, 1998.

LACAN, Jacques. *A Identificação* (1961-62). livro 9, Recife: CEF, 2003 (Coleção Seminários).

LACAN, Jacques. *Estou falando com as paredes* (1971). Rio de Janeiro: Zahar, 2011.

LACAN, Jacques. *... ou pire* (1971-72). livro 19, Rio de Janeiro: Zahar, 2012. (Coleção Seminários).

LEFORT, Rosine; LEFORT, Robert. *Diálogos sobre la clínica de la infância.* Barcelona: Paradiso, 1982.

LEFORT, Rosine; LEFORT, Robert. *A distinção do autismo.* Belo Horizonte: Relicário, 2017.

MALEVAL, Jean-Claude. "Por que a hipótese de uma estrutura autística?". Opção Lacaniana, vol. 6, nº 18, 2015.

MALEVAL, Jean-Claude. *O autista e sua voz.* São Paulo: Blucher, 2017.

MEIRA, A.; VORCARO, A. "Autistas e suas linhas de errância". *In*: Outrarte. Campinas: Mercado das Letras, 2019.

POMMIER, G. Qué es lo "Real": ensayo psicoanalítico. Buenos Aires: Nueva Visión, 2004.

RABINOVICH, Diana. *O conceito de objeto na teoria psicanalítica.* Rio de Janeiro: Cia. de Freud, 2009.

RABINOVITCH, Diana. *A Foraclusão.* Rio de Janeiro: Zahar, 2001.

REY-FLAUD, Henri. *L'enfant qui s'est arrêté au seuil du langage.* Paris: Flamarion, 2010.

TUSTIN, Frances. *Autismo e psicose na criança.* São Paulo: Martins Fontes, 1977.

VORCARO, Angela. *A criança na clínica psicanalítica.* Rio de Janeiro: Cia de Freud, 1997.

VORCARO, Angela. "Da recusa a fazer semblante". *In*: LEITE, Nina Virginia de Arajo *et al.* (Coord.). De um discurso sem palavras. Campinas: Mercado das Letras, 2012.

VORCARO, Angela. "Paradoxos do diagnóstico psicanalítico nos autismos". *Estilos da clínica*, vol. 21, nº 3, São Paulo: USP, 2016.

WINNICOTT, Donald Woods. "Distúrbios psiquiátricos e processos de maturação infantil". *In*: *O ambiente e os processos de Maturação.* Porto Alegre: Artmed, 1983.

WINNICOTT, Donald Woods. "Objetos transicionais e fenômenos transicionais". *In*: ______. *O Brincar e a Realidade.* Rio de Janeiro: Imago, 1975.

PARTE III

DO CONTEXTO NO SINGULAR

CAPÍTULO VI

SOBRE A ESCRITA DE CASO NA CLÍNICA COM BEBÊS

ANGELA VORCARO, CLAUDIA MASCARENHAS E ALINE ACCIOLY SIEIRO

Introdução

O escopo da clínica psicanalítica com bebês implica importantes impasses que a interrogam quanto à sua pertinência e legitimidade. Seja devido ao reconhecimento e tratamento de registros exteriores à função da fala articulada, seja pelo paradoxo desta clínica não se dirigir a quem a solicita formalmente, seja por estabelecer sentidos a partir da percepção imediata do clínico que a maneja, seja por mobilizar um *pathos* tributário da noção de desenvolvimento orgânico e da perspectiva preventiva atualmente subordinada à lógica mercantilista marcadamente ideológica ou, ainda, pela porosidade insistente nas contingências do trabalho analítico com bebês, em que a função da interpretação se situa na linha tênue tangenciada com a sugestão.

Um avanço para além desses impasses se torna condição para um debate de argumentos que ajuizariam sua inclusão no campo psicanalítico, mas insistimos que, primeiramente seria necessário localizar o que a experiência clínica de psicanalistas com bebês transmite, em suas estratégias de formação e difusão de uma prática.

A exemplo do artifício da apresentação de imagens como recurso largamente utilizado em documentações fílmicas de fragmentos de sessões, as cenas favorecem uma apreensão imediata do público que as vê, mas podem obscurecer a detenção analítica nos acontecimentos em relação aos conceitos que estes acionam. A despeito da constatação do achatamento da transferência que este artifício tende implicar, não pretendemos questionar o valor que o instrumento pode ter, em certas circunstâncias. Esperamos apenas distinguir o que esse expediente didático de formação em psicanálise parece demarcar quanto à economia do registro da escrita para a transmissão da psicanálise. Afinal, diferentemente do trabalho implicado na leitura, a imediaticidade da apreensão das imagens pode estar a serviço de eludir o embaraço da transmissão simbólica e mesmo substituir a função do registro da escrita, na expectativa de uma demonstração integral da especificidade da clínica, como se esta demonstração prescindisse de palavras.

Problematizar o lugar desde o qual o psicanalista se sustenta como tal exige que possamos localizar o dizer de sua experiência clínica com os bebês. Tal dizer não se limita a fala, sempre imprecisa e sujeita à deriva, mas implica necessariamente a escrita, registro que decanta a cena e articula a lógica de sustentação que uma prática coloca em jogo. Entretanto, quando os relatos clínicos de psicanalistas que trabalham com bebês existem, testemunhamos um acentuado hiato entre um texto descritivo que encadeia temporalmente acontecimentos e os fundamentos específicos que justificariam esta prática. Na medida em que fazem a economia da articulação teoria/clínica, por se depararem com esse vácuo da não palavra, os autores a supõem transparente. Grosso modo, a estratégia para contornar esse impedimento, além da transcrição escrita de falas, são os relatos escritos descritivos que sintetizam o curso da estória do bebê nos moldes de uma anamnese, apontam uma demanda de tratamento incipiente ou mesmo acéfala e quando localizam superações de dificuldades nos tratamentos efetivados, estas não chegam a ser explicitadas em função das intervenções ou interpretações realizadas pelo clínico, sendo referidas apenas como mudanças observadas.

Este hiato mantém em suspense o que, além do atestado dado pelo psicanalista de seu encontro com o bebê, sustentou ter havido ali uma clínica psicanalítica. Se na psicanálise com adultos, a fugacidade de momentos de transmissão existe, prova cabal dos adeptos do passe[254] em Lacan, em que a necessidade de recontar sua análise parece justificada por uma segunda volta, na tentativa de contorno a esse significante que escapa, tem-se uma especificidade a ser ainda circunscrita na transmissão da clínica com aqueles que não falam, os bebês. Não nos parece que o problema seja o da impossibilidade de transmissão específica dessa prática, mas a dificuldade em transpor, da experiência clínica ao registro da escrita, a mostração de suas razões. É o que parece impedir, muitas vezes, a explicitação da prática e mesmo sua refutação, que acabam por ser, ambas, fundadas no preconceito.

Acrescidas a nossa própria interrogação sobre a intensidade incomensurável das dimensões Real e Imaginária que a clínica com bebês recrutaria, o que talvez pudesse torná-la quase intransponível ao registro simbólico, essas constatações nos conduziram à proposta de estabelecimento de um grupo de trabalho com psicanalistas de bebês que se debruçassem sobre seus próprios relatos de casos e os de colegas, com vistas a acurar seus textos em direção a uma escrita clínica capaz de transmitir a experiência.

Obviamente, o relato de caso é uma escrita, mas apenas uma modalidade de escrita dentre tantas outras formas de depósito da experiência. Gostaríamos, entretanto, de alçar uma escrita daquilo que o relato descritivo não escreveu, ou seja, aquilo que, apesar de habitar o relato, manteve-se encoberto, não sabido, especialmente sobre o assento dessa prática na psicanálise e o que é relativo à direção do tratamento. Seria possível que isso *cessasse de não se escrever*?

---

254 Como afirma Rosa, Lacan apresenta poucos relatos de seus casos clínicos durante seus anos de ensino. Entretanto, ele deixa os seus analisantes em posição de desejar testemunhar seus percursos de análise. Faria parte de uma posição ética, atribuída ao final de análise, um dever de transmissão, efeito do estilo de Lacan em sua clínica. A escrita do passe seria um ponto de passagem do íntimo ao êxtimo de uma experiência de análise e estaria aí o cerne de sua transmissão. ROSA, M. "Fragmentos clínicos". *Boletim Iniciativa Escola*, nº 2, Belo Horizonte: EBP, 1993.

Para responder a essa interrogação, contamos com subgrupos de psicanalistas de vários lugares e organizações (Bahia, Minas Gerais, São Paulo, Pará, Maranhão, Rio Grande do Sul) que apresentaram textos sobre casos atendidos. Coordenados por Cláudia Mascarenhas e Angela Vorcaro e registrados por Aline Sieiro, nossos encontros giram em torno de textos de casos clínicos redigidos pelos colegas e lidos por eles. Debatíamos sobre o que o texto colocava em jogo. O que, em cada leitura, interrogava, descobria e reconhecia a prática psicanalítica tornava-se motivo de uma nova circunscrição que convocava sua reescrita.

Pretendemos aqui apontar os elementos operados por essa experiência de leitura e discussão conjunta de relatos de casos clínicos dos participantes desse grupo de trabalho. Nesse dispositivo, ressaltamos a importância da mobilização de um grupo com um trabalho bem definido: o interesse em deter-se no que a escrita do caso coloca em jogo, tanto na referência à rede cultural a que o caso se remete e ao lugar institucional em que a prática se dá, quanto aos saberes que o caso aciona. Vale ressaltar que a construção do percurso que faremos a seguir não era programática, mas mostrou-se, no desenrolar dos nossos encontros, sendo posteriormente recolhida.

Do dispositivo

Propomos, nesse dispositivo, um ultrapassamento de leituras que denominamos decantação. Entretanto, tal decantação não se faz de uma só vez. Reconhecemos a função do tempo que está em jogo na decantação do material escrito, assim como no trabalho de análise. No texto "Recordar, repetir e perlaborar", Freud[255] chama atenção para a função do tempo e as escansões que estão em jogo a partir da fala do analisante. O *falasser* se lança à narrativa de lembranças apresentando uma versão historicizante dos acontecimentos traumáticos vividos no passado. O que está em jogo nesse tempo de falação é a construção de uma lógica inconsciente em sua apresentação mitológica e fantasmática, território

---

255 FREUD. Sigmund. "Recordar, repetir e perlaborar". *In*: *Obras incompletas de Sigmund Freud*. Belo Horizonte: Editora Autêntica, 2014.

rico em significações, mas também um campo simbólico que permite a localização do indizível, inexplicável, enigmático. Para o analista, trata-se da transposição estrutural da escuta e da fala impregnadas de imaginário, com seus lapsos, suas irracionalidades e suas incoerências para o trabalho analítico de leitura e a escrita das cifras inconscientes que insistem no simbólico como uma incógnita inapreensível que o perfura.

Concomitante ao tempo de falação endereçada à análise, o que é narrado como lembrança do passado passa a ser repetido, em ato, na transferência, demonstrando que o tempo de revivência dos conteúdos de uma lembrança não são destacáveis e estagnados em sua apresentação cronológica, visto que se atualizam em diferentes arranjos com uma mesma estrutura. É a partir do reconhecimento dessa repetição e da inclusão do analista na cena que estará em jogo uma trama temporal, em que passado, presente e futuro se enlaçam e são manejáveis a partir dos atos analíticos, como as pontuações que diferenciam elementos, seriações que os encadeiam, correlações que os comparam, repetições que mostram insistências, inclusões do que se manteve esquecido e exclusões do que o floreava, até que daí uma lógica inconsciente se desgarre e se torne legível a partir da escrita de um nó que entrelaça o tempo e suas repetições em torno do indeterminável.

Logo, o trabalho de perlaboração está diretamente ligado à incidência do clínico, implicado numa aposta que ultrapassa a técnica e recruta algo de não protocolar, exigindo dele a dimensão do inédito. É apenas por seu efeito que se pode conjecturar se uma intervenção teve valor de ato distintivo entre um *antes* e um *depois*, numa espécie de trabalho em sustentar e recolher perplexidades. O mesmo se dá na passagem ao escrito sobre o caso. Amparar o inédito e a perplexidade implica que se retorne em algumas voltas ao escrito, *a posteriori*, pois seu relato poderá tanto franqueá-los quanto escamoteá-los ao ser levado pela lógica subsumida no contexto da cena.

Lacan,[256] como Freud, discute a função do tempo no trabalho analítico em seu texto "O tempo lógico e a asserção de certeza antecipada". A partir de um sofisma, somos apresentadas a três tempos – o

---

256 LACAN, Jacques. "O tempo lógico e a asserção da certeza antecipada". *In*: ______. *Escritos*. Rio de Janeiro: Zahar, 1998.

instante do olhar, o tempo para compreender e o momento de concluir – que se articulam para além de uma ordem cronológica, instituindo uma lógica possível de ser lida.

Inspiradas no trabalho de perlaboração freudiana e na articulação do tempo lógico lacaniano, escolhemos, no nosso grupo, um primeiro modo de operar sobre o relato para que ele se tornasse um objeto de estudo: *se fosse possível dividir o relato clínico em três partes/camadas, como faríamos?* Trata-se de uma modalidade artificial de esquadrinhamento do caso, a ser avaliada posteriormente quanto à pertinência, para mantê-la ou alterá-la. Essa proposta estabeleceu três escansões do caso, ou seja, uma metodologia de escrita a partir de uma divisão dos acontecimentos clínicos em três camadas ou em três tempos.

Em nosso grupo de trabalho, os próprios autores elegeriam os títulos a serem dados a cada subdivisão. A escolha dos três momentos de separação e o que as fundamentou já marcava o caminho e poderia ajudar no desenho do estilo do trabalho com o bebê que o analista imprimia, muitas vezes, antes dos decantamentos da escrita, sem o saber. Os efeitos da perplexidade apenas em ler o que decanta já apontaram, nessa primeira aproximação da proposta de uma escrita em três tempos que denominamos tempos de distinção, como o texto trabalhava seu autor.

Salientamos que, quase sempre, o que primeiro compareceu nos relatos foi o registro do roteiro das sessões que seguiram o roteiro de uma anamnese. Nesse momento, os autores se preocuparam em narrar a história do caso. Mas, diante dessa narrativa, questionamos: o que essa história do caso tem a ver com a operação clínica e o que podemos transmitir dessa experiência? Afinal, como retomamos em Freud, há uma diferença entre narrar os acontecimentos em sua ordem cronológica e fazer disso uma articulação sobre o que é o fazer clínico. Essa primeira narrativa nos parece uma capa que deve passar por uma decantação que acontece em várias camadas na leitura do caso, até que possamos depurar o que é a clínica com o caso naquela narrativa, o que é passível de ser transmitido.

Se um primeiro relato descreve a diacronia das ocorrências selecionadas, ele é um *instante de ver* que apenas apresenta um campo que só poderá ser lido depois. Sobre esse campo aparente deve ainda operar um *tempo de compreender* que exige pontuações que diferenciem seus elementos, seriações que os encadeiem, correlações que os comparem, repetições que mostrem insistências, inclusões do que se manteve esquecido e exclusões do que o floreava, retirando tudo que for o excesso conhecido em relatos acadêmicos ou que obedeça à lógica racional, até que daí sua lógica própria se desgarre. Nesse *momento de concluir,* algo pode deixar se escrever por pistas, retomando o *instante de ver* em outro lugar. Como diz Emicida,[257] citando um ditado iorubá: "Exu matou um pássaro ontem com uma pedra que só jogou hoje".

Se escrever o caso permite que sua lógica se desenrole, um primeiro relato não é uma escrita de caso, mas um ponto de partida que orienta um campo. Assim, um primeiro relato pode ser considerado no plano de uma *tradução,*[258] orientado pela consistência de sentido, com tudo o que ela carrega de imaginário, incluindo a soma dos seus preconceitos adquiridos em posições de discurso universitários, dos quais precisa se livrar.

A insistência nas diversas reescritas e camadas do texto permite desidealizar o processo de escrita de casos, contrariando a máxima popular de que poucos sabem escrever casos em psicanálise. O processo de escrita implica em muitos retornos sobre o já depositado no papel para permitir passagens para outros registros, numa espécie de repasse de retornos de recalcados. Fazendo borda no caso, a escrita pode deixar cair a consistência dada à história clínica em prol de sua lógica. Essas transposições de registros fazem cair, da escrita, os enxertos imaginários e as composições racionais que o apelo a uma tradição lógica nada analítica nos afeta, podendo nos perguntar: *quando escrevemos isso, o que mesmo estamos escrevendo?*

257 EMICIDA: *Amarelo*: é tudo pra ontem. Direção: Fred Ouro Preto. Produção Evandro Fióti. Brasil: Netflix, 2020.

258 Allouch propõe uma leitura da teoria dos sonhos freudiana a partir do valor dado à literalidade de suas operações como uma escrita, o que definiria a clínica freudiana do sonho como uma clínica do escrito. Ele apresenta três tempos e operações que testemunham essa metodologia de cifra freudiana: a tradução, a transcrição e a transliteração. A escrita do som (transcrição), a escrita do sentido (tradução) e a escrita da letra (transliteração) não atuam de maneiras isoladas, mas se articulam e produzem uma escrita que cifra o inconsciente. ALLOUCH, Jean. *A clínica do escrito*: transcrever, traduzir, transliterar. Rio de Janeiro: Campo Matêmico, 1994.

Fazemos um relato escrito e, ao lê-lo, algo que não está no texto dá-se a ler. Por vezes, ao serem estranhadas, incoerências do relato mostram-se encobrimentos de elementos-chave para a composição da cena clínica, o já relatado é reproduzido, problematizando algo de obscuro ali marcado, elementos aparentemente banais ou *non-sens* demonstram sua pertinência, repetições insistentes surpreendem por não terem sido notadas e convocam interrogações.

Na leitura do primeiro relato que tínhamos escrito, entramos no caso em outra posição, não mais íntima mas êxtima, pois nos deslocamos de nossa encarnação na cena clínica supostamente objetivada no relato, para tomar o próprio relato como objeto de interrogação, apartando-nos dele para localizar o que ele tem de encobridor e de inapreensível, a despeito de o leitor coincidir com o autor. Ao ler, nos escutamos sobre o que a escrita decantou e podemos localizar o que se sublinhou e o que se perdeu, fazendo emergir certos elementos que retiram a própria prática de sua suposta transparência e apontam suas complexidades, suas obscuridades, além de ter ainda efeitos sobre questões clínicas indiretamente concernidas.

Enquanto o relato do caso pode resumir o registro dos acontecimentos clínicos que ali se depositam, buscando a coerência temporal esperada pelo registro da consciência, a escrita é endereçada a um leitor que a testemunha, fisgando seu autor ao mesmo tempo. Seja ele suposto como o possível leitor ou que seja o próprio autor do relato, o efeito do endereçamento divide o autor que, por isso, se coloca a trabalho. Como na espiral de um parafuso, é esse trabalho que permite ir mais além do já relatado.

A prática de passagem ao escrito pode repercutir sobre o refinamento da formação psicanalítica do clínico, mas não só, pois a escrita trabalha quem escreve e produz um efeito de desvelamento do que não era possível localizar. Endereçada, a escrita se torna uma passagem do que *não cessa de não se escrever,* que emerge na leitura do relato como o que não passou ao escrito para a escrita que localiza esse indescritível que incidiu na cena clínica de modo insistente. O exercício de escrita provoca esse movimento na construção do caso e produz efeitos nos atendimentos clínicos, além de já permitir separar a narração, a história, o contexto e a clínica.

Do contexto do caso clínico

Constatamos a disposição de uma vasta rede de discursos que atravessam o encontro do psicanalista com um bebê. Na cena clínica, o psicanalista está situado na tensão de cruzamentos entre os ideais científicos dos cuidados em saúde e das tradições culturais que ali operam, além do saber insabido do agente materno. Consideramos que o analista, diante desse campo tão amplo, não pode senão escolher o ponto nodal de sua aposta numa direção de tratamento. Desse ângulo ele pode cernir o trabalho que se impõe como ato e como fala, com o corpo e com o saber, na economia psíquica que essa prática coloca em jogo.

A instituição

A escrita do caso supõe destacar a explicitação da instituição que acolhe o caso, de modo a situar parte significativa do contexto em que esta clínica tem lugar. Nossa hipótese é a de que elementos do discurso institucional incidem sobre o estabelecimento do laço transferencial, que pode obstaculizar ou franquear a possibilidade de haver uma clínica psicanalítica. A inserção institucional no campo da assistência pública ou privada, seja ela em saúde ou social, governamental ou não, define de qual lugar lê-se um caso, circunscreve o enquadre institucional e seu estilo, além de apontar constrangimentos ou adesões da posição específica do clínico, em suas considerações sobre as circunstâncias em que é realizado o atendimento ao bebê e seus responsáveis.

A escrita da instituição apresenta uma janela de onde se olha o caso, apresentando o estilo institucional que dá o enquadre na escrita do caso. Tal estilo começa pelo que se explicita quanto a sua missão, às condições da organização em termos de acesso do usuário, das fontes de encaminhamento, da periodicidade, da estabilidade do corpo clínico, de seu reconhecimento social etc. A narrativa institucional circunscreve e justifica as estratégias de manejo e enquadre escolhidos por aquela instituição e equipe de trabalho.

Dado que as escritas do caso e da instituição se cruzam, localizamos no que elas diferem e quais efeitos provocam entre si, mutuamente. Ao decantarmos o que faz caso a partir da escrita, discernimos os invólucros mitológicos e institucionais nos quais se apresenta um caso quando relatado. Na primeira camada de escrita, observamos frequentemente o relato descritivo da história da instituição e suas modalidades de atendimento como uma primeira introdução ao caso, mesclada com o relato da história da chegada do bebê na instituição. Para que o caso possa vir à tona, é necessária uma separação entre essas duas modalidades de escrita, visto que a narrativa institucional tem como foco a depuração do desejo que institui um espaço voltado ao trabalho com bebês fundamentado a partir da psicanálise e como ele se constituiu em uma modalidade prática/clínica nos diversos espaços institucionais.

Os fundamentos clínicos são colocados em questão quando a instituição dirigida por psicanalistas se vê diante de uma possível inversão no estabelecimento da demanda de entrada no tratamento. Os pacientes são encaminhados na lógica do discurso médico e há uma problemática ligada ao não investimento destes na direção de uma psicanálise. Como o paciente vai se implicar em uma posição subjetiva no início de um tratamento quando é a equipe e a instituição que parecem ter uma demanda clínica? Esse ponto desvela o problema da transferência da instituição/equipe com o paciente encaminhado impelindo a um manejo que permita a queda do paciente da posição de objeto no qual estava situado pelo discurso médico, posição na qual o paciente resiste muito mais do que ao tratamento em si.

A escrita institucional revela a invenção do estilo para manejar esse impasse que localiza a sustentação da transferência e implica à equipe e ao psicanalista uma posição descrita por Lacan[259] como de

> ser aquele que contém o ágalma, o objeto fundamental de que se trata na análise do sujeito, como ligado, condicionado por essa relação de vacilação do sujeito que caracterizamos como o que constitui a fantasia fundamental, como o que instaura o lugar onde o sujeito pode se fixar como desejo.

---

259 LACAN, Jacques. *A transferência*. livro 8, Rio de Janeiro: Zahar, 1992, p. 194. (Coleção Seminários).

Tendo como fundamento a transferência, a instituição pode sustentar o discurso do analista que impede a fixidez institucional em um único padrão discursivo, evitando a cristalização de verdades produzidas pelo excesso de compreensão do caso e possibilita sustentar um não saber sobre o que busca a família que embarcou na procura de cuidado. A maneira singular como as instituições promovem essa posição ética, esse enquadre a partir de um ponto muito específico, dá direção à equipe diante de um encaminhamento de qualquer outro espaço institucional.

A transferência institucional é, muitas vezes, o que situa o motivo de aquela família e a criança continuarem apostando no tratamento e naquele espaço. As operações que estão presentes nas intervenções são realizadas nos dispositivos[260] de entrada institucional, fisgam e permitem a transferência do agente materno, da família e da criança em relação ao serviço. Consideramos, a partir da psicanálise, um modo de trabalho com o paciente que não negligencia o que ele traz quanto às marcas da sua história, os lugares a que pertence, bem como de seu mito. Incluímos esse repertório de saberes e o tomamos em consideração no acolhimento inicial.

Portanto, o modo como a instituição acolhe e maneja a entrada no tratamento já é parte do trabalho clínico. Logo, a instituição trabalhada pela psicanálise produz demanda diante dos sinais de apelo do bebê encaminhado. O modo como cada instituição descreve seu fazer clínico na coleta dos sinais de sofrimento, leitura dos circuitos de apelos do bebê – elevados à categoria de demanda – formalizam e reposicionam a especificidade na qual uma equipe responde e demarca o mote de trabalho específico daquele local, produzindo uma espécie de gramática do caso.

Os saberes

Outro elemento de grande importância para a contextualização do caso é a consideração das relações que o psicanalista estabelece com

260 Cada instituição nomeia e cria uma lógica de escuta para os encaminhamentos. No caso das instituições trabalhadas pela psicanálise, não se trata apenas de triagem ou acolhimento, nomes comuns nos espaços ligados ao discurso de saúde.

as práticas médicas, baseadas em protocolos, bem como com os distintos saberes tradicionais que ele desconhece, mas estão no bojo na lida da família com o bebê.

A permeabilidade dos campos permite que não fiquemos contidos diante do protocolo de saúde e do que é a psicanálise, senão seremos engessados. Reconhecemos as especificidades dessas famílias e circunscrevemos o que é rotineiramente intitulado como "dificuldade parental com relação à criança". Uma suposta precariedade do agente materno, seja ela simbólica, psíquica, cognitiva, financeira ou de qualquer outra ordem, não pode ser um modo de autorização ao silenciamento do sujeito que está nessa função para o bebê. Se não tomamos o agente materno como sujeito, para além de qualquer precariedade suposta pelo profissional, de onde esse agente vai falar? É a partir do próprio discurso do sujeito que ele pode transmitir algo de si, e esse não é um lugar de precariedade, mas de saber.

Por sua vez, o que transmitimos não está dado *a priori*, só sabemos da transmissão *a posteriori*, muitas vezes pelos efeitos de seu fracasso, quando nos questionamos: O que fiz de errado? O que transmiti que não queria transmitir? No que impedi ou resisti a transmissão? Essas são interrogações que abrem espaço para a releitura das nossas intervenções na escrita, pois nessa passagem da primeira escrita do caso para a releitura que problematiza um suposto fracasso ou precariedade, algo se revela. Percebemos o que deixamos de falar e o que deixamos de escrever, ou seja, o que *não cessou de não se escrever.*

Assim, por exemplo, o que se distingue de um preconceito do analista ou da consideração de uma teoria diferente, se o agente materno acredita (e tem certeza) em seu saber fundado no respeito às tradições de suas famílias, e culturas? O saber explícito ou subliminar, que enquadra a posição em que o analista intervém, é carregado suficientemente de imaginário, de modo que, muitas vezes, deixa os cuidadores mudos. Partir da suposição de sujeito nos cuidadores, nos permite constatar que eles têm um modo de funcionar, seja pelo mito, seja por uma hipótese imaginaria ou uma série delas, que escutamos em nossa função é criar condições para que possam ser formulados.

A dissimetria em que podemos nos encontrar, em geral, não se restringe àquela necessária ao pacto de um contrato social em que incide uma suposição de saber, mas pode abranger valores e poderes que descartam ou intimidam a exposição do saber dos cuidadores. Obturando a escuta do saber familiar, passamos ao largo deste muitas vezes e, sem que seja lido, por meio de nosso modo de intervir, a especificidade de nossa prática se torna uma escuta surda e tributária dessa ordem prescritiva da normalidade, seja ela médica ou da psicologia desenvolvimentista.

Insistir em uma única teoria como a referência absoluta de saber para a leitura de um caso pode engessar seu andamento. Esse é o caso da escolha do modelo edípico, por exemplo, como uma escolha natural e óbvia para pensar as questões familiares. Em muitas ocasiões esse modelo é utilizado a partir de uma leitura social e é tomado como um modelo teórico, mas empregado com uma série de preconceitos sociais. É preciso deixar o caso nos guiar inclusive na orientação teórica que será utilizada. O analista precisa se deixar conduzir pelo caso antes de se arvorar numa proposta de cura da criança, dos cuidadores e da família, ou embotamentos teóricos. É o caso que nos ensina a direção de tratamento.

Da indicação de uma psicanálise

A indicação de uma psicanálise é gerada por especialistas em cuidados de bebês que atuam por meio da intervenção direta, prescrição, orientação ou da sugestão. Assim, quando indicam uma psicanálise a um bebê, podem induzir também seus responsáveis a supor e a esperar, no psicanalista, estas mesmas vias de atuação. Em geral, os cuidadores os obedecem por já estarem absorvidos pelo campo de um pathos ou por reconhecerem sinais de alguma ordem de problema na criança. Mesmo quando essas questões emergem nas dificuldades de reconhecimento do que pode sustentar a constituição da criança, esperam uma recondução à normalidade, advinda de um ideal formalizado por meio de uma prescrição, quase sempre medicamentosa, que encerraria o problema.

Entretanto, a indicação do tratamento psicanalítico quase nunca está explicitada quanto à relação de implicação que ele exige, ou seja, ao trabalho psíquico dos cuidadores e da criança que deverá ser colocado em jogo. Esse trabalho psíquico depende do modo singular como cada analista envolvido no caso vai lidar com a criança, pois o analista não incide num caso por meio de uma receita pré-definida, mas intervém sobre o modo de acolhimento de uma queixa para sua transformação numa questão que implique a angústia e sua referência. Vale, portanto, interrogar: *em que posição o psicanalista vai entrar no caso? Qual é sua função nesse caso e de onde intervém?*

É possível que o psicanalista em uma equipe clínica oriente outros profissionais, indo além do próprio atendimento do caso. Porém, as intervenções específicas do psicanalista não se limitam a essas indicações. Mesmo ciente das urgências do bebê e da localização de práticas de cuidado terapêutico com essa criança por vários terapeutas de uma equipe, é necessário que o psicanalista localize sua função clínica. É preciso separar do ato do psicanalista, os aspectos de cuidados e orientações, pois o ato analítico não é uma tradução de sentidos, mas uma intervenção que visa um deslocamento de posições, uma passagem para outra coisa, um corte na série que se ordena antes dele. É no momento da escrita que essa diferença aparece e situa a porosidade que encerra a noção de uma separação dicotômica.

A título de exemplo, lembremos que quando uma enfermeira, orientando uma mãe na UTI a amamentar, ensina: "*Você pega seu bebê e abocanha assim, pega sua auréola e aperta assim*". Ela dá orientações extremamente importantes para esse bebê, mas quando ela sai, a agente materna diz: "*Imagine se vou fazer isso, eu já tenho seis filhos!*". Ou seja, a enfermeira esqueceu esse imenso detalhe: levar em consideração a experiência da mãe que permitiria que a orientação fosse melhor aceita. Na clínica, a necessidade de orientar é feita a partir do lugar de uma escuta analítica, onde a porosidade entre campos permite ao analista levar em conta o saber de um agente materno dentro da lógica clínica. A grande questão é como intervir mantendo um lugar analítico. Como rastrear junto ao cuidador primordial a modalidade pela qual ele capta aquilo que estamos constatando? Trata-se de incluí-lo nisso.

Do analista

Podemos, agora, retomar as interrogações acerca da função do analista e sua entrada no caso a partir da escrita, na escolha pelo que se considera a introdução do caso e o que ela deveria contemplar. O que é introduzir um caso? Nos diversos formatos e modalidades (acadêmico, estilo próprio, costume etc.), o que importa na escrita de um caso é o tipo de criação que se produz com o caso. Nada é óbvio, prescritivo ou regulamentar. Trata-se de sustentar a posição a partir da qual o analista escolheu entrar no caso. Tal escolha pode ser situada na introdução, mas também na conclusão. O que importa, ao se introduzir o caso, é localizar *o antes* e *o depois* da entrada em tratamento.

Contatamos, em nossos encontros, que a primeira camada de escrita do caso foi o processo de historicização e trajetória a partir da queixa dos cuidadores e/ou do encaminhamento médico. No primeiro relato, há uma descrição da queixa, que ainda não pode ser considerada a porta de entrada clínica. De alguma forma os cuidadores sempre dizem "meu filho é diferente de outras crianças em algo". É o que se decantará dessa queixa, a partir da interrogação do analista sobre os motivos pelos quais os cuidadores localizaram esse ponto como queixa, que se desdobra uma hipótese para a direção de trabalho. O que nos fez escolher intervir diretamente com o bebê ou com os cuidadores? Trabalhamos com o narcisismo do agente materno em sua relação com o bebê? Procuramos mudar o olhar dos cuidadores para as competências do bebê? etc.

Alguns aspectos da introdução do caso pela via da anamnese nos remetem a um importante aspecto sobre a posição do clínico e seu efeito sobre os cuidadores, que nos imporá quanto à continuidade do tratamento. Dependendo da forma como a anamnese é feita, as próprias perguntas já incluem uma posição culpabilizadora dos cuidadores. Perguntas como: *o filho foi desejado? Você lembra quando seu filho fez isso ou aquilo? Você olhava para seu bebê?* Essas perguntas são culpabilizadoras porque cultivam as ideologias psicologizantes e o modelo médico sobre os ideais nas funções maternas e paternas.

O que há de subliminar nesse tipo de pergunta é uma estrutura ideal de maternagem em que o agente materno é considerado culpado ou responsável direto pelo que acontece com o bebê. Não devemos nos esquecer da expressão problemática que carregamos durante anos em psicanálise, da mãe-*geladeira*,[261] lida a partir de um lugar idealizado pelo analista. Logo, essa é uma posição que denuncia a localização do profissional no discurso do mestre e, com isso, se equivoca em suas hipóteses clínicas. No caso específico do analista, este não é o discurso no qual opera em sua clínica.

Se o analista não chega a franquear o estabelecimento de uma correlação entre a queixa dos cuidadores e o próprio saber parental que a ampara e a circunscreve, ele pode escutar a queixa de modo protocolar, apenas como ponto de partida para disparar questões aos cuidadores em nome de uma premência, do clínico, de respostas que satisfaçam sua lógica de entendimento do que seria uma criança, sem atentar para a lógica parental. Assim, facilmente, os cuidadores constatam o hiato entre sua queixa às interrogações do clínico, e passam a presumir sua insuficiência em sua abordagem à criança. Dissociadas da queixa e do saber parental, as questões do clínico podem reverberar nos cuidadores como culpabilização por não terem atentado para aqueles aspectos, obturando toda abertura para a leitura necessária que orientará a direção do tratamento.

---

261 O termo mãe-geladeira foi cunhado por Leo Kanner em 1949, referindo-se às mães de crianças autistas. Kanner buscava compreender a causalidade do autismo e chegou a hipotetizar que a ausência de afetos maternos poderia gerar defesas autísticas nos bebês. Em 1967, o psicanalista Bruno Bettleheim popularizou o termo em seu livro A fortaleza vazia. Sua hipótese era de que o autismo seria causado pela indiferença afetiva materna. Posteriormente, diversos psicanalistas ampliaram suas hipóteses acerca da causalidade do autismo e tentaram desfazer o equívoco gerado por essas hipóteses iniciais, que reduziam as leituras do exercício de uma maternidade a partir do saber médico. LOPES, B. *Autismo e culpabilização das mães*: uma leitura de Leo Kanner e Bruno Bettelheim. Florianópolis: Women's Worlds Congress. 2017. (Anais do Seminário Internacional fazendo gênero).

Portas de entrada na clínica com bebês – suposição do sujeito e retificação subjetiva

A escolha do ponto de entrada no caso favorece o manejo escolhido e delimita a entrada do analista no caso, mas não ainda o da escrita. Há uma lógica que preside o formato de atendimento: a escolha dos terapeutas, a escolha por duplas no acolhimento da família, a atuação entre cuidadores e bebês de forma simultânea ou separada, tudo isso tem uma direção de tratamento como referência. No método de Lacan de apresentação de pacientes, por exemplo, o público presentifica a regulação do imaginário, seja o do clínico ou o do paciente, em sua função de testemunho, como terceiro. Por isso, na escrita de um caso ou de uma lógica institucional, esse método de trabalho pode ser esclarecido.

Chama nossa atenção algo que é de praxe no caso do bebê: as confusões gramaticais que só localizamos quando lemos. Isso é tão marcante que aponta um traço estrutural na escrita sobre a clínica de bebês. No caso sobre o bebê e seus cuidadores, temos a necessidade de contar os dados da história de seus cuidadores, pois consideramos relevante situar a história familiar. Esse ponto permite distinguir o que tem relação com as questões do bebê, como sujeito, e as questões do bebê como parte de uma rede simbólica. Por vezes, na escrita, ficamos confusos com o relato produzido e não sabemos quem é o sujeito do acontecimento que escrevemos e como se deu sua narrativa. Não podemos atribuir essa dificuldade apenas a uma insuficiência do autor no domínio da escrita, pois parece ser um equívoco estrutural da clínica com bebês, que é um não falante em início de constituição. Por isso, os sujeitos, a temporalidade (presente, passado, futuro) e os atributos aparecem misturados, comparecendo insistentemente trocados no relato do caso. Por vezes, o que não se escreve e aparece como confusão no texto denuncia esse ponto.

Na leitura de um dos casos em grupo, percebemos que as primeiras páginas, divididas em três itens de apresentação do caso, não falavam ainda do bebê propriamente dito. O primeiro texto apresentou a instituição, a modalidade de atendimento, a história de chegada do bebê na instituição e a história do nascimento da criança. O bebê só se esboçou no quarto item desse texto. Essa é uma questão que se decantou lendo sobre esse caso. Parece que a própria escrita fez muitas voltas antes de *fazer caso* da criança, de olhar para a criança, como se não apenas seu cuidador o protegesse (como descrito nas primeiras páginas do relato), mas a própria analista que escreve sobre ele também o protegesse. Assim, por vezes, podemos ler no modo de escrita de um caso o que ela denuncia sobre o tratamento.

A escrita também demonstra quando propagamos preconceitos e estereótipos teóricos. Muitas vezes se diz, na descrição do caso, que tal cuidador não se demonstra permeável durante o tratamento. Esta se torna apenas uma maneira de sustentar algo que já custou caro à psicanálise com crianças, na ideia de que a criança está totalmente submetida à uma função de agente materno. Conforme discutimos brevemente no item anterior, a forma de questionar os cuidadores em uma anamnese, bem como a modalidade de escrita sobre a função de agente materno ou sobre os próprios cuidadores faz emergir essa posição de mestria também com relação à teoria. Se insistimos em afirmar que a criança está submetida a uma posição permeável ou não de seu cuidador, essa forma de situar a função do agente materno é impregnada de um certo imaginário teórico. O bebê não é uma tábula rasa que sofre as consequências dos comportamentos parentais e ambientais, esse é um viés imaginário da teoria. Há uma singularidade do bebê, que constrói convocações e respostas ao Outro na relação com seus agentes parentais, e há o contexto do agente materno com suas particularidades, todos no mesmo quadro. Trata-se de uma relação em que os dois se enrolam e quando é possível ao clínico ler, não apenas o fantasma na função de agente materno, mas os atos do bebê, ele se mantém aberto para não resumir o bebê a sua relação direta e imediata como pura especularidade de seu agente materno. Em alguns casos, há uma relação muito grande entre a história materna e o que se supõe no modo como o bebê responde, dado que o cuidador, na função de agente materno, está perpassado também por elementos transgeracionais, incluído no quadro, estando também submetido a eles.

Atender o bebê que depende tanto do investimento de um outro para se enganchar é muito complexo, pois a qualquer momento tudo pode mudar e é preciso insistir na aposta de endereçamento ao bebê, porque ele pode não responder agora, mas pode responder em algum momento. Prestamos atenção nas nuances, como por exemplo, a maneira de um bebê se referir a voz do agente materno, do agente paterno, ou a um outro tom de voz; se percebe uma diferença entre a voz que ele escuta e de onde vem essa voz; se notamos uma diferença de voz na qual ele está sendo convocado. Será que o bebê aponta ou dá sinais sobre a demanda, sobre o que não estão demandando dele, mas estão comparecendo no campo dele?

Para o bebê, o que é reconhecido como uma intimação a alienação no Outro? Parece que o bebê escolhe a quais invocações responder, que não necessariamente são as vozes que estão convocando-o diretamente e esse dado sobre sua resposta não é arbitrário. Apostamos nas nossas interpretações clínicas, nas leituras que fazemos dos atos dos bebês, por isso cabe perguntar a partir de quais indícios do bebê que interpretamos suas respostas. As intervenções clínicas que produzimos a partir das hipóteses construídas por nossas leituras atingem o bebê? Trata-se de uma tática apostar em uma intervenção clínica ao mesmo tempo em que duvidamos e desconfiamos de nossa interpretação. Nessa suspensão de uma certeza, deixamos espaço para o bebê se pronunciar e, a partir de sua resposta, verificamos se ele responde à interpretação como um enigma que franqueia outras manifestações.

Há, portanto, uma diferença entre o marco inicial – porta de entrada para a inclusão do analista no caso, e a escolha de introdução na escrita do caso clínico. Enumeramos um percurso que orienta a escrita da clínica com bebês: 1. Porta de entrada; 2. Sinais do bebê; 3. Como é estabelecida a relação com o bebê?; 4. Quando e como ele responde?; 5. Como a fala dos cuidadores se inclui na cena?; 6. Qual jogo jogam com o bebê?; 7. Como é quando introduzem algo novo?; 8. O que reconhecem como próprio da criança?; 9. Acrescentam ou desprezam elementos (choro, movimentos, mal-estar, bem-estar, contrações do bebê etc.)?; 10. Quais efeitos do contexto e do terapeuta sobre os cuidadores e sobre a criança?

Essas questões disparadoras podem orientar a sistematização das três camadas de escrita. Para isso, nos questionamos sobre o que pode ter acontecido no atendimento que permitiu uma virada na direção do caso. Trata-se de um exercício que permite a leitura da intervenção *a posteriori*, na passagem à escrita do relato direcionada à supervisão.

O primeiro item, intitulado Porta de entrada, serve como bússola para a escolha do filtro teórico e para o que cada analista define como seu ponto de entrada no caso. Para Daniel Stern,[262] a porta de entrada (ou foco clínico) permite que as representações do terapeuta e do observador sejam levadas em conta para a intervenção com as famílias, visto que essa observação é feita nos detalhes, na particularidade dos encontros cuidadores-bebê, nas emoções, nas falas etc. Há uma diversidade de olhares clínicos que levam o profissional a escolher diversos modos de investigação possíveis. De acordo com cada teoria, há um objetivo, um alvo de intervenção e de escolha de olhar, mas é a porta de entrada (fonte da informação clínica) que determina quais técnicas e teorias serão utilizadas, que direção será dada ao caso e qual abordagem terapêutica será utilizada.

Vale ainda nos interrogarmos sobre a retificação que a clínica com bebês coloca em jogo: trata-se de uma retificação da história ou subjetiva? Quando o sujeito entra em análise, há uma mudança de posição subjetiva que implica a responsabilização pelo uso da fala, por seu sofrimento e por sua queixa. Essa é a retificação subjetiva, ou seja, o modo como o sujeito se implica no seu sofrimento é uma operação fundamental para o começo de uma análise. A retificação da história é outra coisa. Algo só se torna história de um sujeito quando ele a retifica, implicando-se nela. Desse modo cabe ao analista estar ao que incide do contexto para compor o decantar da retificação da história, muitas vezes fundamental na torção subjetiva.

Leitura dos sinais do bebê e de seu campo de relação – a interpretação

Ao formular algo para criança durante a sessão, ao estabelecer vínculo com a criança e, através da palavra, interpretar o que se passa com ela, existe um objetivo indireto que é o de apontar, para o cuidador primordial, que reconhecemos o que essa criança é capaz. Trata-se de

---

262 STERN, D. *A constelação da maternidade*: o panorama da psicoterapia pais-bebê. Trad. M. V. A. Veronese. Porto Alegre: Artes Médicas, 1997.

transmitir que o bebê tem uma intenção sem palavras, apontando-o em ato para os agentes parentais. Mas há outro passo que incide sobre a criança. Trata-se de localizar o que a criança responde. Esse é o cerne da nossa prática na clínica com bebês: em que momento a criança se deixa fisgar pelo que lhe foi dito?

Essas elaborações intermediárias nos permitem retornar ao texto e reescrever. Allouch[263] estuda e retoma o processo de decifração dos hieróglifos, lidos como sinais escritos, sobre os quais se fazia uma hipótese sobre o que esse sinal quereria dizer. Assim, a partir da significação de uma marca qualquer se faz uma hipótese. No segundo momento, é possível tomar a hipótese como um objeto. Ou seja, na situação clínica, nós a localizamos, escrevemos e transpomos o objeto, que já não é mais o acontecimento clínico, passa a ser a escrita da clínica. A modalidade pela qual, do acontecimento da clínica, se transpõe à escrita da clínica, faz uma operação de transposição de objeto.

Allouch[264] apresenta três tempos e operações que testemunham uma metodologia de escrita da cifra: a tradução,[265] a transcrição e a transliteração. A operação de transliteração é uma possibilidade de regular o escrito a partir da letra. É uma leitura literal da letra, efeito *a posteriori* das operações de tradução e de transcrição. Escrever o escrito é cifrá-lo, e com a operação de transliteração, lemos a letra no escrito e assim passamos a uma outra escrita.

A letra se transforma no objeto que permite localizar, na escrita, o que foi importante no acontecimento clínico. Nessa passagem da transformação de um elemento figurado (quadro do acontecimento clínico) em outro objeto, localizamos a hipótese interpretativa: em qual ponto se incidiu e o que se produziu. O que está em jogo nessas transposições é a mudança de objeto. Quando observamos o brincar

---

263 ALLOUCH, Jean. *A clínica do escrito*: transcrever, traduzir, transliterar. Rio de Janeiro: Campo Matêmico, 1994.

264 ALLOUCH, Jean. *A clínica do escrito*: transcrever, traduzir, transliterar. Rio de Janeiro: Campo Matêmico, 1994.

265 Falamos sobre a tradução no item 2 deste texto.

de uma criança, quando lemos o jogo na sessão com a criança, lemos os manejos interpretativos possíveis em suas respostas simbólicas a algo.

Nos relatos que partilhamos em grupo, percebemos que as intervenções realizadas pelos analistas não eram escritas. As intervenções provocavam algumas mudanças, mas elas não compareciam na escrita. Era como se uma passagem subjetiva tivesse se dado de forma natural. Só localizamos as intervenções porque partimos da proposição de que o analista está inserido na cena clínica. Sua presença e suas intervenções operam mudanças na cena clínica e por isso elas precisam ser inseridas na escrita, senão escapam. É difícil cernir o que foi o ato propriamente dito, se foi uma fala, um gesto ou silêncio, mas é significativo circunscrever o que teria causado tal elisão no registro. É justamente essa intervenção esquecida que faz efeito, trazendo uma mudança.

A psicanálise nos ensina que a realidade é psíquica. Objetivarmos essa realidade é a dificuldade de transformá-la em transmissível. Se estamos construindo e localizando as camadas de um caso, para torná-lo público, vale interrogar o que precisa ser publicado e o que é transmissível. A escrita acontece fora da sessão e essa impressão produz uma posição êxtima, que não é de fora ou de dentro, mas de borda. A escrita permite uma decantação que necessita ir além da mera sucessão de acontecimentos, da cronologia. Quando escrevemos sobre o caso, nos distanciamos da cena analítica, mas nos aproximamos da tessitura do caso, lemos o que não era perceptível e transpomos essa leitura para a escrita. A escrita permite localizar o que circula, qual é o trajeto que o caso faz antes de retornar ao mesmo lugar: o que do caso circula na história e retorna, nos circuitos da repetição, o que se repete quando isso se repete? O saber epistêmico que sustenta nossa intervenção é insuficiente, pois o caso sempre nos surpreende como um enigma.

Outro aspecto importante é o efeito de descontinuidade. Sobre a díade imaginária "agente materno-bebê", Lacan[266] enfatiza que ela nunca existiu, pois qualquer distância que se coloque entre o bebê e

---

266 LACAN, Jacques. "Observação sobre o relatório de Daniel Lagache". *In*: ______. *Escritos*. Rio de Janeiro: Zahar, 1998.

o agente materno já implica a presença do Outro, que é um terceiro elemento. A descontinuidade entre o agente materno e a criança produz uma relação simbólica na qual as duas estariam referidas. Todos os significantes dirigidos ao bebê marcam essa descontinuidade, uma separação, mesmo que imaginariamente eles estejam em continuidade.

Os desdobramentos do caso indicam a direção do trabalho. O que é inicialmente circunscrito como a história da família e do bebê, ao longo do tratamento, indica também o que não foi contado nessa narrativa, pois emerge aos poucos do contexto familiar. Ler e abrir espaço para as fragilidades dos sujeitos no caso é importante. Na clínica com bebês, uma identificação dos cuidadores ao bebê faz uma congruência das fragilidades que podem ser o eixo central no trabalho de um caso e é comum ser exatamente esse o ponto suprimido do escrito. O que não se escreve diz muito da direção que se tomou no caso: a maneira como acontece a entrada de um terceiro, da descontinuidade e no difícil manejo dessas operações que se sobrescrevem no ponto de convergências de fragilidades é um ponto muito delicado no trabalho com bebês. Lemos algo que já está escrito sobre os índices da fusão com o bebê e também do que já está escrito desde o princípio como uma triangulação possível.

As interrogações e os desdobramentos que surgem do andamento do caso e das interpretações são escritas no texto. Não registramos apenas o acontecimento clínico, inserimos inclusive as interrogações sobre as apostas interventivas que fizemos e o que elas provocaram ou como incidiram no caso. Escrevemos sobre uma aposta clínica em que hipóteses de leitura e a transmissão também se localizam no fazer do analista. O que lemos como pistas para nossas tentativas de interpretação nem sempre estão contempladas no escrito, ou aparecem apenas de forma subliminar. No tempo de escrita podemos recuperar os nossos atos e intervenções para localizar o percurso lógico da clínica: O que nos faz tentar uma intervenção e não outra? Quais hipóteses sustentamos? Quais raciocínios clínicos aparecem e se delineiam? Todo esse percurso que parece inicialmente intuitivo durante os atendimentos pode-se escrever, deixando claro no texto o que parecia subliminar, que ficava desaparecido e sem registro. Um escrito da estrutura da criança começa a aparecer.

Para abordar a interpretação na clínica com bebês, é preciso retomar esse conceito e seu uso polêmico. A respeito do trabalho interpretativo nos sonhos, Freud[267] o descreveu como uma operação que intenciona alcançar o conteúdo latente a partir de seu conteúdo manifesto, ou seja, a interpretação freudiana visa uma operação de decifração do inconsciente a partir de sua estrutura linguageira. A interpretação psicanalítica visa revelar o trabalho de cifra inconsciente, possibilitando sua leitura e sua insistência por se fazer representar. Portanto, o inconsciente cifra e o analista, com a interpretação, lê o que está escrito numa linguagem (como a linguagem dos sonhos ou a linguagem falada). A interpretação psicanalítica só é possível se o analista escuta para além dos enunciados e seus sentidos, ou seja, se lê a lógica inconsciente, que o próprio sujeito já enunciou, e que está em jogo na estrutura mesma de enunciação.

Vorcaro[268] retoma questões abordadas por Lacan[269] para situar a posição do analista na clínica com crianças: "Quem é o analista? Aquele que interpreta tirando proveito da transferência? Aquele que a analisa como resistência? Ou aquele que impõe sua ideia de realidade?".[270] A partir dessa perspectiva é possível situar de que lugar se faz a interpretação, pois o critério de sua pertinência é reconhecido no material que vier a surgir depois dela.

Os únicos indicadores passíveis de mostrar onde a interpretação age dependem da admissão da função do significante, que permite situar onde o sujeito a ele se subordina a ponto de ser subornado por ele.

---

267 FREUD, Sigmund. *Conferência XI*: a elaboração onírica. *In*: *Obras Completas*. Rio de Janeiro: Imago, 1996. (ESB).

268 VORCARO, A.M.R. "Transferência e interpretação na clínica com crianças autistas e psicóticas". *Estilos da Clínica*, vol. 4, nº 7, São Paulo: USP, 1999.

269 LACAN, Jacques. "A direção do tratamento e os princípios de seu poder". *In*: ______. *Escritos*. Rio de Janeiro: Zahar, 1998.

270 LACAN, Jacques. "A direção do tratamento e os princípios de seu poder". *In*: ______. *Escritos*. Rio de Janeiro: Zahar, 1998.

Para decifrar a diacronia das repetições inconscientes, a interpretação deve introduzir, na sincronia dos significantes que nela se compõem, algo que, de repente, possibilite a tradução, precisamente aquilo que a função do Outro permite no receptáculo do código, e é a propósito dele que aparece o elemento faltante. Assim, a interpretação só pode produzir algo novo pelo efeito do significante no advento do significado. Ela se fundamenta no fato de o inconsciente ter a estrutura radical da linguagem e do material que funciona nela segundo leis das línguas efetivamente faladas.

Na clínica com bebês, a criança não fala, mas está submetida ao campo simbólico. Por isso, Fernandes[271] desdobra a interpretação na clínica com bebês que não falam a partir de intervenções clínicas que se dirijam não apenas aos cuidadores, falantes, mas também ao bebê. Ela descreve quatro possibilidades interventivas: 1. As explicativas, em que o terapeuta se dirige ao bebê narrativizando acontecimentos da história do bebê durante a sessão, como um banho de palavras no corpo do bebê; 2. As verbalizações, em que os analistas interpretam as projeções fantasmáticas dos pais e seus efeitos no corpo do bebê, permitindo a nomeação das resistências em jogo durante o tratamento; 3. A tradução dos movimentos do bebê em palavras, realizada pelo analista. Os gestos e emissões sonoras do bebê pré-determinam e guiam o momento de intervenção do analista; 4. O uso do manhês como forma de especularizar a fala materna dirigida ao bebê, que tem efeitos de ativação do circuito pulsional entre o bebê e seu agente materno. A autora sugere também que o próprio bebê alcança uma capacidade de leitura do Outro, o que chamou de transcrição transitiva, uma leitura das insígnias do Outro, que o bebê realiza – com o real de seu corpo – na sua imersão na linguagem.

Se considerarmos a possibilidade de reconhecer, nas manifestações de uma criança, sua condição de estruturação sustentando a lógica de constituição subjetiva a partir da teoria lacaniana, como afirma

271 FERNANDES, C. M. *Psicanálise para aqueles que ainda não falam?* A imagem e a letra na clínica com o bebê. Salvador: Instituto Viva Infância, 2011.

Vorcaro,[272] localizamos, a partir das intervenções, marcas que balizam a sua constituição subjetiva, reconhecendo as senhas que poderão permitir operar sua leitura. A interpretação implica nas operações de tradução, transcrição e transliteração, citadas no início deste item. Na clínica, elas entrecruzam-se numa trama, mas nem por isso podem deixar de ser distinguidas.

Vorcaro descreve algumas operações que podem ser reconhecidas como intervenções: 1. A pontuação do complexo significante, que se aproxima da tradução, distingue diferentes conjuntos de elementos em jogo, permitindo uma primeira demarcação temporal. A condição para que essa intervenção aconteça é que a criança seja tomada como enigma, resultando em uma suposição do sujeito, o reconhecimento de um Outro ao qual está submetido e uma interrogação desta relação; 2. A seriação, como um modo de barrar o imaginário contido na pontuação e se assemelha à transcrição, uma operação de listagem dos conjuntos e funções dos elementos simbólicos que estão em jogo na composição mitológica da história do bebê, revelando sua lógica em andamento; 3. O deciframento, que se assemelha à transliteração e promove o aparecimento da trama tecida pelos significantes, situando o valor das manifestações e dos impasses que constringem o bebê e sua constituição.

Trata-se de localizarmos o que escolhemos interpretar, a partir das diversas modalidades possíveis de intervenção, e reconhecer que há uma aposta que a sustenta. No encontro com a criança, avaliamos se ela se insere no jogo que fazemos com ela e se responde a nossa intervenção. Sua resposta implica uma abertura à possibilidade de instituição de um jogo simbólico no qual ela se engaja, reconhecendo a articulação e concatenação dos elementos. Notamos que a criança percebe o contexto e pode se localizar numa diferença com o cuidador, revelando a singularidade de sua resposta. O modo como ela se engaja no jogo com o analista, em um contexto diferente do cuidador, deflagra um discernimento na qual ela se diferencia do cuidador sem sair do jogo.

---

272 VORCARO, A. M. R. *Crianças na psicanálise*: clínica, instituição, laço social. Rio de Janeiro: Companhia de Freud, 1999.

Aqui está marcado um dos eixos da responsabilidade ética do analista na clínica com o bebê. A partir desta leitura, podemos construir uma hipótese, pois aí localizamos o rastro do sujeito.

A escrita da clínica e o lugar da teoria

A construção da teoria psicanalítica foi feita a partir de diversos retornos e reescritas a partir das primeiras hipóteses freudianas. Freud nunca desconsiderou suas hipóteses iniciais, e foi adicionando a elas novos desdobramentos e hipóteses as quais já havia escrito. Esse movimento denota um passe intermediário necessário para construção de novas hipóteses.

Segundo Monzani,[273] a escrita freudiana acontece em movimentos, como uma espiral e o pêndulo. Com o movimento espiral, Freud avança no tratamento de questões e as retoma continuamente, sendo que a cada retorno as camadas são complexificadas e conceitualmente sofisticadas. No movimento do pêndulo, Freud oscila entre saídas teóricas que são opostas, mas que permitem escrever a resistência de captura de um conceito não estático, no instante mesmo de sua elaboração. A metáfora da espiral cilíndrica de Monzani descreve a constituição de um estilo de escrita freudiana como um registro de camadas e movimentos que podem ser lidos como sua metodologia, que permitiu avanços teóricos em torno de impasses que ressurgiam no próprio avanço de suas hipóteses.

A escrita teórica de Freud apresenta circuitos com movimentos e paradas em que um escrito não desfaz o outro, mas inclui novas possibilidades. Sua obra se torna um grande circuito feito de diversas camadas que se fazem em torno de um umbigo, o indizível que tentamos transmitir. Ele retoma temas que ficaram estagnados, engasgados, que apura numa nova volta. Freud não faz isso com a obra inteira, mas com os pontos em que precisa elucidar algo que havia se apresentado

273 MONZANI, L. R. *Freud*: o movimento de um pensamento. Campinas: Editora da Unicamp, 1989.

como questão, mas que exigiu outras voltas para ser formulado. O texto dos Três ensaios sobre a teoria da sexualidade é um exemplo de sua metodologia. Ele escreveu e reescreveu esse texto durante vinte anos. Os acréscimos de 1910, 1915, 1920 e 1924 inicialmente se apresentam com o intuito de estreitar e acrescentar argumentos em favor de uma hipótese, no caso sobre a existência da sexualidade infantil, mas, além disso, demonstram uma independência, propiciada pela influência de textos importantes que foram sendo produzidos durante esses anos, e apesar de mudanças fundamentais, estas foram reescritas em espiral num mesmo texto.

Outro ponto fundamental para a escrita da clínica com bebês é a consideração do corpo na especificidade desta clínica. A escrita de um caso passa pelo que o analista paga com a oferta de sua palavra e seu corpo. O caso atravessa o analista para além da chamada abstinência analítica,[274] convocando-o a emprestar seu corpo ao tratamento. Escrever sobre essa especificidade da clínica com bebês dá uma outra dimensão à consideração do real e dos efeitos que esta clínica provoca no corpo do analista, nos levando à constatação que o tempo e o espaço são topológicos.

---

274 Sobre o tema da transferência, Freud [1915] afirmou que o amor de transferência pode ser decisivo para a cura, mas apenas se o psicanalista não o corresponder, instituindo, assim, o princípio de abstinência. Lacan [1936] demarcou uma posição diferente das leituras pós-freudianas da noção de abstinência analítica. Para ele, a psicanálise é uma experiência de linguagem, sendo a abstinência uma recusa, por parte do analista, em ocupar a posição de interlocutor. Para Lacan [1957-58], o psicanalista se abstém de responder à demanda, mas não pode se isentar em responder a partir da transferência. Logo, a fala e a intervenção do analista dependem diretamente da leitura dos atos e manifestações de linguagem do analisante. Costa & Leite (2016) traduzem a regra da abstinência como um dos enunciados sobre a interdição do analista de gozar da cena fantasmática, condição necessária para que o insabido do inconsciente seja transposto pela fala na transferência; FREUD, Sigmund. "Observações sobre o amor de transferência". *In*: *Obras completas de Sigmund Freud*. vol. 10, São Paulo: Cia das letras, 2010; LACAN, Jacques. "Para além do princípio da realidade". *In*: ______. *Escritos*. Rio de Janeiro: Zahar, 1998; LACAN, Jacques. As formações do inconsciente. livro 5, Rio de Janeiro: Zahar, 1999. (Coleção Seminários); e COSTA, A.; LEITE, N.V. "A escrita do caso". *Lacuna - uma revista de psicanálise,* 2016.

A passagem entre a palavra e o corpo é circunscrita por Lacan[275] como um passo *(pas)* de escrita que escreve o inscritível tensionado entre simbólico e real. Ele nos apresenta uma função do escrito que não se lê porque não pode ser capturada. O termo *pas*, em francês, permite essa dupla possibilidade de leitura: *pas* é passo, mas também é a marca da negação. Há uma tensão no texto e nos gestos da criança que registramos, mas existe algo que não se consegue escrever por não reconhecermos que, entretanto, pode ser o que estrutura tudo o que pudemos registrar. Isto porque não temos os elementos que compõem o caso, permitindo sua transposição, por nos escapar o modo de ler o acontecimento em outro registro, ou porque é um registro indizível e tensiona todos os outros registros dizíveis. Dizível, porque já é uma transposição relatar o que a criança faz com o que dizemos.

A escrita implica outra transposição, que situe e bordeje o que só pode comparecer no hiato, como interrogação. Esta se apresenta em repetição, concernida a outras cenas. São várias camadas. Lacan[276] afirma que esse é o cerne da clínica e, posteriormente, retoma este ponto para caracterizar a clínica psicanalítica como o real enquanto impossível de suportar. Em tudo que podemos escrever há algo real. Há o impossível de ser formalizado. Como posso formalizar um gesto da criança que não consigo sequer nomear? Como posso falar disso que não se escreve? O real é o que não cessa de não se escrever, mas que persiste. O máximo que se faz com ele é encurralá-lo com o simbólico, arrancando-lhe um raminho.[277]

Escrever um caso é uma tentativa de constringir o que um caso tem de real. O que não se escreve é uma função para não se escrever. A cada reescrita que fazemos dos casos, um *pedacinho de real*[278] vai chegar a

---

275 LACAN, Jacques. *De um discurso que não fosse semblante*. livro 18, Rio de Janeiro: Zahar, 2009. (Coleção Seminários).

276 LACAN, Jacques. “Abertura da seção clínica”. *Revista Traço*, nº 0, Recife: Traço Freudiano, 2019.

277 LACAN, Jacques. *Os não-tolos vagueiam*. livro 21, Salvador: Moebius, 2016. (Coleção Seminários).

278 A escrita interessa Lacan (1975-1976) pois, “historicamente, foi por pequenos pedaços de escrita que se penetrou no real, a saber, que se cessou de imaginar. A

comparecer, mas ficará sempre um não escrito. É o que funciona dessa maneira, até o instante em que se consiga chegar à teorização do caso, cernindo o ponto que esse pedacinho de real se dá a ler na reescrita. A cada volta, a cada caso, essa reescrita pode contemplar o que não se escreveu. Na escrita está em jogo a possibilidade de fazer o litoral entre o simbólico e o real.

Freud, teorizando sobre o inconsciente, falava de dois núcleos patógenos: o sexo e a morte. Durante uma análise, alcançaríamos o núcleo patógeno, o conteúdo que provoca a resistência. Hoje, sabemos que o sexo e a morte não são um conteúdo em si, mas os modos de escrita de uma função que não se escreve, como nomeou Lacan. No sexo e na morte há o real. Falamos de sexo e de morte porque a impossibilidade de alcançá-los com a linguagem é estrutural. O que podemos fazer dessa impossibilidade é escrevê-la a partir de vários ensaios, camadas, releituras e reescritas.

Lacan[279] retoma o conceito do umbigo do sonho freudiano para afirmar que a escolha pelo termo não foi arbitrária. É de umbigo materno que se reproduziu um corte do cordão umbilical da placenta materna. É por ter nascido daquele determinado ventre que o sonhador se situa de certa maneira no campo simbólico, como excluído de sua própria origem. A escolha de Freud pelo termo, para nomear uma marca que surge no sonho como ponto de limite ao acesso pela linguagem, é uma forma de localizar a marca dessa exclusão cifrada no sonho. O umbigo é a representação de uma marca que o sujeito retém do ponto mesmo em que ele estava excluído, mas de onde pôde surgir um fio que será tecido de sua constituição subjetiva.

Como todos nós, a criança é um para-ser, um projeto de ser alguém para seu meio familiar, ela não nasce com uma estrutura já

---

escrita de letrinhas, letrinhas matemáticas, é isso que sustenta o real (...) quando se escreve pode-se bem tocar no real", LACAN, Jacques. O Sinthoma. livro 23, Rio de Janeiro: Zahar, 2007, p. 66. (Coleção Seminários).

279 LACAN, Jacques. "Réponse de Jacques Lacan à une question de Marcel Ritter". Lettres de l'EFP, nº 18, 1976.

dada, ela é uma aposta. Mas o que ela é enquanto estrutura subjetiva? O nome e o contexto familiar que insere a criança numa geração e que lhe dá atributos é um erro necessário. Segundo Lacan,[280] essa fantasia é depositada sobre a criança, mas o modo de tecer esses atributos, predicados, como se fosse um fio nesse tecido é o fazer da criança, que vai amarrar os vários fios dos atributos que os cuidadores deram a ela. Esses atributos são sempre impostos porque a criança começa no vazio. Ela vai ser o que puder trançar do que é oferecido a ela, se localizar o buraco do discurso onde ela pode se alojar, conjunto vazio como o umbigo do sonho, a partir do qual não conseguimos mais acessar nada. O umbigo é uma cicatriz sobre uma ferida, é o vazio em que se sustenta a possibilidade de o sujeito vir a ocupar esse vazio. Por isso o vazio é constitutivo. Não se trata de sermos incompetentes para lê-lo, pois o vazio nos permite localizar como a costura é feita. Não está dado.

Considerando que o umbigo do sonho é um furo e tem relação com o real, é a partir do movimento de escrita em torno dessa marca que podemos considerá-la não como uma lacuna, mas como uma marca indeterminada de uma trama que se dá a ler e, portanto, se torna possível de ser escrita.

Conclusão

Ao encerrarmos, neste capítulo, nosso percurso sobre a escrita na clínica de bebês, tocamos no ponto de encontro entre o real e o simbólico que dá origem ao trançamento constitutivo do sujeito e também a mitologia de sua origem. Desta forma, nos caberia questionar: *Por quais pontos teóricos a psicanálise permite ler o bebê para escrevê-lo? Qual é o arsenal teórico disponível em psicanálise para ler o corpo do bebê?* Partiríamos dos trabalhos desenvolvidos sobre a teoria do circuito pulsional e seus impasses específicos no tempo da primeiríssima infância? Ou avançaremos pelo

280 LACAN, Jacques. *Mais Ainda.* livro 20, Rio de Janeiro: Zahar, 1982. (Coleção Seminários).

campo simbólico e sua constituição em torno de uma leitura do corpo biológico? Poderíamos, ainda, insistir nas discussões sobre a incidência do real no corpo e seus efeitos nas psicopatologias infantis?

De todo modo, cabe destacar que o conceito de corpo, a noção de movimento, a incidência da temporalidade e a insistência do contexto e circunstâncias de vida como marcas do simbólico parecem ser quatro índices a considerar no trabalho analítico de leitura do corpo do bebê. Esse corpo se constitui na relação de trocas entre seus cuidadores, "uma coreografia que envolve espaço e tempo na relação de trocas com o agente materno contornando o furo".

Parece-nos que a leitura costurada com os tempos lógicos de Lacan pode ser frutífera como um dos aspectos a serem formalizados para a escrita do caso. O *instante de ver* é o tempo para a instauração da direção de um campo. Nesse tempo aparecerão os tropeços, os possíveis somatórios de *a prioris*, nossos vícios de analistas, até mesmo uma teoria em bloco, elementos que tem também a função de esconder o caso.

No *tempo para compreender*, há o que podemos chamar de articulação entre o campo e o contexto, em que separar elementos, escolher as palavras, ler-se no texto, parecem fundamentais. Descobrimos um recurso para ajudar a decantação de elementos na busca do caso: separar arbitrariamente o escrito em três partes, dado que a escolha desses cortes já se escreve como o aparecimento do autor, ou seja, de um sujeito do escrito. O que faz os cortes serem realizados de tal ou tal forma? Em que momento divide o relato do caso?

Quando chegamos à pergunta *o que eu estou escrevendo quando escrevo isso?,* ela inaugura o terceiro tempo, possivelmente que poderá ressignificar o primeiro instante de ver. Desse modo, será possível então dar um ponto de basta no escrito, momento *de concluir.*

O processo de escrita e suas camadas, nos encontros de supervisão, leitura dos textos e discussão coletiva, desenha a história de uma construção. Trata-se de uma experiência desafiadora, que a cada encontro, a leitura dos relatos permitiu revisão e reescrita do caso. Durante o percurso coletivo de leitura, escrita e reescrita, seus autores perceberam o trajeto de escrita do caso de forma mais autoral, permitindo que, o que surge a partir do caso possa se transformar em um escrito. A sistematização não é apenas do que foi experienciado na clínica, mas das hipóteses que são recolhidas *a posteriori*, na leitura das interpretações e intervenções realizadas, bem como da interlocução clínica com a teoria específica para aquele caso. Todo esse processo testemunhou o que chamamos de uma escrita de caso clínico, na especificidade da clínica com o bebê que necessita decantar o nó do puro buraco espaço de uma não palavra

Referências bibliográficas

ALLOUCH, Jean. *A clínica do escrito*: transcrever, traduzir, transliterar. Rio de Janeiro: Campo Matêmico, 1994.

COSTA, A.; LEITE, N.V. "A escrita do caso". Lacuna - uma revista de psicanálise, 2016. Disponível em: http://revistalacuna.com/.

EMICIDA. *Amarelo*: é tudo pra ontem. Direção: Fred Ouro Preto. Produção Evandro Fióti. Brasil: Netflix, 2020.

FERNANDES, Claudia Mascarenhas. *Psicanálise para aqueles que ainda não falam?*: a imagem e a letra na clínica com o bebê. Salvador: Instituto Viva Infância, 2011.

FREUD, Sigmund. *Sobre lembranças encobridoras*. Trad. André Carone, 2020. Disponível em: https://filosofia.unifesp.br/images/LEMBRAN%C3%87AS_ENCOBRIDORAS_Trad._A._Carone.pdf/. Acessado em: 26.11.2021.

FREUD. Sigmund. "Recordar, repetir e perlaborar". *In*: *Obras incompletas de Sigmund Freud*. Belo Horizonte: Editora Autêntica, 2014.

FREUD, Sigmund. "Observações sobre o amor de transferência". *In*: *Obras completas de Sigmund Freud*. vol. 10, São Paulo: Cia das letras, 2010.

FREUD, Sigmund. *Conferência XI*: a elaboração onírica. *In*: *Obras Completas*. Rio de Janeiro: Imago, 1966. (ESB).

LACAN, Jacques. "Para além do princípio da realidade". *In*: ______. *Escritos*. Rio de Janeiro: Zahar, 1998.

LACAN, Jacques. "O tempo lógico e a asserção de certeza antecipada". *In*: ______. *Escritos*. Rio de Janeiro, Rio de Janeiro: Zahar, 1998.

LACAN, Jacques. *As formações do inconsciente*. livro 5, Rio de Janeiro: Zahar, 1999. (Coleção Seminários).

LACAN, Jacques. *A transferência*. livro 8, Rio de Janeiro: Zahar, 1992. (Coleção Seminários).

LACAN, Jacques. "Observação sobre o relatório de Daniel Lagache". *In*: ______. *Escritos*. Rio de Janeiro: Zahar, 1998.

LACAN, Jacques. *De um discurso que não fosse semblante*. livro 18, Rio de Janeiro: Zahar, 2009. (Coleção Seminários).

LACAN, Jacques. *Mais Ainda*. livro 20, Rio de Janeiro: Zahar, 1982. (Coleção Seminários).

LACAN, Jacques. *Os não-tolos vagueiam*. livro 21, Salvador: Moebius, 2016. (Coleção Seminários).

LACAN, Jacques. *O Sinthoma*. livro 23, Rio de Janeiro: Zahar, 2007. (Coleção Seminários).

LACAN, Jacques. "Réponse de Jacques Lacan à une question de Marcel Ritter". Lettres de l'EFP, n° 18, 1976.

LACAN, Jacques. "Abertura da seção clínica". *Revista Traço*, nº 0. Recife: Traço Freudiano, 1992.

LOPES, B. *Autismo e culpabilização das mães*: uma leitura de Leo Kanner e Bruno Bettelheim. Florianópolis: Women's Worlds Congress, 2017.(Anais do Seminário Internacional fazendo gênero).

MONZANI, L. R. *Freud*: o movimento de um pensamento. Campinas: Editora da Unicamp, 1989.

ROSA, M. "Fragmentos clínicos". Boletim Iniciativa Escola, nº 2, Belo Horizonte: EBP, 1993.

STERN, D. *A constelação da maternidade*: o panorama da psicoterapia pais-bebê. Trad. M. V. A. Veronese. Porto Alegre: Artes Médicas, 1997.

VORCARO, A.M.R. "Transferência e interpretação na clínica com crianças autistas e psicóticas". Estilos da Clínica, vol. 4, nº 7, São Paulo: USP, 1999.

VORCARO, A. M. R. *Crianças na psicanálise*: clínica, instituição, laço social. Rio de Janeiro: Companhia de Freud, 1999.

CAPÍTULO VII

AMBULATÓRIO DO BEBÊ: POR UMA CLÍNICA SOCIALMENTE CONTEXTUALIZADA

CLAUDIA MASCARENHAS, ANDREA VIANA,
CARLA DRATOVSKY, FERNANDA ROCHA DARZÉ
E PATRICIA FERNANDES

Apresentação

O Ambulatório do Bebê[281] teve início em 2016 e representa um dos eixos de trabalho do Instituto Viva Infância, Organização da sociedade civil de fins públicos, que funciona desde 2008, em Salvador, prestando atendimento clínico-público a crianças, filhos de famílias de classe popular, com idades entre 0 e 10 anos.

---

281 Agradecemos a todos os profissionais colegas que estiveram conosco por algum tempo no Ambulatório do Bebê, pois colaboraram direta ou indiretamente com essa construção. Paula Lisboa Bastos e Malu Rocha colaboraram com as discussões, e leitura final do texto.

Sua missão é "Promover a cultura da infância e trabalhar pela saúde da criança em sofrimento e sua família". Antes da criação do ambulatório como um dos pilares do Instituto Viva Infância, os bebês e suas famílias eram atendidos na clínica da infância (juntos com a clínica com crianças), mas a partir desse momento, foi então concebido como um espaço de atendimento dirigido aos bebês de 0 a 2 anos e suas famílias em situações de vulnerabilidades. O atendimento é realizado por uma equipe interdisciplinar (psicólogo, fonoaudióloga, terapeuta ocupacional, fisioterapeuta, pediatra, educadora) e sustentado no tripé: atendimento clínico, estudo teórico e supervisão, a partir do referencial da psicanálise. Trata-se da atenção ao bebê e sua família nas modalidades de atendimento conjunto pais/bebês, com supervisão em grupo, primeira consulta interdisciplinar e espaço de convivência para os bebês.

As famílias que nos procuram são, em sua maioria, encaminhadas por maternidades, centros de saúde, pediatras ou outros profissionais que conhecem o trabalho do Instituto Viva Infância. O dispositivo para a chegada da família e marcação da consulta pretende ser o mais simples possível, visando ajudar a instauração da transferência desde os primeiros contatos. Trata-se de uma primeira procura por telefone em que a secretária logo agenda uma consulta inicial para o bebê e seus cuidadores. Na premissa básica de nossa sustentação ética está a ideia de não haver fila de espera: uma criança que sofre não pode esperar.

O funcionamento do Ambulatório do Bebê se constrói a cada demanda e a cada impasse em sua trajetória, portanto, desde sempre flexível à escuta do bebê e sua família e ao contexto das circunstâncias de vida. O acolhimento e a presença considerados elementos fundamentais na clínica com o bebê e a noção da responsabilidade com a ética em intervenções no início da vida de uma pessoa, sim, o bebê é uma pessoa!

A consultação[282]

No primeiro ano do Ambulatório do Bebê do Instituto Viva Infância, nos dedicamos a criar e a formalizar uma "consultação" que,

282 O termo usado originalmente em francês é *consultation*, que é traduzido no português como consulta terapêutica, mas escolhemos correr o risco de fazer quase que um neologismo de tradução, por considerarmos que consultas terapêuticas se confunde

no nosso caso, trata-se de uma consulta inicial de longa duração e que contempla não só levantar hipóteses sobre a situação clínica, mas assume alguns manejos iniciais de efeitos interventivos, por considerarmos os efeitos do sofrimento num tempo de vida ainda tão curto como o do bebê.

A ideia de consultação que formalizamos no ambulatório tem duas claras tradições implicadas. A primeira vem Winnicott, a partir da noção de consulta terapêutica e junto com a contribuição de Lebovici posteriormente, e a segunda se origina a partir das formulações de Porge[283] sobre a função do público nas apresentações de caso.

Winnicott[284] aposta que nesse momento da consulta terapêutica se encontra presente uma alta sensibilidade dos pais, abrindo espaço para um ambiente de qualidade que favorece uma aposta frutífera de que eles mesmos podem realizar transformações necessárias ao incômodo ou sofrimento relativo ao filho. Tem-se então a promoção de uma intimidade favorável à instalação da transferência, com a confiança também do lado da criança, configurando uma espécie de momento sagrado. Esta intimidade que já se coloca em movimento a partir da marcação da consulta abre, portanto, às vésperas da consulta, o espaço para a própria transferência, como algo já preconcebido. Mas a adaptação, se é que podemos assim nomear, para a clínica psicanalítica com o bebê sobre a ideia de consultas terapêuticas foi formalizada por Serge Lebovici,[285] [286] em que são delineados dois eixos de intervenções, a observação das

---

com outro tipo de atendimento e não traz a especificidade do que os autores de origem tratam e nem traduz nosso trabalho também.

283 PORGE, Erik. "Des faits de présentation dans la psychanalyse avec les enfants". *Fragments*, nº 4, Paris, Juin, 1987. (Bulletin intérieur de l'école lacanienne de psychanalyse).

284 WINNICOTT, Donald Woods. *De la pédiatrie à la psychanalyse.* Paris: Payot, 1970. (Collection Bibliotèque Scientifique).

285 LEBOVICI, Serge. "Les liens intergenerationnels (transmission, conflits). Les interactions fantasmatiques". *In*: LEBOVICI, Serge; WEIL-HALPERN, Françoise (Coord.). *Psychopathologie du bebe.* Paris: PUF, 1989, pp. 141-146.

286 PLARD, V. "La consultation therapeutique de Serge Lebovici: un traval therapeutique direct avec le bebe". *In*: GOLSE, Bernard; MORO, Marie Rose (Coord.). *Le developpment psychique precoce, de la conception au langage.* Paris: Elsevier Masson, pp. 267-271, 2014.

interações (comportamental, imaginária e fantasmática) na consulta (pai-bebê, mãe-bebê, pai-mãe-bebê), e o trabalho com os mandatos transgeracionais (conflitos infantis dos pais, segredos e mitos familiares).

O segundo, Erik Porge,[287] que realiza um estudo sobre a apresentação de pacientes e nos interessa pelo ângulo da função do público, já que os profissionais do ambulatório participam da consultação dirigida pela psicanalista coordenadora. Longe de pleitear um lugar na tradição médica que inventou a apresentação de doentes para mostrar maestria do conhecimento ou fazer do paciente um objeto de estudo, a ideia de pensar a função do público e os efeitos dele numa primeira entrevista clínica com a família e o bebê trouxe para nós do Ambulatório a suspeita de que esse dispositivo, singularizado e contextualizado por nós, pode trazer um ganho na direção do trabalho. Porge[288] usa o termo "dispositivo" (*dis-ponere*) da apresentação de pacientes, ou seja, (de) um meio de triar e repartir posições, não somente lugares, mas também maneiras inclusive corporais de lhes habitar, e com resultados positivos. São três lugares, analista, paciente e público, que devem ser contados como quatro, porque precisam ser contabilizados com o que está presente simbolicamente: a sociedade. Esses lugares mudam de posição e o público pode estar em posição de analista, o que importa mesmo é que a diferenciação de lugares permaneça por que, enquanto dispositivo, instaura uma separação de lugares não simétricos, que reflete a divisão do sujeito, o que no caso do trabalho com o bebê ainda se tem aí a especificidade de um *momento sagrado* dessa aposta, pois tudo que é da ordem do sujeito tem esse caráter dividido, e por isso, a separação de lugares na consultação que fazemos, num primeiro encontro, traz efeitos positivos em seus diversos ângulos.

Tem-se um ainda com esse dispositivo uma forma original para um analista transmitir a outros sua própria clínica, fazendo-os inclusive participar, no próprio momento em que ela se constitui, e não apenas posteriormente. Trata-se de um caso, privilegiado, em que a transmissão da clínica é sincrônica ao que é transmitido; em que, por conseguinte,

---

287 PORGE, Erik. *Transmitir a clínica psicanalítica, Freud, Lacan, hoje*. Trad. Viviane Veras e Paulo de Souza. Campinas: Unicamp, 2009.

288 PORGE, Erik. *Transmitir a clínica psicanalítica, Freud, Lacan, hoje*. Trad. Viviane Veras e Paulo de Souza. Campinas: Unicamp, 2009.

a transmissão é parte integrante da clínica. Porge complementa essa ideia, falando dos efeitos de formação pela escuta do dizer do paciente e não pela ilustração de um saber já lá pronto, *prêt-a-porter*, uma espécie de transmissão em ato da clínica.

Na nossa prática, esse momento da consultação se faz sagrado por um conjunto de aspectos. Além dos citados como efeitos pelos autores acima, incluímos na nossa teorização clínica a captação da leitura das famílias, de que a presença dos vários profissionais juntos e dedicados a escutá-los e a ajudá-los na consultação, transmite a ideia de que a criança e família nos importam, e esse lugar simbólico instaurado pelo dispositivo tem efeito interpretativo por si mesmo.[289] Num contexto de famílias em vulnerabilidade e ainda desfavorecidas economicamente, esse lugar de acolhimento e presença, realizado ao mesmo tempo entre vários, favorece a confiança que ultrapassará as dificuldades transferenciais de possíveis diferenças culturais entre profissionais e famílias. Numa espécie de cruzamento entre acolher a mais intensa das manifestações (o excesso) e o freio de julgamentos e intervenções (a escassez), o que trabalha as tensões e apaziguamentos[290] num dispositivo em ato. Nesse sentido uma "consultação" pode ser considerada um marco na direção de um trabalho terapêutico, usualmente situado no campo institucional.

Consideramos que nesse dispositivo reinventado ao nosso estilo, a partir do nascimento de um filho, há espantos das complexidades e delicadezas pela emoção implicada nesse tempo que conjuga presente, passado e futuro num eixo único de realidade. Ou seja, a extrema sensibilidade e abertura inconsciente que prefigura e acompanha um parto[291] precisam ser acompanhados com muita delicadeza por parte dos profissionais. Existe um problema sério na própria situação do parto: ou existe um relato bem romanceado, que foi maravilhoso e sem dor, ou tem relatos fantásticos, inimagináveis. Mas o que se denota

---

289 As famílias sentem-se acolhidas e escutadas, costumam agradecer aos profissionais já no final desse primeiro encontro, dando sinais de que há um lugar para elas, pela presença e escuta atenta que instauram o enquadre clínico.

290 VORCARO, Angela. *A clínica psicanalítica com crianças*. Rio de Janeiro: Companhia de Freud, 1997.

291 Winnicott já se refere, de outro modo, a essa questão com a noção de preocupação materna primaria.

aí é que existe um momento sagrado, dado que o nascimento é um momento de abertura e fechamento do inconsciente, o encontro com algo inapreensível que é imediatamente fechado, esquecido, recalcado.

O dispositivo já tem seu caráter interventivo. Essa vivência da mãe e do pai, com o profissional que está ali, eles também estão ali para escutar o profissional, mas o profissional não sabe tudo, e isso é aconchegante para um pai e para uma mãe. Encontrar um lugar, e que seja aconchegante, um espaço simbólico de existência é um Lugar. A mãe diz que ali tem um lugar: *aqui eu chego e aqui eu falo*, os muitos olhares dão um Lugar à família afetada por uma catástrofe subjetiva. Para que o enunciado e enunciação possam aparecer entre o dito e o mostrado, entre o discurso parental e o que o bebê mostra, enfim para que isso tenha um tempo a ser decantado nessa consultação, para que se escute do que se trata, é preciso o tempo do desenrolar da sessão. Separar-se de todo percurso médico que ela passou: é também um tempo cronológico que precisa acontecer, além da consideração do tempo lógico, no caso dessa clínica, como foi falado mais acima, do amálgama entre presente, passado e futuro de modo mais contundente do que em outros atendimentos, como por exemplo, na clínica só com o adulto. É realmente de uma delicadeza imprescindível. Uma clínica da delicadeza: para que se decante o que precisa e que a criança possa aflorar. Se separar de todo percurso médico que ela passou, é um tempo cronológico que precisa acontecer, tecido claramente num necessário elastecimento do tempo lógico de compreender, tomando os três tempos de Lacan.[292]

A outra sustentação para a consultação do nosso ambulatório é a transmissão da aposta na potência das famílias para mudar o que lhes parece ser incômodo. Há também do lado do bebê ou da criança bem pequena, diante da presença de vários compartilhando o espaço, uma facilitação da potência do que em cada criança se revela para cada um dos profissionais, podendo ocorrer que ela faça laço com um ou com outro, que esteja mais descentrado da condução da consultação. A criança pode ter a liberdade de fazer laço com aquele que não está, oficialmente, "avaliando-a".

---

292 LACAN, Jacques. "Le temps logique et l'arssertionde certitude anticipee". *In*: ______. *Écrits*. Paris: Seuil, 1966.

Dado que a partir da consultação e discussão clínica entre os profissionais, logo após encerrado o dispositivo, existem várias possibilidades de encaminhamento. Há, inclusive, a aposta radical de que aquele momento já foi suficiente para mobilizar e disparar mudanças que podem seguir um caminho familiar sem intervenções profissionais, sem necessidade de intervenção direta, ficando franqueada a porta de retorno apenas se a família achar necessário. Existe também a possibilidade de o bebê mostrar suas competências para seus pais, sob nosso testemunho, sem o retraimento, que muitas vezes ocorre quando este toma formato clássico de consultas, que por vários e necessários motivos, podem lhes parecer invasivas (exames, consultório mais formal, tempo mais curto, o que exige uma resposta mais rápida do bebê). Há ainda a hipótese da continuidade do trabalho na varanda do bebê, até mesmo de consultações quinzenais ou mensais, na aposta da potência que cada família e cada bebê possuem.

Outro elemento muito significativo na função desse primeiro encontro: a consultacão efetivamente faz um corte, promove uma diferença, em todo o percurso de consultas que até então a família realizou com aquele e sobre aquele bebê. Há um primeiro patamar de corte que é a diferença em relação a uma triagem, a observação para avaliação e a consulta dos exames. E um segundo patamar, que é considerar um corte a própria escuta, que só é analítica se promove corte, analisar é separar, mas numa consultação, para além do corte de um lugar ou de uma escuta diferente, porque está em jogo a separação de enunciados e enunciação, encontramos a promoção de um outro olhar para o bebê e sua família que estão no lugar de sujeito, e não mais de objeto (por exemplo, objeto puro de estudo, ou mesmo quando tomado, pelas diferenças culturais com os profissionais, como ignorantes em sua própria condição). Além da noção de objeto estar presente em consultas onde o saber é considerado apenas do lado do profissional, o corte promovido pela consultação precisa ser o da retificação de uma posição, quando a convocação é para falar (no caso dos cuidadores) ou mostrar (no caso do bebê).

Nossa consultação é manejada por uma psicanalista que coordena a clínica do Ambulatório do Bebê, e tem uma duração prolongada (cerca de uma hora e meia). Os profissionais que participam do ambulatório integram a equipe interdisciplinar, participam da consultação de forma ativa, tanto quando eventualmente convocados pela psicanalista ou pela família, quanto pelo próprio bebê, possibilitando uma circulação da palavra e um outro olhar sobre o mesmo, desde esse início. Há uma importante função na transferência de saberes, quando a pessoa que está na função da direção do manejo da consultação realiza essa transferência de saber para os colegas, protegendo da fácil colagem do discurso universitário que obstruiria o saber do inconsciente.

Na especificidade de um primeiro encontro, para fazer aflorar o momento sagrado, do que nomeamos de consultação, na nossa clínica com o bebê consideramos três ângulos na direção do olhar: o bebê, seus cuidadores e o psicanalista. No Ambulatório do Bebê do Instituto Viva Infância, instigados pelos efeitos das circunstâncias de vida, desde a entrada do bebê e sua família na consultação (para avaliação, acompanhamento e intervenção), um quarto olhar tem se mostrado fundamental: a ênfase na noção de contexto, índices do Outro. E só então, ao final de cada consultação, na reunião da equipe se discute percepções, leituras e hipóteses sobre as necessidades, a porta de entrada no caso e a direção do trabalho.

Quadro de referências clínicas e porta de entrada

Durante esses anos de funcionamento, algumas construções teórico/práticas têm sido feitas no sentido de sistematizar e formalizar o nosso trabalho. A primeira delas foi a construção de material para ajudar a instrumentalizar a equipe, tanto no acompanhamento da própria consultação, quanto na discussão posterior, que utilizado nessa primeira entrevista tem o objetivo de identificar alguns aspectos importantes na direção do trabalho em cada caso, tais como: queixas, sinais do bebê, relações familiares, interações durante o momento, mostração, narratividade, além do que chamamos "circunstâncias de vida", elementos do contexto familiar, médico e sócio-cultural que representam uma mudança súbita e repentina em relação ao que era esperado e desejado pela família, e que nos parecem importantes para a leitura e direção do caso. Material este que nos instrumentaliza no discernimento entre fundamentos, ética, funcionamentos, e por outro lado, a fenomenologia da materialidade do bebê na consulta e do contexto familiar e cultural que compõem o Outro. Esse material é preenchido pela equipe (de modo apenas indicativo, do jeito que for possível para não atrapalhar a presença na consultação), durante essa consulta inicial e auxilia na discussão clínica que acontece depois.

Seguindo a esteira da construção do estilo do nosso Ambulatório do Bebê, e com o desdobramento dos estudos teóricos e discussões clínicas, passamos a incorporar o conceito de "Portas de entrada" de Daniel Stern[293] para ampliar mais ainda nosso olhar. Nesse antigo texto de 1995, ao falar das teorias conjuntas pais/bebês, Stern faz referência à ideia de um "sistema clínico pais/bebês", conceituando a porta de entrada como o elemento básico do sistema que é objeto imediato da atenção clínica. Ou seja, por onde entrar nesse sistema clínico para que mudanças se efetuem? Alguns exemplos de portas de entrada descritas por Stern e incluídas no nosso trabalho são: as competências do bebê, as representações parentais e as interações do bebê com o outro.

No que tange às competências do bebê, o foco está no comportamento que ele apresenta, demonstrando suas capacidades e limitações interativas. A intervenção aí visa modificar a representação da mãe sobre seu bebê e sobre ela mesma como mãe.

Em relação às representações parentais, Stern[294] apresenta duas abordagens diferentes: a "psicoterapia bebê-pais" descrita por Liebermann e Pawl e baseadas na teoria de Selma Fraiberg e a "psicoterapia breve mãe-bebê", descrita por Cramer e Palacio-Espassa. Para Stern, o alvo terapêutico teórico é a rede de representações que explicam a maneira pela qual a mãe interpreta o comportamento do bebê e reage a ele. Observa ele que algumas representações patogênicas da infância dos pais podem ser ativadas e encenadas na intervenção com o bebê. Nesses casos, as representações da mãe e/ou do pai são o alvo principal da ação terapêutica e o elemento-chave na conceitualização da situação clínica.

---

293 STERN, Daniel. *A constelação da maternidade*: o panorama da psicoterapia pais-bebê. Trad. M. V. A. Veronese. Porto Alegre: Artes Médicas, 1997.

294 STERN, Daniel. *A constelação da maternidade*: o panorama da psicoterapia pais-bebê. Trad. M. V. A. Veronese. Porto Alegre, RS: Artes Médicas, 1997.

Outra possível porta de entrada que se apresenta são as interações do bebê com o outro, especialmente sua mãe, mostrando que escutar a queixa sobre o bebê e provocar que essa mãe faça associações, trazendo suas fantasias e representações, pode funcionar como ponto de partida para o trabalho terapêutico.

Decidida a porta de entrada e a direção inicial do trabalho, os atendimentos clínicos acontecem, na maioria das vezes, de forma conjunta (mãe/pai/bebê) e em dupla de profissionais, e são também filmados[295] em sua grande parte. Na supervisão, que ocorre em grupo e a partir do relato de cada dupla de profissionais, discute-se o caso semanalmente e é possível, nesse contexto da supervisão, utilizarmos o recurso de assistir a alguns vídeos de sessões com o intuito de interrogar e ampliar o nosso olhar sobre um determinado aspecto do caso, apontando, por exemplo, as mostrações, narratividades, transitivismos, dentre outros sinais clínicos ali encenados. Já o estudo teórico envolve a leitura e discussão desde textos *princeps* da psicanálise à leitura de outros campos importantes para o atendimento de Bebês e seus cuidadores, além de escolhas de estudos particularizados que exige cada caso.

Alguns elementos foram retirados dos primeiros anos de prática do Ambulatório e foram costurados a alguns elementos teóricos que faziam sentido para a nossa clínica. Então a composição de um quadro clínico, com possíveis mecanismos tanto psíquicos quanto da estrutura familiar e a porta de entrada, escrevem uma primeira camada[296] rumo a uma teorização do próprio caso, porque em geral se coloca num relato o que se observou e o que ficou dito, daí a transferência fica um elemento que nem sempre se consegue apreender. Há aqui uma relação entre esses elementos na entrada da transferência e, portanto, do trabalho, assim como entre o visto, observado e o escutado, entre o que a equipe vê e o que é convocado a olhar pelo bebê, entre o que é dito e o que é escutado, o que é falado e o que é mostrado, que está sempre

---

295 As filmagens são todas realizadas com o consentimento informado da família, podendo esta aceitar ou recusar.

296 Ver artigo sobre a escrita na clínica com bebês neste mesmo volume.

se intercruzando com o que é dito e o que é visto: concatenação do olhar com a fala (voz) e seus efeitos.

Entre esses elementos do quadro estão tantos os da ordem dos fundamentos clínicos (queixa e razões para a vinda ao ambulatório, as repetições da história, hipóteses que trazem e o que já foi dito), quanto os da ordem das operações psíquicas (mostração,[297] narratividade[298] e transitivismo),[299] os que promovem materialidade na sessão (sinais do bebê, interações, discurso) e a esses acrescentamos os de ordem contextuais (contexto, relato das relações e as circunstâncias de vida). Vimos que é necessário produzir uma espécie de gramática do caso, no entrelaçamento desses distintos elementos, para que num tempo de *só depois* se decantem a porta de entrada e a direção do trabalho.

A varanda do bebê:[300] espaço de convivência

À medida que o número de famílias para atendimentos cresceu, identificamos uma oportunidade de trabalho com os bebês e suas famílias que já se agrupavam no espaço da nossa varanda à espera dos seus atendimentos. Assim surgiu o dispositivo, por nós nomeado como Varanda do Bebê, um espaço de convivência e brincar livre, e que guarda inspiração na experiência da Maison Verte de Francoise Dolto.[301] A ideia foi oferecer às famílias e seus bebês um lugar que não fosse o *setting* terapêutico, mas sem deixar de ter efeitos terapêuticos para os que frequentassem. A necessidade em ampliar o nosso trabalho, aproveitando

297 FERNANDES, Cláudia Mascarenhas. *Psicanálise para aqueles que não falam?* A imagem e a letra na clínica com o bebê. Salvador: Viva Infância, 2011.

298 GOLSE, Bernard. *Transmitir a Transmissão*: um ponto em comum entre as diferentes terapias conjuntas pais-criança - sobre a psicoterapia pais-bebê, narratividade, filiação e transmissão. Trad. Inês Catão *et al*. São Paulo: Casa do Psicólogo, pp. 59-78, 2003. (Coleção Primeira Infância).

299 BERGÈS, Jean. *Transitivismo*: jogo de lugares entre mãe e filho. Porto Alegre: EMC, 2005.

300 Idealizado pela educadora Andrea Viana membro do Ambulatório do bebê.

301 DOLTO, Françoise. "Projet de Centre de l'enfance". *In*: ______. *Une psychanalyste dans la cité*: l'aventure de la Maison verte. Paris: Gallimard, 2009.

do espaço da casa e da possibilidade de as famílias poderem estar entre pares, num espaço mais aberto e que comportasse várias famílias ao mesmo tempo, nos levou a transformar a varanda do Instituto num lugar de acolhimento durante as chegadas e saídas dos pacientes. A intenção era ser mais do que uma sala de espera e como toda boa varanda, seria um espaço de fala e escuta com muito acolhimento. Assim, uma varanda seria o melhor lugar para que as famílias se encontrassem e se sentissem bastante à vontade com seus bebês para participar de um encontro entre pares e trocando suas experiências tão diferentes e específicas. Um local de encontro e lazer para crianças pequenas e seus pais. Para uma vida social desde o nascimento, para os pais por vezes muito isolados nas dificuldades cotidianas que encontram com seus filhos. Nem creche, nem berçário, nem centro de saúde, mas casa onde se recebem mães e pais, avós, babás, onde seus filhos pequenos podem fazer amigos.

A Varanda do Bebê é alegre, colorida e viva. Varanda, lugar de chegada, não se está unicamente dentro, não se está completamente fora. Um lugar do entre. Podem falar das suas peculiaridades, de como chegaram ao Instituto, falar sobre o trânsito, sobre o dia ensolarado, sobre a alimentação, algumas vezes sem queixas, apenas descrevendo seu dia a dia, podem também olhar seus filhos brincarem com outras crianças (há mais de 90 comportamentos de interação entre bebês antes de um ano).[302] A posição entre semelhantes, entre pares, permite num jogo especular, às vezes comparações por parte dos pais, mas também momentos de estar com o outro numa identificação edificante.

Na Varanda estamos sempre à espera dos que chegam, e de sempre acolher os que desejam estar conosco; é um ponto de encontro no seu sentido mais inteiro. Esperamos os bebês chegarem sem hora marcada, sem demandas *a priori*. Eles são os pacientes, e nós nos tornamos pacientemente os que esperam para receber e acolher.

O espaço é organizado com os brinquedos, com os tecidos, livros de história. Sempre está presente na varanda um profissional

---

302 MONTAGNER, Hubert *et al.* "Les systhemes d'interaction dans les groupes de jeunes enfants". *In*: LEBOVICI, Serge; WEIL-HALPERN, Françoise (Coord.). La psychopathologie du nourrisson. Paris: PUF, pp. 131-139.

de educação e, a depender de alguma necessidade, é convidado outro profissional (psicóloga, pediatra, fisioterapeuta ou fonoaudióloga) para conversar, acompanhar alguma necessidade específica de uma criança/família. Existem situações que o bebê e sua família frequentam apenas a varanda, e esses efeitos terapêuticos, seja o da *mostração* das competências do bebê para os pais, seja o do exercício da interação entre bebês ou mesmo um espaço de descanso para os pais quando precisam compartilhar com outros pais.

Aprendemos, com a prática da Varanda do Bebê, que esta é sobretudo um espaço de inclusão social, onde uma psicopedagoga está com os bebês e seus cuidadores podendo observar as suas relações, tanto com o objeto quanto com o outro semelhante. É também o momento de alguma orientação para famílias a respeito de possibilidades que favoreçam o brincar e as interações.

Por uma clínica socialmente contextualizada

Essa experiência numa organização social com fins públicos, como é o Instituto Viva Infância, vem ampliando o nosso olhar para o atendimento em conjunto do bebê com o seu cuidador primordial e familiares numa clínica que merece ser socialmente contextualizada pelos diversos aspectos que se entrecruzam e aparecem, tanto no discurso parental, quanto na leitura dos sintomas do bebê que não estão descontextualizados, além da importante consideração das circunstâncias de vida da família.

A posição ética do Ambulatório do Bebê no Instituto Viva Infância é de debruçar nosso olhar primeiramente para o bebê e para que ele possa nos mostrar quem é e sobre o seu sofrimento, ofertando ao mesmo e a sua família um lugar, um olhar, uma escuta e o tempo necessário para que o que precisa ser dito e/ou mostrado se desvele. A ideia é de um atendimento conjunto sempre com o cuidador na sua relação com o bebê.

A ética certamente inclui uma aposta radical no sujeito, naquele que ainda não fala, que é falado, mas já mostra seu dizer, já escreve signos para serem lidos pelo outro. É desse modo que continuamos a testemunhar, após esses anos, mudanças significativas num tempo sem corridas ou *a pioris*, considerando que o bebê necessita de um tempo contado na cronologia para que o tempo lógico, numa necessária posição *do apressar*,[303] possa decantar do que se trata o caso e a criança enfim *aparecer*, fundamental para o andamento posterior do caso. Como expressa uma mãe num trabalho de *follow up* quatro anos depois da sua passagem pelo Ambulatório do Viva Infância:

> o encontro em 2017 foi bom e descartamos o autismo. Foram 2 ou 3 encontros. Foi um alívio para todos. Acho que alguns outros profissionais que passamos antes anteciparam o diagnóstico, que não era o caso, e vocês nos tranquilizaram. Vocês fazem um trabalho muito responsável. Fomos muito acolhidos, a equipe interdisciplinar é muito boa. Eu preciso falar isso. Ele tem hoje 4 anos, foi para escola com 2 anos. Se adaptou bem, não chorou muito. Foi no mesmo ano que o irmão nasceu, a gente achou que seria difícil por isso. O contato com as crianças na escola foi positivo, deu guinada na interação. O que mais gosta de brincar é de montar peças (tipo lego), carrinho e ônibus. Gosta de desenhar, fazer massinha de modelar. Também gosta de brincar com bola na laje.

O primeiro encontro precisa de tempo para propiciar que algo decante dali. Para que o enunciado e enunciação possam aparecer entre o dito e mostrado, entre o discurso parental e as movimentações do bebê. Precisa também ser um lugar onde se possa decantar a resistência, a violência de não ser tomado culturalmente como sujeito ativo, para falar de sua invisibilidade social, não são raros os casos em que aparecem as leituras que os familiares realizam sobre essa invisibilidade em que são tomados e sobre o percurso difícil pelos serviços de saúde.

A partir da nossa prática vamos construindo o nosso modo de fazer essa clínica. Apresentaremos a seguir três casos clínicos que indicarão

---

303 LACAN, Jacques. "Le temps logique et l'arssertionde certitude anticipee". *In*: ______. *Écrits*. Paris: Seuil, 1966.

de modo mais preciso a posição e o lugar da clínica do Ambulatório do Bebê do Instituto Viva Infância.

Referências bibliográficas

BERGÈS, Jean. *Transitivismo*: jogo de lugares entre mãe e filho. Porto Alegre: EMC, 2005.

DOLTO, Françoise. "Projet de Centre de l'enfance". *In*: ______. *Une psychanalyste dans la cité*: l'aventure de la Maison verte. Paris: Gallimard, 2009.

FERNANDES, Cláudia Mascarenhas. *Psicanálise para aqueles que não falam?* A imagem e a letra na clínica com o bebê. Salvador: Viva Infância. 2011.

GOLSE, Bernard. "Transmitir a Transmissão: um ponto em comum entre as diferentes terapias conjuntas pais-criança: sobre a psicoterapia pais-bebê - narratividade, filiação e transmissão". Trad. Inês Catão *et al.* São Paulo: Casa do Psicólogo, pp. 59-78, 2003. (Coleção Primeira Infância).

LACAN, Jacques. "Le temps logique et l'arssertion de certitude anticipee". *In*: ______. *Écrits*. Paris: Seuil, 1966.

LEBOVICI, Serge. "Les liens intergenerationnels (transmission, conflits): les interactions fantasmatiques". *In*: ______ (*et al.*). Psychopathologie du bebe. Paris: PUF, pp. 141-146.

MONTAGNER, H. *et al.* "Les systhemes d'interaction dans les groupes de jeunes enfants". *In*: LEBOVICI, Serge; WEIL-HALPERN, Françoise (Coord.). La psychopathologie du nourrisson. Paris: PUF, pp. 131-139.

PLARD, V. "La consultation therapeutique de Serge Lebovici: un travail therapeutique direct avec le bebe". *In*: GOLSE; MORO (Coord.). Le developpment psychique precoce, de la conception au langage. Paris: Elsevier Masson, 2014, pp. 267-271.

PORGE, Erik. *Transmitir a clínica psicanalítica*: Freud, Lacan, hoje. Trad. Viviane Veras; e Paulo de Souza. Campinas: Unicamp, 2009.

PORGE, Erik. "Des faits de présentation dans la psychanalyse avec les enfants". *Fragments*, nº 4, Paris, juin, 1987. (Bulletin intérieur de l'école lacanienne de psychanalyse).

STERN, Daniel. *A constelação da maternidade*: o panorama da psicoterapia pais-bebê. Trad. M. V. A. Veronese. Porto Alegre: Artes Médicas, 1997.

VORCARO, Angela. *A clínica psicanalítica com crianças*. Rio de Janeiro: Companhia de Freud, 1997.

WINNICOTT, Donald Woods. *De la pédiatrie à la psychanalyse*. Paris: Payot, 1970. (Collection Bibliothèque scientifique).

CAPÍTULO VIII

A ESCUTA PARA ALÉM DO DIAGNÓSTICO[304]

FERNANDA ROCHA DARZÉ

Em maio de 2018, Vanda chega ao Instituto Viva Infância com seu filho João Marcos (um ano e dez meses) para a consulta inicial do programa de atendimento clínico interdisciplinar do Ambulatório do Bebê. Ela vem encaminhada pela neuropediatra que o acompanha desde seu nascimento e que, recentemente, o diagnosticara com autismo leve.

A primeira consulta do Ambulatório do Bebê é conduzida pela psicanalista e supervisora deste programa e assistida, presencialmente, pelos profissionais que compõem o grupo interdisciplinar (psicólogos, fonoaudiólogos, terapeuta ocupacional e fisioterapeuta). Costuma ter duração aproximada de 1h e 30 minutos.

304 Agradeço a Claudia Mascarenhas, supervisora clínica do Ambulatório do Bebê do Instituto Viva Infância, pela valiosa contribuição tanto na condução como na escrita deste caso.

Convocada a falar sobre o que a aflige com relação ao seu filho, Vanda conta que ele é muito agitado e quando fica nervoso se machuca muito. Relata que em casa ele arrasta a cadeira até a mesa e sobe para pular. Prossegue: "O negócio dele é coisa alta. Quer subir no alto para se jogar". Achava o jeito dele estranho por ser prematuro, se a neuropediatra já desconfiava, ela que era cega e não queria enxergar, referindo-se ao autismo. Pensava que o nervoso dele era normal "porque ele não dorme".

Nesse momento, João Marcos que estava sentado no chão brincando, calado, e sem se manifestar, joga o balde plástico dos brinquedos longe e franze as sobrancelhas, num semblante de chateação. A analista percebe, dirige-se a ele e pergunta se não gostou desse assunto. Nessa cena, podemos pensar que ele faz uma mostração[305], como nos ensina Fernandes, com os seus gestos, "mostra" seu descontentamento com algo que foi dito, e ao mesmo tempo, ao atrair a atenção para si, "esconde" o sofrimento de sua mãe e a protege.

A analista escolhe retomar o parto prematuro de João Marcos, advertida sobre a importância da escuta ressoar o que esse significante prematuridade traz para essa mãe, e pergunta se houve alguma razão médica para o acontecimento dessa prematuridade. O significante "prematuro" parece enodar duas histórias que se apresentam amalgamadas no discurso da mãe, pois ao ser indagada sobre o nascimento prematuro desse filho, ela retoma a gravidez de outra criança. Responde: "Em 2015, eu engravidei de uma menina. Foi na epidemia de Zica". E passa a contar da gravidez e perda de uma filha muito sonhada e desejada.

Sobre a gravidez de uma filha, relata que transcorria bem até que seu corpo se encheu de caroços e ela teve febre. O diagnóstico de Zica nunca foi confirmado, mas posteriormente a esses primeiros sinais, Vanda desenvolveu febre alta e inapetência por vários dias. Seu marido, preocupado e com medo de que "ela morresse em casa", a levou para uma clínica, onde recebeu, ainda no ultrassom, a notícia de que sua filha estava morta.

---

305 FERNANDES, Claudia Mascarenhas. *Psicanálise para aqueles que não falam?* A imagem e a letra na clínica com o bebê. Salvador: Instituto Viva Infância, 2011.

Tomada pela angústia, saiu pela rua "parecendo uma doida" até que seu marido a encontrou e levou-a ao hospital, onde a morte da criança fora confirmada. Diz que ficou "em crise", entrou em depressão e passou um mês internada. Dirige-se a analista e diz: "Era meu sonho ter uma filha mulher".

No momento da alta hospitalar, ela perguntou ao médico quando poderia engravidar novamente e este lhe respondeu que, caso tudo corresse bem, em seis meses ela poderia engravidar. Dirigindo-se, mais uma vez à analista, revela: "Com seis meses, certinho, eu engravidei dele".

Somente após essa passagem pelo relato da primeira gestação perdida, Vanda passa a falar da gravidez de seu filho que nasceu prematuramente, com 32 semanas. Segundo ela, essa gravidez também transcorrera normalmente, até que um dia foi dormir e acordou sangrando. Levada à maternidade, sua bolsa rompeu e seu filho nasceu prematuro, ficando por um mês na UTI até voltar para casa.

Após esse relato da história do seu nascimento, pela primeira vez João Marcos se levanta e sai de perto da mãe e da analista. Afasta-se na direção das profissionais que estavam do lado oposto da sala, e começa a "aparecer", ou seja, "nasce" na consulta: se movimenta pela sala, vai até as profissionais, volta para junto da mãe, explora o ambiente, e protesta com o fim da consulta. Estaria ele, ao "nascer" na consulta após o relato do seu parto, ajudando essa mãe a separar as duas histórias? Por que ele não apareceu no momento do relato da história de sua irmã? Ou ainda: Estaria João Marcos comprovando para sua mãe que estava vivo?

As duas manifestações de João Marcos durante a entrevista de triagem fazem pensar que ele se manteve atento ao que sua mãe contava e às palavras da analista. Diferente do que esta relatara sobre o seu comportamento agitado, mostrou-se quieto e concentrado nos brinquedos durante essa consulta.

Chama atenção que mesmo relatando os sinais de autismo indicados pela médica, tais como: sustentar pouco o olhar, não responder quando chamado, falar poucas sílabas, agitação, nervosismo, dificuldades com o sono e comportamentos arriscados, quando convocada a falar sobre o que a afligia ela acentua apenas três destes sinais: a agitação, o sono e os comportamentos arriscados como bater a cabeça no sofá ou se jogar do alto para cair. O que a sua escolha poderia enunciar?

Como acontece no ambulatório do Bebê, após a consultação o grupo de profissionais presentes se reuniu com a analista e supervisora para discussão dos elementos e impressões recolhidas durante a consulta.

Dois aspectos se mostraram importantes para a equipe, nesse primeiro momento: de um lado, a queixa materna apontando sinais parecidos com o autismo e também observados pelo grupo. De outro lado, a presença de um luto possivelmente não elaborado pela mãe, além de algumas manifestações da criança durante a sessão que poderiam sinalizar que ela estava atenta ao que se passava no discurso da mãe e nas palavras da analista.

Após a discussão em equipe, decidimos privilegiar duas portas de entrada na direção deste trabalho. Uma dirigida às representações maternas (visando a separação das histórias amalgamadas e a possibilidade da elaboração dos lutos maternos) e a outra, dirigida às interações do bebê com o outro (visando a ampliação da interação, da comunicação e do brincar compartilhado). É importante ressaltar que ao tomar a mãe e seu bebê como uma estrutura ou um sistema, como propõe Stern,[306] apostamos que os efeitos advindos do trabalho com estas duas portas de entrada incidiriam sobre mãe e filho. Foi decidido que o dispositivo nesse caso seria o acompanhamento pela psicóloga e pela fonoaudióloga.

Nas sessões semanais conjuntas e interdisciplinares subsequentes, os temas presentes na consultação (sono, agitação, comportamentos arriscados da criança, nascimento, morte, autismo, prematuridade), retornaram e se ampliaram. As histórias sobrepostas de sua filha e de seu filho se desvelaram aos poucos, a partir de uma escuta atenta e sem *a priores* e de um convite para que Vanda falasse daquilo que lhe afligia.

Da impossibilidade do luto da filha, conta que guarda até hoje, escondido do marido, um par de sapatos que comprara para Jamile.

306 STERN, Daniel. *A constelação da maternidade*: o panorama da psicoterapia pais-bebê. Trad. M. V. A. Veronese. Porto Alegre: Artes Médicas, 1997.

Quando da perda de sua filha, baixa um jogo no celular onde cuidava de um bebê virtual de mesmo nome, incluindo também aí seu marido. O jogo persistiu por seis meses até a gravidez de João Marcos.

Sobre a agitação de João Marcos, revela que quando em sua barriga ele mexia muito, especialmente à noite, dificultando o seu sono, parava de mexer apenas quando encostava sua barriga nas costas do pai. Fica a questão: O bebê mexia em demasia ou sua mãe mantinha-se vigilante durante a noite? Sabemos que sua filha ficara cerca de um mês morta em sua barriga, "sem que ela soubesse".

Sobre o sono, quando em torno de um ano e seis meses seu filho passou a acordar no meio da noite e ficar brincando, coincidindo com o fato de seu pai passar a trabalhar fora durante a semana, dormindo em casa apenas nos finais de semana, Vanda conta que colocou João Marcos para dormir em sua cama e diz: "fiz a mesma coisa com meu filho mais velho quando o pai dele morreu".

E foi quando a mãe finalmente falou e se emocionou com a "menina Jamile", que João Marcos se aproximou dela e se encostou ao seu corpo, mostrando-se afetado pelo discurso da mãe.

Seu relato faz aparecer uma série significante: bebê, barriga, agitação, sono, mexer, ficar parado, morte, filha, filho, fazendo-se necessário um trabalho de separação entre enunciado e enunciação. Exemplo: Quando ela fala do bebê mexendo em sua barriga, ela está falando de quê? Quando fala do não dormir do filho, a que se refere?

Da Direção do Tratamento

A forma como a história de João Marcos fora narrada, a partir da gestação, nascimento e morte da filha sonhada e desejada, apontava para a possível continuidade no psiquismo materno dessas duas histórias (gravidez da filha, morte, bebê virtual, gravidez e parto prematuro do filho), assim como para o provável luto não elaborado de sua filha. Tal contexto faz indagar em que medida os sinais que Vanda se queixava em seu filho poderiam representar uma resposta deste ao fantasma de morte materno.

Apesar de apresentar sinais indicativos de autismo (sustentar pouco o olhar, baixa interação, dificuldades na fala, brincar repetitivo, agitação corporal, dificuldades no sono, linguagem pouco desenvolvida, interesse pela língua inglesa), ele, por outro lado, também dava sinais de ser afetado pelo discurso materno e de responder ao fantasma materno preso a um luto impossível e que nada tem a ver com autismo.

Sobre o luto, Rivera[307] nos ensina que "não basta que o objeto desapareça para que nos separemos dele. É necessário um verdadeiro *trabalho* psíquico de perda, chamado por Freud 'trabalho de luto'".

Era preciso abrir espaço no processo analítico para que as duas histórias sobrepostas fossem separadas e trabalhadas e que, desta forma João Marcos pudesse desocupar o lugar do morto no fantasma materno.

Depois de algumas sessões interdisciplinares conjuntas com João Marcos e sua mãe e do que se desvelara nestes encontros, como descrito acima, confirmamos em supervisão a nossa aposta inicial nas portas de entradas e na direção do tratamento.

O tratamento prosseguiu numa direção que considerava duas vertentes: a escuta atenta na direção da elaboração de um luto até então impossível pela mãe, visando reduzir o Inchaço imaginário, com importantes projeções deslocadas da morte da filha, além de certo encurtamento no registro simbólico certamente provocado pela angústia, pois lhe faltam as palavras; e de outro lado, o trabalho na direção da ampliação da interação, do brincar e da comunicação de João Marcos, a partir de uma aposta radical no sujeito e no que este podia comunicar de suas preferências e escolhas. Esta segunda vertente também foi trabalhada pela fonoaudióloga desde sua entrada no caso.[308]

---

307 RIVERA, Tania. "Entre dor e deleite". Novos Estudos - CEBRAP, São Paulo, nº 94, nov. 2012. Disponível em: https://doi.org/10.1590/S0101-33002012000300016/. Acessado em: 01.04.2021.

308 Como o presente caso é escrito pela psicóloga que os acompanhou, seu relato privilegiará a vertente da elaboração do luto materno, seus efeitos sobre a criança e sua possibilidade de separação, sem, no entanto, desconsiderar os efeitos advindos do

Separando sono e morte: o trabalho com o fantasma materno

A primeira estratégia utilizada no trabalho com o fantasma da morte associado ao sono foi a proposta do jogo "dorme/acorda". Nele, a psicóloga ou a fonoaudióloga deitava-se no chão da sala e fingia dormir. Na primeira vez em que o jogo foi encenado, João Marcos aproximou-se de mim, sentou-se ao meu lado e ficou brincando, reencenando o que acontecia todas as noites com sua mãe e contando sua história. Abri então os olhos e disse: "acordei, eu estava dormindo, eu não morri". Sobre a capacidade narrativa dos bebês, Golse[309] nos ensina que à sua maneira, os bebês nos contam sua história; não através da palavra, mas a partir de suas capacidades interativas, que são sua forma de comunicação. Para ele, este é um duplo movimento que denominou Narratividade, em que os bebês ao mesmo tempo em que nos contam sobre sua história, a contam para eles mesmos.

Esse jogo se repetiu várias vezes. Vanda inicialmente assistia, depois passou a participar com as profissionais. Após algum tempo, João Marcos deixa de mamar no peito. Sua mãe diz: "Ele não quis mais". Sinais apontam a possibilidade da separação. Indago-me: seria o desmame efeito desse jogo simbólico de presença/ausência encenado nas sessões? Se sim, como este poderia ter operado? Teria a separação dos significantes sono e morte, condensados na estrutura mãe/bebê reduzido a angústia e facilitado o movimento de separação da criança?

Sobre o desmame, Lacan[310] adverte em seu texto "Complexos familiares" que este "deixa no psiquismo humano a marca permanente da relação biológica que ele interrompe"; sinalizando que a representação advém da perda do objeto, da separação.

---

trabalho da fonoaudióloga centrado prioritariamente na estimulação da interação, da linguagem e do brincar compartilhado.

309 GOLSE, Bernard. *Sobre a psicoterapia pais-bebê*: narratividade, filiação e transmissão. Trad. Inês Catão (*et al.*). São Paulo: Casa do Psicólogo, 2003.

310 LACAN, Jacques. Os complexos familiares na formação do indivíduo. *In*: ______. *Outros escritos*. Trad. Vera Ribeiro. Rio de Janeiro: Zahar, p. 37, 2001.

Se assim ocorre para a criança, o que se passaria do lado da mãe? E no caso específico de Vanda, quais os seus efeitos?

Após o desmame, o tema da separação retorna de diversas formas em seu discurso. Sobre o filho mais velho, conta que ele mamou até os cinco anos e que ia até a escola para amamentá-lo. Sobre João Marcos, revela que chora muito quando se despede dela e por isso sai sem avisá-lo. Perguntada: "Por que ele não pode chorar?". Vanda responde que o choro incomoda os vizinhos, denunciando a delicadeza dos movimentos inconscientes de resistência falando através do outro.

Ainda sobre a separação, conta com surpresa, que não consegue dormir desde que João Marcos iniciou a medicação prescrita pela neuropediatra para regularizar o sono. A criança dorme e ela fica a noite inteira acordada. As posições se invertem. Questionada sobre o que isso a fazia pensar, Vanda diz não saber. Sua queixa persiste por algumas semanas. Graciela Crespin[311] nos ensina a respeito do bebê, que a capacidade de adormecer parece ligada à possibilidade que este tem de se separar do Outro, muitas vezes encarnado no outro da relação. Neste caso, Vanda é quem parece não estar segura para suportar essa separação.

É interessante observar que quando João Marcos se separa do corpo da mãe, privando-a, o tema da separação comparece em seu discurso. Como escrever esse movimento do lado materno? Seria possível pensar que, ao desmamar, João Marcos sinaliza para sua mãe que está vivo, e com isso afasta-se do lugar do bebê morto, possibilitando que Vanda fale sobre sua dificuldade com a separação, que antecede a morte da filha e a ameaça de perda do filho?

Do seu lado, João Marcos prossegue em seus movimentos de separação e pela primeira vez, quando chega ao Instituto Viva Infância, dirige-se a sua sala, e bate na porta sem esperar por sua mãe.

---

311 CRESPIN, Graciela. *A clínica precoce*: o nascimento do humano. São Paulo: Casa do Psicólogo, 2006. (Coleção Primeira Infância).

Separando duas histórias, a possibilidade de um outro lugar

Em supervisão, decidimos introduzir uma boneca bebê do sexo feminino na sessão. Ela ficaria junto com os outros brinquedos disponibilizados no chão da sala. Seria uma oportunidade de trazer o tema de Jamile e observar que uso João Marcos faria, e que efeitos poderiam advir.

Se psiquicamente João Marcos ainda ocupava o lugar do bebê morto para sua mãe, esta seria uma possibilidade de trabalhar a separação dessas histórias introduzindo a boneca, quem sabe como um terceiro, no dispositivo da análise.

No dia em que a boneca é introduzida no dispositivo, faço uma intervenção que se mostrou prematura, porém reveladora. Pego a boneca no colo e a coloco para chorar dando voz a esta bebê. João Marcos olha, vai até sua mãe e senta-se no seu colo. Pergunto a Vanda se ele sabe que teve uma irmãzinha e ela responde que sim. Questiono: "poderíamos contar a história dela para ele?". Vanda responde: "deixa quieto" e em seguida continua "se quiser eu saio e vocês contam". Diante da sua dificuldade, asseguro-lhe que será respeitada sua possibilidade.

Na semana seguinte não comparecem à sessão e Vanda não justifica a ausência, algo que nunca havia acontecido no tratamento até então. O que seu ato poderia comunicar? Se por um lado, este pode ser tomado como sinal de que me antecipei e que Vanda precisava de mais tempo para falar de Jamile; por outro, sinaliza um trabalho no tempo do "a-pressado" de Lacan, daquele que vai se precipitar ante o que não sabe numa antecipação necessária e que só depois poderá saber do efeito de sua aposta.[312]

Do seu lado, João Marcos se utiliza da boneca bebê colocada no *setting* para trazer o assunto dos bebês na sessão. Numa ocasião, pega a boneca, espontaneamente, e me entrega. Essa ação da criança promove uma abertura no discurso materno e então a mãe revela que seu marido

---

312 FERNANDES, Claudia Mascarenhas. *Psicanálise para aqueles que não falam?* A imagem e a letra na clínica com o bebê. Salvador: Instituto Viva Infância, p. 153, 2011.

está querendo ter outro filho, mas que ela não quer. O tema de um bebê está presente em sua casa, ele está atento e nos conta sobre isso.

Num outro dia, pega novamente a boneca e me entrega, mais uma vez. Pergunto: "quem é esse neném?". Mais tarde, na mesma sessão, entrega a boneca a sua mãe, que lhe diz: "Você quer dar para mim?". E pega a bebê para cuidar. O que ele quer saber? Dirijo-me a Vanda: "Você me disse que já contou a ele que teve uma irmãzinha, o que contou?", ela responde: "que ele teve uma irmãzinha chamada Jamile".

No final do primeiro ano de atendimento, Vanda nos conta que João Marcos está mais tranquilo e mais calmo durante a noite. Ela também já consegue dormir. Ele não teme mais o ventilador, não bate mais a cabeça ou se joga do alto quando frustrado, está mais aberto à interação e sua mãe reconhece que está brincando mais.

Numa das últimas sessões daquele ano, Vanda diz que se esqueceu de contar que João Marcos tem chegado perto dela e posto a mão em seu coração. Ao que responde: "Mamãe está viva, mamãe não morreu". Essa leitura da mãe faz apostar que o lugar materno dessa mulher para com esse filho está se construindo e, possivelmente, o deslocamento do filho no lugar do morto se fazendo para ser retirado disso.

Quando retornam das férias no ano seguinte, Vanda volta a queixar-se da agitação de João Marcos e diz que ele voltou a não dormir bem. Conta que a neuropediatra introduziu a medicação Risperidona.

Nessa sessão, ele volta a trabalhar com a boneca. João Marcos deita-se ao lado dela várias vezes na sessão e quando sinalizo o seu gesto, sua mãe conta que ele ganhou uma sobrinha (filha da filha de seu pai). Uma bebê menina chega à sua família e, mais uma vez, João Marcos traz o tema para a sessão. Qual terá sido a leitura dele da chegada deste bebê em sua família? E quais os efeitos sobre ele? Estaria relacionado ao seu mal dormir e agitação? É interessante observar que sua mãe se queixa do seu mal dormir e ele deita-se ao lado da boneca na sessão. O que estaria comunicando?

Cerca de um ano após o início do tratamento, dada a posição de já poder falar da morte de uma filha, Vanda retoma, com os elementos de cada história separados, a experiência do parto prematuro de João Marcos.

Finalmente pôde falar, sem terror, num outro lugar em relação à angústia que lhe causava imensa dor e lhe faltava as palavras, sobre esse acontecimento que a fizera passar, mais uma vez, muito próximo da experiência da morte de um filho.

Revela que João Marcos quase morreu, que ela não o viu quando nasceu, que ele foi levado para a UTI Neonatal e ela ficou três dias sem vê-lo. Conta que seu pai o visitava todos os dias, mas ela não podia. Fala do desconforto que sentiu ao vê-lo pela primeira vez e que no dia que ordenhou leite para ele, João Marcos piorou bastante. Segundo Vanda, "o leite foi dado antes que ele tivesse colocado para fora todo o resto do parto que engolira e por isso piorou". Diz ainda que foi "desenganado" pelo médico que lhe disse que seu filho talvez não sobrevivesse. Essa foi a primeira vez que Vanda pôde falar do risco de morte de seu filho.

João Marcos, seguindo em seu trabalho de separação, chega ao Instituto Viva Infância após o recesso junino daquele ano, e quando me vê, vem em minha direção e convoca: "Venha". E dirigindo-se à porta da sala de atendimento, olha para sua mãe e diz: "tchau". Vanda fica na sala de espera pela primeira vez desde o início do tratamento.

Na sala, escolhe vários carros, oferece-me dois deles e iniciamos um jogo onde os nossos carros se aproximam e se afastam. Ele ri e se diverte bastante. Estaria ele através desse jogo simbolizando a separação de sua mãe?

Ao término da sessão sua mãe lhe diz: "Você me abandonou, estou de mal". O significante "abandono" me fez pensar, durante a escrita do caso, nessa cena em que ela fica sozinha à espera do filho enquanto esse é cuidado por profissionais. Indago-me que memórias e angústias poderiam ter sido suscitadas?

Na semana subsequente, Vanda retorna à sala de atendimento. Quando chamo João Marcos, ela vem junto com ele, ele não a impede, ela entra e participa da sessão. Evidencia-se que a separação é mais difícil para Vanda do que para seu filho. Após essa sessão, decidimos em supervisão propor atendimentos individuais para ambos. Ao invés de aguardar na sala de espera, Vanda teria seu próprio espaço de escuta. A fonoaudióloga seguiria atendendo João Marcos.

Separando os atendimentos

A proposta dos atendimentos individuais foi aceita por Vanda, e numa das primeiras sessões ela traz o tema da "boneca Jamile", uma boneca de pano que pedira para uma cliente confeccionar quando João Marcos tinha por volta de dois anos. Revela que a guarda num saco plástico dentro do seu armário e não permite que ninguém a manuseie.

Outra boneca bebê entra em cena. Inicialmente a bebê virtual Jamile, depois a boneca das sessões de atendimento conjunto, e agora "a boneca Jamile". É interessante pensar que só depois, e no espaço do seu atendimento individual, Vanda pôde falar sobre essa boneca que encomendara há mais de um ano, período que coincide com a introdução da boneca bebê no atendimento conjunto de João Marcos. Qual teria sido o efeito para ela da presença da boneca na sessão? Sabemos que um bebê natimorto não deixa fotografias e nem lembranças de sua vida. Vanda guardava apenas um par de sapatos brancos que comprara no dia em que descobriu que seria mãe de uma menina. A decisão de comprar uma boneca de pano e nomeá-la Jamile poderia indicar o início da separação das duas histórias?

Nas demais sessões individuais, ela retoma um pouco da sua história de vida e também o projeto de colocar seu filho na escola no ano seguinte. O plano da escola já havia sido ensaiado outras vezes durante o tratamento, sem sucesso.

Porém, quando retorna ao seu atendimento no início do ano seguinte, conta que João Marcos iniciou a escola, que ele está gostando muito e que, todos os dias, pega a mochila e a farda e as leva para sua mãe colocar. Vanda e o pai estão satisfeitos com a escola, já conseguem suportar essa separação.

Com a chegada da Pandemia, o atendimento de Vanda e João Marcos continuou, apenas com a psicóloga, através de vídeo-chamadas semanais.

Nos primeiros meses os atendimentos foram difíceis. João Marcos pouco participava. Sua mãe o chamava no início da sessão, ele se aproximava do celular, interagia brevemente comigo e logo saía correndo pela casa sem interesse pelo atendimento. Vanda também se restringia a dar notícias semanais de João Marcos e de sua família, o tratamento parecia não fluir.

O desejo de adoção – um deslizamento do lado da mãe

"Eu e meu marido vamos adotar uma menina", assim Vanda inicia uma das sessões online, em algum momento da Pandemia. Prossegue contando que adotariam a filha de sua irmã mais nova, que tinha quatro filhos e estava com dificuldades para criá-los. A irmã havia aceitado a proposta de adoção e Vanda "escolhera" uma menina de seis anos chamada Jaqueline. Chama atenção a idade próxima à que teria Jamile, além do mesmo fonema inicial. O que estaria em jogo nessa escolha?

Revela que em alguns meses a menina chegaria a sua casa, que a criança havia sido consultada e concordara, e que seu marido também aceitara a ideia. João Marcos já sabia da novidade. Vanda estava animada e fazendo planos para a chegada da menina. Depois desse dia, desmarcou várias sessões consecutivas, por motivos diversos.

No dia em que retomamos o atendimento, após as desmarcações, fui surpreendida por um ambiente bastante claro, diferente do ocorrido até então, quando as vídeo-chamadas aconteciam num local escuro. Questionada sobre a diferença, Vanda conta que trocara o aparelho celular e colocara mais uma lâmpada na sala. Por que nesse momento? O que esse "acender das luzes" poderia dizer sobre o caso?

Essa mudança na casa coincide com uma mudança na participação de João Marcos nas sessões online. Ele passa a interagir mais, mostrar-me seus brinquedos, convocar-me para o jogo de esconde-esconde, evidenciando uma postura distinta àquela desde o início da Pandemia.

Numa sessão subsequente, João Marcos inicia um jogo em que passa diversas vezes por baixo da perna de sua mãe que estava sentada no sofá. Ocorreu-me a ideia de parto. Que leitura poderia ser feita desse seu jogo? Estaria ele encenando o nascimento na sessão? Retomo o tema da adoção de Jaqueline. Ele para, olha para a tela do celular e diz: "Jaqueline". Pergunto a Vanda o que ela será de João Marcos. Resposta: "irmã".

Dirijo-me a João Marcos dizendo que Jaqueline será sua irmã, mas ela não sairá da barriga da sua mãe. Com a ajuda de Vanda, conto que Jaqueline nascera da barriga de Rosângela, que ela não é mais um bebê, já cresceu e tem seis anos. Prossigo contando que ele nasceu da barriga de sua mãe, Vanda, assim como seu irmão mais velho, Claudio, e sua irmãzinha Jamile. João Marcos, atento às palavras dirigidas a ele, repete: "Jamile".

Continuo o banho de palavras, como nos ensina Dolto,[313] contando-lhe que Jamile cresceu na barriga da sua mãe, mas depois ficou doente e morreu, por isso não está em casa, e que sua mãe guarda uma boneca para lembrar-se dela. Vanda, então, pede ao filho mais velho que traga a boneca guardada em seu quarto e diz: "essa é Jamile, a boneca que te falei", João Marcos diz "a bebezinha", e Vanda confirma: "é a bebê de mamãe".

Conto que sua mãe ficou muito triste quando Jamile morreu e que ela era muito importante para a mamãe. Ele ouve com atenção e diz: "é". Em seguida pega a boneca e diz: "machucou". Vai até sua mãe que está sentada no sofá e recosta-se nela com a boneca em seu colo.

---

313 DOLTO, Françoise. *No jogo do desejo*: ensaios clínicos. Trad. Vera Ribeiro. São Paulo: Ática, 1996.

Para Françoise Dolto (op cit Nasio),[314] "o ser humano é um ser de 'filiação linguageira', um ser de linguagem, pertencente a uma linhagem. Inscreve-se num mundo transgeracional". Ela defende que a criança tem direito a sua história e que cabe aos adultos fornecerem-lhe os marcos referenciais de uma história. Sobre a verdade, concernente a ela, Dolto[315] nos ensina que "as crianças sabem", o sabem inconscientemente, e que as palavras verdadeiras dirigidas a ela, no nível em que ela se encontra, podem produzir efeitos libertadores e estruturantes.

No caso em questão, o lugar de João Marcos na filiação parecia carecer de demarcação. Se a sua história e a de Jamile encontravam-se amalgamadas no psiquismo materno e o silêncio em relação à vida e a morte da irmã imperavam na família, a história dele era também a história dela. Seu movimento de trazer o tema "da bebê" nas sessões, sempre que este aparecia em sua família, apontava, em minha leitura, para um saber inconsciente que precisava ser colocado em palavras. A participação atenta e ativa de João Marcos nessa sessão, e os efeitos relatados por sua mãe na sessão subsequente, parecem corroborar esta aposta.

Na semana seguinte, Vanda relata que João Marcos estava esperando pela minha ligação e chamando meu nome. Quando ele me vê na tela, sorri e começa a cantar. Sua mãe conta das mudanças que ocorreram naquela semana: "João Marcos deixou os carrinhos de lado e agora só quer brincar com a boneca Jamile". Diz que ele fica o dia todo com ela, que dorme abraçado com a boneca e não quer mais os carrinhos. Durante o relato de sua mãe, João Marcos vai até a boneca, abraça-a e a presenteia com um de seus carrinhos. Como podemos compreender esse ponto de virada no tratamento? Poderíamos atribuí-lo à retificação da história de João Marcos a partir da circulação da palavra, permitindo que cada filho ocupasse o seu lugar singular? Estariam as histórias, finalmente, separadas?

314 NASIO, J.-D. *Introdução às Obras de Freud, Ferenczi, Groddeck, Klein, Winnicott, Dolto, Lacan*. Trad. Vera Ribeiro. Rio de Janeiro: Zahar, p. 208, 1995.

315 DOLTO, Françoise. *Tudo é linguagem*. São Paulo: Martins Fontes, 2018.

Quando pergunto a Vanda o que ela pensa sobre o que acabara de relatar, ela diz não saber, mas em seguida afirma: "perdi minha boneca. João Marcos não me dá mais". Fala sorrindo como quem sabe mais do que diz. A escolha de Vanda pelo significante "perdi" aponta para uma mudança de posição em relação a esse luto impossível. A boneca Jamile agora pode circular na família, assim como o seu nome e a sua história.

Sobre o trabalho do luto descrito por Freud, Rivera[316] nos diz tratar-se de uma "tarefa lenta e dolorosa através da qual o eu não só renuncio ao objeto, dele se desligando pulsionalmente, como se transforma, se refaz no jogo com o objeto".

Nos encontros seguintes, Vanda mostra-se mais tranquila e João Marcos também. Conta que ele está menos agitado e cada vez falando mais. Ela, por sua vez, parece mais tranquila e sorridente.[317]

Durante a escrita deste caso, perguntei-me o que tornara possível recontar a história neste momento. Três elementos me pareceram importantes: a transferência já estabelecida com Vanda, o movimento de João Marcos de trazer o tema "da bebê" em vários momentos do tratamento, lido por mim como a expressão de um saber inconsciente, e por fim, a aposta a partir do seu desejo de adoção, de que algo dos seus lutos havia sido elaborado e que Vanda se encontrava em um outro lugar em relação ao filho e também à filha Jamile.

Conclusão

O presente caso clínico, atendido no Ambulatório do Bebê do Instituto Viva Infância, revela aspectos éticos muito importantes na direção de uma clínica contextualizada e de orientação psicanalítica, a saber:

---

316 DOLTO, Françoise. *Tudo é linguagem*. São Paulo: Martins Fontes, p. 234, 2018.

317 Mãe e filho permanecem em atendimento no Instituto Viva Infância.

Primeiro, acentua o que pode se desvelar a partir de uma escuta analítica sem a priores, que respeita o tempo do inconsciente e suas reticências, e mantêm-se vigilante às suas manifestações no discurso. Indago-me a partir deste caso: O que teria acontecido se a analista e o grupo de trabalho tivessem se detido apenas nos sinais de autismo da criança? A elaboração do luto pela mãe e a separação dessas histórias tem se mostrado muito importantes no tratamento e permitido a construção de um lugar singular para essa criança, ainda que ele tenha um diagnóstico de autismo. João Marcos tem surpreendido com a sua participação ativa nesse processo, trazendo por várias vezes e ao seu modo o tema "bebê" nas sessões e com isso ajudado sua mãe nesse processo de elaboração do luto. Do lado da mãe, a separação dessas histórias e a possibilidade de elaboração do luto com efeitos sobre o fantasma de morte do filho permitiu constatar que, para Vanda, sua maior fonte de angústia advinha da possibilidade de morte de um filho e não dos sinais de autismo de João Marcos.

Segundo aspecto fundamental é que o trabalho com as dificuldades de interação e comunicação de João Marcos foi também priorizado, promovendo ganhos importantes ao longo do tratamento. Ele já sustenta um olhar mais comunicativo, responde quando chamado, está mais aberto à interação, convoca o outro, e compartilha o prazer em algumas brincadeiras. Sua fala tem se mostrado mais clara, porém, como diz sabiamente sua mãe, ele continua usando duas línguas, "quando ele fala com a gente usa a nossa língua, quando está brincando no mundo dele, usa uma língua que ninguém entende". João Marcos não teme mais o ventilador ou engaja em comportamentos arriscados como o fazia no início do tratamento, porém ainda apresenta interesses restritos e repetitivos, e dificuldades na interação e comunicação.

Considero ainda, a partir da experiência de trabalho no Ambulatório do Bebê do Instituto Viva Infância, que estar advertido na avaliação, na hipótese diagnóstica, na direção do tratamento e nas intervenções daquilo que do socialmente contextualizado incide na clínica com o bebê deve ser uma direção ética de trabalho.

Por fim, numa consulta durante a pandemia, Vanda conta que a assistente social da maternidade em que João Marcos nasceu ligou para saber notícias dele. Durante o *follow-up*, a profissional pergunta como estavam os atendimentos de João Marcos, e ela responde que o atendimento do Instituto Viva Infância continua, semanalmente, online. Escuta da profissional: "vocês têm sorte!" Vanda então responde: "ah, meu filho é importante!", dando testemunho do seu lugar na transferência.

Referências bibliográficas

CRESPIN, Graciela. *A clínica precoce*: o nascimento do humano. São Paulo: Casa do Psicólogo, 2006. (Coleção Primeira Infância).

DOLTO, Françoise. *No jogo do desejo*: ensaios clínicos. Trad. Vera Ribeiro. São Paulo: Ática, 1996.

DOLTO, Françoise. *Tudo é linguagem*. São Paulo: Martins Fontes, 2018.

FERNANDES, Claudia Mascarenhas. *Psicanálise para aqueles que não falam?* A imagem e a letra na clínica com o bebê. Salvador: Instituto Viva Infância, 2011.

GOLSE, Bernard. *Sobre a psicoterapia pais-bebê*: narratividade, filiação e transmissão. Trad. Inês Catão *et al.* São Paulo: Casa do Psicólogo, 2003. (Coleção Primeira Infância).

LACAN, Jacques. Os complexos familiares na formação do indivíduo. *In*: ______. *Outros escritos.* Trad. Vera Ribeiro. Rio de Janeiro: Zahar, 2001.

NASIO, J.D. *Introdução às Obras de Freud, Ferenczi, Groddeck, Klein, Winnicott, Dolto, Lacan*. Trad. Vera Ribeiro. Rio de Janeiro: Zahar, 1995.

STERN, Daniel. *A constelação da maternidade*: o panorama da psicoterapia pais-bebê. Trad. M. V. A. Veronese. Porto Alegre: Artes Médicas, 1997.

RIVERA, Tania. "Entre dor e deleite". Novos Estudos - CEBRAP, nº 94, nov. 2012. Disponível em: https://doi.org/10.1590/S0101-33002012000300016/. Acessado em: 01.04.2021.

CAPÍTULO IX

TRANSFERÊNCIA MULTIFACETADA: MÃE E BEBÊ EM DESAMPARO

PATRICIA M. FERNANDES

Há alguns anos atendi esse caso e retomá-lo agora no exercício da escrita me ajudou decantá-lo e repensá-lo com um olhar mais distante. Escrever um caso clínico é poder passar para outro registro, da fala para a escrita, é poder também se separar, é poder desvelar algumas camadas e chegar ao que é da essência do caso. O Ambulatório do Bebê recebeu esse encaminhamento de uma instituição de atendimento socioeducativo para adolescentes em conflito com a lei.

Um caso de "alta complexidade"

No primeiro contato, a psicóloga da Instituição nomeia o caso como de alta complexidade. A jovem havia cometido ato infracional grave, cometera homicídio contra seu pai e sua mãe. Era uma adolescente de 15 anos, em privação de liberdade, vinda de outro estado e chegou ao atendimento com seu bebê de 5 meses, ao que tudo indicava ser filho de um incesto. O motivo do encaminhamento foi a situação inusitada, para a equipe, de ter uma adolescente com um bebê numa Instituição cujo objetivo é o cumprimento de medidas socioeducativas. A ideia de ser um lugar onde ocorrem muitos conflitos, de não ter um espaço próprio para um bebê, apontavam uma parte da preocupação da equipe, mas ao longo do atendimento foi ficando evidente a expectativa da Instituição com uma intenção normativa, moral, no sentido de trabalhar para incentivar a jovem a repensar seu ato e, poder reconhecer um arrependimento, quem sabe identificar a necessidade de repará-lo. Se por um lado, no momento inicial por parte da instituição, tratava-se de um pedido pela realização de uma intervenção pedagógica, por outro lado, havia claramente uma demanda por parte da adolescente por uma escuta do seu sofrimento e, por parte do bebê, pode-se supor uma necessidade de acolhimento e leitura da sua situação. Essa condição impressa na bifurcação da demanda (da instituição e da adolescente com seu bebê) e iniciada por essas duas vias, imprimiu algumas especificidades na direção do trabalho, na instauração da transferência da adolescente e seu bebê com a analista, entre instituições e entre Instituição de acolhimento e a analista. A analista com sua escuta vai dirigir esse trabalho a partir de uma transferência multifacetada de modo subversivo ao privilegiar o lugar do sujeito do inconsciente, um lugar de escuta e sustentação do seu desejo.

Na consultação,[318] tem-se como pilares do dispositivo criado pela equipe, o uso da filmagem dessa primeira consulta e a participação de todos os colegas que não têm conhecimento antecipado da particularidade do caso. A recomendação da Instituição Socioeducativa foi que não houvesse registro de imagens e, essa consultação inicial nesse caso serviu apenas como um encontro formal, sendo garantido um espaço

318 Consultação, termo utilizado no Ambulatório do Bebê, que corresponde a primeira entrevista entre família e supervisora do Ambulatório com observação da equipe multiprofissional.

para mãe e filho sozinhos. Nessa consulta inicial a jovem mãe estava visivelmente constrangida, com o filho no colo que lhe servia de escudo onde não era possível nem mesmo ver seu rosto e mal podíamos escutá-la sendo sua fala objetiva, sem manifestar queixa ou sofrimento.

Maria, como passarei a chamá-la aqui, chegou desconfiada na sua primeira sessão com a analista, o que não a impediu de falar da sua queixa não compreendida e nem escutada pela Instituição. A porta de entrada, estabelecida no início do tratamento para favorecer o manejo e a direção do trabalho, foi a intervenção na interação, tudo isso num cenário ampliado pela condição da privação de liberdade, tanto da mãe quanto do seu bebê. Assegurar que naquele espaço Maria pudesse falar o que quisesse, inclusive que o sigilo seria garantido, era a condição para a instauração da transferência, considerando que ela estava submetida a um ambiente de fiscalização, desconfiança e controle. Uma das exigências da Instituição, como parte do protocolo de segurança, era que a sala de atendimento deveria ser vistoriada pela socioeducadora antes de toda sessão.

Maria usava a escrita como um dos recursos para se expressar, e trago aqui um recorte de um dos seus textos:

> Tudo o que há em uma pessoa envolve sentimento de alegria, tristeza, amor e ódio e tudo que um ser humano sente. Às vezes, em um simples momento de raiva podemos comprometer uma vida toda. Não aceito que falem de mim pelo que fiz, pois nem passa na cabeça dessas pessoas o que passei e o que passo. O que passa em minha cabeça eu vou lutar para mudar, mudar o meu futuro e ser uma nova pessoa, não importa as dificuldades que apareçam.

Nesse caso, o uso da escrita e sua leitura na sessão já podem ser considerados um efeito interpretativo da ordem da transcrição, como nos ensina Allouch.[319]

---

319 ALLOUCH, Jean. *Letra a Letra*: transcrever, traduzir, transliterar. Trad. Dulce Duque Estrada. Rio de Janeiro: Campo Matêmico, 1995.

Renata Petri, no texto Transferência, interpretação e ato, nos diz que

> O analista ocupa então um lugar transferencial ambivalente: é sujeito suposto saber para a criança, em grande medida, porque é sujeito suposto saber para os pais [...]. Tal configuração traz dificuldades para o manejo transferencial, uma vez que compõe transferências que se entrecruzam, mas que mantêm elementos distintos.[320]

A despeito de Petri se referir à criança, o que nos interessa são as transferências que se entrecruzam e têm elementos distintos, mas no caso de um bebê e uma adolescente institucionalizada esse entrecruzamento na transferência é potencializado, o que faz circunscrever o conceito de uma transferência multifacetada.

Esse entrecruzamento além de suscitar muitas questões, provoca a necessidade de pensar numa transferência multifacetada, por indicar muitas direções: o bebê e a analista, a adolescente e a analista, a instituição de acolhimento e analista e entre as instituições.

Uma outra particularidade da clínica com bebê é o fato dele chegar à análise trazido pelos pais. Nesse caso, além do bebê, a própria mãe foi trazida pela Instituição, fato que teve relação direta na construção da transferência. Um texto que gosto de Erik Porge,[321] *A transferência para bastidores*, uma das principais leituras do nosso estudo do Viva Infância, nos diz que uma criança é levada à análise quando há um rompimento na transferência com seus cuidadores. O trabalho do analista é devolver aos pais a transferência e a capacidade de saber sobre seu filho. Nesse caso em questão, mãe e bebê foram levados pela Instituição e a transferência foi construída no trabalho de análise, o que me faz pensar sobre o amor

---

320 PETRI,Renata. *Psicanálise e infância*: clínica com criança. São Paulo: FAPESP, p. 114, 2008.

321 PORGE, Eric. "A transferência para bastidores". *In*: A criança e o psicanalista (Littoral). Rio de Janeiro: Companhia de Freud, 1998.

de transferência com Lacan no Seminário VIII quando afirma que "*O problema do amor nos interessa na medida em que vai nos permitir compreender o que se passa na transferência – e, até certo ponto, na causa da transferência*" ,[322] e sobre o quanto oferecer a falta possibilita sustentar o desejo "*Amar é dar o que não se tem*".[323] Esse caso é ilustrativo para considerarmos as nuances do amor e de ser amado para a instauração da transferência.

Através de interrogações e escuta, a analista conduziu o trabalho e aos poucos a mãe foi construindo um lugar no seu psiquismo para seu bebê, para a construção do laço e da maternidade ao seu modo, sem contar com uma rede de apoio tão importante para o exercício de uma maternidade e sem referência materna inter e transgeracional.

Minha filha

Após um bom tempo de trabalho na análise, Maria me diz: "*eu trabalhei tanto para aceitar minha filha e agora querem tirar ela de mim, como posso viver longe dela?*". Essa indagação foi expressa diante da ameaça de distanciamento, em um momento em que o filho poderia ser afastado da Instituição, com o argumento que uma criança não deveria estar em privação de liberdade. Ela dizia que a presença do filho a deixava viva. As falas da mãe, tais como: "*ele não dorme e só fica olhando pra mim*", "*ele é grudado comigo*" indicam a leitura do filho mantendo sua mãe viva, fazendo a mãe concluir: "*ele está preocupado comigo*". Eu empresto minha fala dizendo que ali ele era cuidado, dirigindo-me ao filho, mas me endereçando à mãe, numa triangulação que possibilitou uma escuta por parte de ambos. Essa cena me fez lembrar quando Graciela Crespin[324] diz

---

322 LACAN, Jacques. *A transferência*. livro 8, Rio de Janeiro: Zahar, p. 43, 1992. (Coleção Seminários).

323 LACAN, Jacques. *A transferência*. livro 8, Rio de Janeiro: Zahar, p. 41, 1992. (Coleção Seminários).

324 CRESPIN, Graciela. *A clínica precoce*: o nascimento do humano. São Paulo: Casa do Psicólogo, p. 29, 2004. (Coleção Primeira Infância).

que uma mãe sabe de seu bebê como sabe de si mesma. Lendo Bergès e Balbo,[325] o transitivismo me ajuda a observar que o laço mãe/bebê passou a permitir momentos de trocas, hipóteses e jogos. Mãe e filho passaram a fazer leitura um do outro e ao longo do trabalho as leituras iam se ampliando com qualidade, todavia, existia também manifestação de irritação por parte da mãe como, por exemplo, reclamava com o filho por fazer xixi várias vezes e não ter fralda suficiente.

Ao longo do trabalho, a mãe começa a fazer planos para o futuro, fará faculdade de direito (mostrava grande conhecimento dos seus direitos), o filho irá estudar e fará esporte, planejava com detalhes os próximos aniversários do filho. Afirmava que não deixaria o filho sozinho, tampouco em companhia de outra pessoa. Perguntei-lhe o motivo, ela me disse que não queria que acontecesse o mesmo que lhe aconteceu, afirmou que o filho só saberia da verdade, que são mãe e filho e também são irmãos, quando ele completasse 18 anos.

Quando ainda os atendia, eu me perguntava como uma jovem mãe construiu sua maternidade imersa nessa realidade de violência e abandono, vivendo num ambiente com tantas adversidades e com ideias de morte rondando seus pensamentos. Penso o quão desejante ela é e o quanto pôde fazer uso do trabalho psicanalítico, elaborando questões muito difíceis. Num determinado momento, ela afirmou que era uma boa mãe, inclusive confrontava a equipe da Instituição por não deixá-la cuidar do filho a seu modo: "*elas dizem que eu não cuido bem do meu filho, mas quero saber se alguém pode cuidar bem de um filho naquele lugar*". Ela costumava dizer "*eu sou a mãe dele*" quando era questionada ao exercer seu papel de mãe, algumas vezes tinha prática de cuidado distinta do que a equipe entendia que seria o adequado. Momentos de demonstração de carinho e cuidado apareciam na sessão, como também se mostrava muito dura e impaciente em outros momentos, como acontece no exercício cotidiano de uma maternidade.

---

325 BERGÈS, Jean e BALBO, Gabriel. *Jogos de posições entre a mãe e a criança, ensaios sobre o transitivismo*. Porto Alegre: CMC, 2004.

Tanto a escuta da analista, que possibilitou o desejo de maternidade e o desejo do bebê de ocupar o lugar de filho, quanto o trabalho do Viva Infância, responsável pelas questões institucionais, sustentaram a permanência dos dois juntos. A Instituição de acolhimento me solicitava a cada três meses relatório sobre o atendimento e, diante do meu compromisso com a jovem mãe e seu filho, eu lia para Maria o relatório, ela tirava suas dúvidas e muitas vezes sugeria alguma coisa. A finalidade da escrita era de sustentar a defesa dos dois permanecerem juntos, conforme o desejo da mãe e da falta de condições externas a esse ambiente, pois uma separação seria mais danosa que a própria restrição de liberdade que o bebê também estava submetido. Myrian Fernandez nos comenta que "*A demanda é condição de desejo. O sujeito está sujeitado à demanda do Outro e é pela via do desejo que pode sair dessa sujeitação. A única forma, porém, pela qual seu desejo pode surgir é pela não resposta do Outro à sua demanda*".[326] A minha posição, portanto, foi para possibilitar que a paciente pudesse sustentar seu desejo. Posso dizer que o manejo da transferência multifacetada (da adolescente com a analista, dela com a instituição em que se encontrava, do bebê com a mãe, do bebê com a analista e entre as instituições esteve presente ao longo do tratamento) foi um dos maiores desafios na condução do caso.

Três cenas: seio, fezes e o bater

Havia uma cena que se repetia: em algum momento da sessão a mãe colocava o bebê para mamar e insistia muito ante a recusa do filho. Em uma das sessões, faço uma leitura da cena que se apresentava ali: "vejo que você colocou ele no colo, ofereceu o peito e ele tentou sair algumas vezes". Em seguida, ela fala do medo do filho parar de mamar e eu lhe pergunto o que pode acontecer se ele parar de mamar, tendo essa pergunta levado ao medo de se separar do filho, uma vez que o aleitamento materno era condição do bebê ainda permanecer com

326 FERNANDEZ, M. R. "A estrutura da transferência na psicanálise com crianças". *Letra freudiana*, nº 9, 1992

a mãe. Ela sabia que havia um risco de ser separada do filho quando houvesse o desmame.

O uso da escrita era muito utilizado por Maria, que tinha um caderno com seus poemas sempre falando de amor e alguns sobre o ato infracional, vida e morte nos seus escritos. A partir da escuta da analista e de elaborações do trabalho analítico, passou a levá-los para a sessão e eu perguntava se queria lê-los, quando trouxe um recorte de um poema sobre o filho: "você é a luz que ilumina o fim do túnel, quando perdemos as esperanças e achamos que estava tudo perdido". Certa vez ela me trouxe três desses poemas para guardar, momento da transferência estabelecida e oportunidade para indagações e outras intervenções. Assinalo aqui como um momento transferencial importante quando Maria deposita na mão da analista a sua produção poética, doação de um objeto de amor.

A partir da confiança, elemento na transferência, mais estabelecida, Maria pôde falar do seu Ato, Ato que a levou a estar em privação de liberdade. No momento em que trazia o relato, seu filho estava em seu colo. Foi quando ela, surpreendida pelo bebê fazendo cocô (fato que nunca havia acontecido na sessão), interrompe o relato para limpá-lo. O bebê caprichou na sua produção e a merda se espalhou, deixando a mãe atordoada. No atendimento em conjunto mãe/bebê, "o analista deve escutar tanto o que a mãe conta, quanto o que o bebê mostra, pois o que não é possível ser dito é mostrado", como nos diz Claudia Mascarenhas, e acrescenta que a "clínica com bebê traz a ideia de um espaço em que a palavra circula ou a imagem se apresenta". O filho, numa mostração muito expressiva, precisou fazer cocô para mostrar a merda e o que nesse momento era insuportável. Após esse episódio, houve um período de silêncio sobre o que era impossível ainda ser dito e eu me perguntava se teria sido efeito de uma possível resistência da escuta da analista dada a angústia que o relato provocava, ou se se tratava de uma mostração muito bem apresentada, em que o filho foi competente na sua forma proteger a mãe, não a deixando continuar o relato. Ou ambos? Dada a angústia desse lugar impossível de ser dito, de um real impossível de ser nomeado ainda naquele momento.

Uma outra cena acontecia na sala de espera: quando eu me aproximava para chamá-los, o bebê fez um gesto batendo uma mão na outra, uma expressão, como se descrevesse o gesto de uma palmada (ela tinha um ano e quatro meses). Ele sabia muito bem a quem endereçar essa queixa, eu recebia a queixa e levava como questão para a mãe. Bernard Golse, no seu texto Psicoterapia do bebê e do adolescente: convergências, nos traz uma questão: "*O bebê é capaz de transferir e de que tipo de transferência se trata então?*",[327] embora, como foi citado acima, que a criança e até mesmo o bebê só estabelece transferência com a analista quando a transferência com os cuidadores é rompida, o que podemos pensar sobre esse caso? É outro tipo de transferência? Como pergunta Golse, esse bebê é capaz de transferir? Caso sim, de que modo?

A saúde psíquica do bebê me chamava a atenção, ele cuidava da mãe, que em muitos momentos esteve depressiva, com fantasma de morte presente, com ideias suicidas, além de muito medo da sua separação do bebê, como ele também tinha competência para mostrar quando algo não estava bem. Ele começou a balbuciar cedo, depois passou a falar algumas palavras, mas num determinado momento parou de falar, se comunicava por gestos; era um momento muito difícil, o medo e a ameaça da separação estavam muito evidentes, em ambos.

Após o caso encerrado, por Maria ter recebido a Liberdade Assistida, foi possível me fazer retomar o percurso traçado pela mãe e por seu filho. Seus relatos faziam referência ao fantasma de morte que a acompanhou em todo período que esteve em privação de liberdade ou, ainda, sobre como foi viver esse período "*se achando um monstro*", referindo-se ao ato infracional. Como ela transformou a dor, o medo em palavras, não só no espaço analítico como na produção de poesia, também levada para a análise, como mostra esse trecho sobre a saudade: "a saudade é a insistência *que a memória tem em pensar no que não temos ou o que já se foi*". O texto de Freud nos ajuda a suscitar o papel da escrita para Maria:

---

327 GOLSE, Bernard. *Sobre a psicoterapia pais-bebês*: narratividade, filiação e transmissão. Dirigida por Claudia Mascarenhas Fernandes Rohenkol; tradução Inês Catão, Maria Auxiliadora Mascarenhas Fernandes, Júlia Castilho, Regina Aragão. São Paulo: Caso do Psicólogo. (Coleção 1ª infância), 2003.

> Uma poderosa experiência no presente desperta no escritor criativo uma lembrança de uma experiência anterior (geralmente na infância), da qual se origina então um desejo que encontra realização na obra criativa. A própria obra revela elementos da ocasião motivadora do presente e da lembrança antiga[328]

Era uma paciente que se questionava, inclusive, como seria se ela não estivesse fazendo sua análise, fazia leituras a respeito da relação dela com o filho, defendia suas posições, questionava o tempo da sessão reivindicando-o maior quando achava que era pouco, como também se queixava que não havia livros novos na biblioteca, pois a cada sessão ela escolhia um livro para ela e outro para ler para o filho, como um laço a garantir sua volta numa próxima vez.

Considero que um dos efeitos do seu trabalho analítico foi a sua decisão de escrever à juíza. Fez nesse escrito (mais um escrito) a defesa da sua liberdade e de poder estar com seu filho enquanto estivesse aguardando essa decisão da justiça, pois acreditava que haveria uma audiência e me solicitou a acompanhá-la. Porém, tanto a audiência, quanto sua cerimônia de formatura do ensino médio não aconteceram, pois sua Liberdade Assistida saiu antes de completar o terceiro ano da medida socioeducativa.

Do lado da instituição, o trabalho desse caso possibilitou repensar sobre a condição das adolescentes em privação de liberdade, grávidas ou com filho, e numa reunião entre as instituições foi decidido que nenhum bebê seria separado de sua mãe. Observa-se de modo notório o quanto os efeitos de uma escuta analítica ultrapassam as barreiras e podem afetar de modo contundente o entorno daquele que é atendido.

Minha ideia é trazer discussões a respeito, não apenas sobre esse caso tão peculiar como também tomá-lo como ponto de partida para pensarmos as diversas singularidades da nossa prática clínica. Para além da discussão, é importante ressaltar o quanto o manejo da transferência

---

328 FREUD, Sigmund. Obras Completas (1905-1915). tomo II, 3ª ed. Madrid: Biblioteca Nueva, 2007.

foi fundamental para Maria construir a maternidade a seu modo, com as ambivalências de afetos que contemplam a maternidade, assim como para utilizar a escrita como ferramenta de autonomia, tanto na produção poética quanto na produção da escrita da sua defesa.

Referências bibliográficas

ALLOUCH, Jean. *Letra a Letra*: transcrever, traduzir, transliterar. Trad. Dulce Duque Estrada; Rio de Janeiro: Campo Matêmico, 1995.

BERGÈS, Jean e BALBO, Gabriel. *Jogos de posições entre a mãe e a criança, ensaios sobre o transitivismo*. Porto Alegre: CMC, 2004.

BRASIL. *Lei n. 8.069*, de 13 de julho de 1990. Dispõe sobre o Estatuto da Criança e do Adolescente e dá outras providências. Diário Oficial [da] República Federativa do Brasil, Brasília, DF, 16 jul. 1990. Disponível em: http://www.planalto.gov.br/ccivil_03/LEIS/L8069.htm#art266/.

CRESPIN, Graciela. *A clínica precoce*: o nascimento do humano. São Paulo: Casa do Psicólogo, 2004. (Coleção Primeira Infância).

FERNANDES, Claudia Mascarenhas. *Psicanálise para aqueles que não falam?* A imagem e a letra na clínica com o bebê. Salvador: Instituto Viva Infância, 2011.

FERNANDEZ, M. R. "A estrutura da transferência na psicanálise com crianças". *Letra freudiana*, nº 9, 1992

FREUD, Sigmund. *Análise terminável e interminável*. *In*: *Obras Completas*. Rio de Janeiro: Imago, 1980. (ESB).

FREUD, Sigmund. Obras Completas (1905-1915). tomo II, 3ª ed. Madrid: Biblioteca Nueva, 2007.

GOLSE, Bernard. *Sobre a psicoterapia pais-bebês*: narratividade, filiação e transmissão. São Paulo: Caso do Psicólogo, 2003. (Coleção Primeira Infância).

LACAN, Jacques. *A transferência*. livro 8, Rio de Janeiro: Zahar, 1992. (Coleção Seminários).

PETRI, R. *Psicanálise e infância*. clínica com criança. Rio de Janeiro; Cia. de Freud, 2008.

PORGE, Eric. "A transferência para bastidores". *In*: A criança e o psicanalista (Littoral). Rio de Janeiro: Companhia de Freud, 1998.

CAPÍTULO X

EU QUERO FALAR!

RAFAELA COUTINHO DANTAS E
MARIA AUXILIADORA FERNANDES

Introdução

A apresentação desse material clínico tem como objetivo poder escrever sobre a clínica com uma criança pequena, no âmbito institucional, com a particularidade de ser realizado de modo não presencial, pela circunstância da Pandemia de COVID-19. Sabemos o quanto a presença do analista conta nesse processo com o paciente na infância, daí o quão novo seria esse encontro atravessado por uma tela, com os corpos distantes.

O relato que se segue visa a abordagem do caso de uma criança que nos chega com hipótese diagnóstica de autismo, dos efeitos dessa suspeita sobre a mãe da criança. Um olhar cuidadoso na condução da transferência pulverizada entre o paciente, a família e instituição, respeitando o tempo necessário à escuta atenta, evitando equívocos quanto a um diagnóstico ou mesmo à direção do tratamento. Escrever a clínica do Instituto Viva Infância é um compromisso ético, uma vez que o arcabouço teórico vai sendo construído a partir da nossa prática.

Novos questionamentos que vão surgindo nos impulsionam a buscar soluções firmadas na teoria e desse modo reinventar essa prática tão surpreendentemente rica como a prática clínica com crianças.

O início

Quando comecei a escrever esse caso clínico, dois significantes surgiram: desafio e desejo. Desafio, frente ao atendimento de uma criança de pouco menos de três anos, que foi iniciado de modo online, sem qualquer contato presencial anterior. E desejo, que ocorre como uma aposta de ambos os lados: meu, em realizar uma escuta possível, dentro de toda complexidade de um atendimento remoto com uma criança tão pequena, assim como a vontade do paciente e dos familiares em serem escutados. O paciente, que nomearei Mateus, diz claramente durante as sessões: "*Eu quero falar!*". Essa afirmativa se mantém ao longo dos atendimentos.

A mãe, nomeada aqui de Karen, começou a participar do grupo de pais do Viva Infância, que passou a acontecer de forma remota. Uma mãe acometida por muitas questões subjetivas, demonstrou um grande sofrimento diante das manifestações do filho, descritas pela mesma como impositiva e agressiva. As coordenadoras do grupo identificaram a necessidade de encaminhar a criança o quanto antes para um acompanhamento psicológico. Foi importante para a condução do caso e manejo da transferência de sessões individuais com a mãe, assim como sessões com outros adultos, com os quais a criança convive diariamente.

No que concerne à prática clínica com crianças, Porge nos diz que "é uma prática mais exposta do que aquela com adultos, porque se desenvolve implicando terceiros que podem intervir diretamente junto ao analista".[329] Essa exposição já evidente nas sessões presenciais torna-se algo ainda mais delicado nos atendimentos online da criança, quando o espaço não é delimitado como em um consultório, o paciente transita

---

329 PORGE, Eric. "A transferência para bastidores". *In*: A criança e o psicanalista (Littoral). Rio de Janeiro: Companhia de Freud, 1998, p. 8.

pela casa e as pessoas que ali estão, inevitavelmente, transitam durante a sessão do paciente. Tratando-se de uma criança tão pequena e da impossibilidade da presença física da analista, foi importante a cuidadora principal ali, durante toda a sessão, intermediando as solicitações feitas pelo paciente, ao tempo em que a dinâmica mãe-criança se mostrava em cena ganhando, ao meu ver, um contorno importante. Através de chamadas de voz e de vídeo, Karen fala do lugar de mãe, mas também encontra na escuta da analista um espaço para as manifestações do inconsciente. Relata uma gestação difícil por conta do seu estado psicológico durante a mesma e do fantasma de vir a ter *um filho com problema*, um sofrimento inflado por questões imaginárias frente à realidade da sua idade, associado ao fato de ser uma gravidez não planejada pelo casal.

Poder incluir a escuta da família é ter a chance de escutar algo que Gisela Untoiglish chama de fundamental para a criança, "a realidade psíquica de seus pais", sendo um trabalho que possibilitaria novas interpretações da realidade do lado da família e novas concepções para o acompanhamento da criança.[330] Quando nos chega uma criança, nessa condição de *infans,* ainda sem uma estrutura definida, existe um sujeito do inconsciente, e é com esse sujeito que se dá a aposta de um trabalho de análise, mesmo tratando-se de uma criança. Se para Lacan "o inconsciente é o discurso do outro"[331] podemos considerar que é importante escutar "o discurso da família, principalmente daquela pessoa que ocupa a função materna, já que esses significantes ao tempo em que pertencem ao outro (familiar), também contribuem para a constituição subjetiva da criança".

No discurso de Marcelo (assim chamarei o pai), ocupar uma posição fálica se apresenta como uma grande limitação, se dizendo uma pessoa que enfrenta dificuldades em *ter liderança.* Nesse momento, esse pai pode dizer de sua dificuldade em exercer a função simbólica, função de terceiro na relação mãe-criança. Em meio a uma narrativa

---

330 UNTOIGLISH, Gisela (*et al.*). *En la infancia los diagnósticos se escriben con lápis.* Buenos Aires: Centro de Publicaciones Educativas y Material Didáctico, p. 67, 2013.

331 LACAN, Jacques. "O seminário sobre 'A carta roubada'" e "De uma questão preliminar a todo tratamento possível da psicose". *In:* ______. *Escritos.* Rio de Janeiro. Zahar, p. 18, 1998.

de difícil escuta, rica em metáforas, Marcelo consegue falar sobre si e os desafios da paternidade. Por outro lado, ao dizer sobre o filho, o vê como *esperto e saudável*, o que faz um contraponto a alguns enunciados maternos. Como se opera a função paterna aqui? Para Lacan, devemos considerar não só a "maneira como a mãe se arranja com a figura do pai, mas também a importância que ela dá à palavra dele".[332] Quando escutamos os pais, escutamos a história da criança, a dinâmica da família, os conflitos, mas também acolhemos de algum modo seu sofrimento e certamente isso tem algum efeito também para o paciente.

A maternidade, que culturalmente já vem imposta pelo imperativo da mãe benevolente, ganha um lugar ainda mais importante devido ao fantasma de Karen, que foi atualizado durante o parto e a experiência de morte, no momento em que seu filho precisou ser reanimado. Essa mãe que não cede do seu olhar hipervigilante desde o nascimento do filho, é também aquela que se culpa. Reconhece em si algo da falta, mas encontra-se impossibilitada de demonstrar na interação com o filho que essa falta apareça. Aí surge uma questão importante para ser trabalhada, o olhar que cerca Mateus. A clínica do Viva Infância se compromete com o que diz respeito ao olhar do outro sobre a criança, "Se seu olhar muda, tudo muda".

A "doutora"

Mateus, já na primeira sessão, mostra-se bastante comunicativo. Apresento-me e pergunto qual seu nome. Inicialmente desinteressado em qualquer contato, ele não olha para a tela e não responde. Não recuo diante da recusa em olhar e responder, aposto que algo possa surgir como resposta. Insisto um pouco mais até que lhe pergunto por seus brinquedos; ele então se levanta, corre até um carrinho, vira-se para a tela do celular e mostra o brinquedo, tira as suas rodas e as coloca em outro carrinho. Parece-me que, ali, ele percebia que estava

---

332 LACAN, Jacques. "De uma questão preliminar a todo tratamento possível da psicose". *In*: ______. *Escritos*. Rio de Janeiro: Zahar, p. 585, 1998.

uma *doutora,* como foi nomeado pela mãe ao me apresentar a ele, mas uma doutora interessada em lhe escutar e conhecer o seu brincar. Pensei depois que esse significante *doutora* contribuiu para uma recusa de Mateus, uma vez que ele estava indo a muitas consultas médicas. Dirijo-me perguntando se ele aceita se encontrar comigo semanalmente, e ele responde prontamente *aceito,* com um sorriso e olhar fixo para a tela! Firmo com ele, nesse momento, um contrato, tendo sido necessário explicar de forma que ele entendesse a pergunta e pudesse responder por conta própria. Isso nos fala da importância de possibilitar que a criança afirme sua vontade e seja o principal ator nessa cena. Esse ato marca um diferencial nessa clínica.

A criança chega à clínica acompanhada por uma pergunta e uma resposta. A pergunta está do lado do adulto, ao querer saber sobre as manifestações da criança, enquanto o sintoma da criança está posto como resposta ao desejo (materno, da família ou até mesmo da criança), assim "o sintoma da criança acha-se em condição de responder ao que existe de sintomático na estrutura familiar".[333] Quem poderá responder ao enigma trazido pelos pais? O analista, como alguém que responde por via do *semblante,* trabalha para que a transferência aconteça e se mantenha ao longo do tratamento, desse modo entra no jogo das interrogações, as que vêm acompanhadas com a criança e as que surgem ao longo do trabalho.

Karen questiona inclusive a eficácia do tratamento de forma remota. Decerto que o atendimento remoto está atravessado pela não presença dos corpos, e muito se perde com isso, mas como todo entrave na clínica, este não deve ser negado; eu diria que deve ser cuidado, para que não venha a criar uma resistência. Não a resistência citada por Freud[334] como pertencente ao paciente, mas a *resistência do analista,* proposta por Lacan.[335] É fácil cair nessa armadilha, pela intimidade de

---

333 LACAN, Jacques. "Nota sobre a criança". *In:* ______. Outros Escritos. Rio de Janeiro, Zahar, p. 368, 2003.

334 Ver: FREUD, Sigmund. *Recordar, repetir e elaborar. In: Obras Completas.* vol. 12, Rio de Janeiro: Imago, 1996. (ESB).

335 LACAN, Jacques. "Do pequeno ao grande Outro". *In:* _____. O eu na teoria de Freud e na técnica da psicanálise. livro 2, Rio de Janeiro: Zahar, pp. 278-295, 1998.

estar, de certo modo, na casa do paciente, e também pelo desconforto de uma clínica completamente nova na prática e na teoria.

É preciso estar advertido de que a criança nos chega em processo de construção, no que tange a sua constituição subjetiva, diferentemente do adulto que vai caminhar nesse processo de forma inversa, despindo-se de suas roupagens fantasmáticas. Porge propõe que com a criança ocorra uma "transferência indireta, uma transferência para os bastidores" para que sua neurose possa se constituir; assim o analista sustenta o que viria a ser para os pais um campo difícil de suportar, até que a criança consiga emergir com seu desejo.[336] O paciente deixa claro, sempre que diz *eu quero falar,* que ele precisa de um espaço, não para que alguém fale por ele, mas para que alguém o escute no seu dizer, nos seus jogos, nas suas brincadeiras.

Ir ao longo do tratamento firmando o contrato inicial com o paciente e com a família se fez necessário para assegurar que ele possa falar. Mateus se mostra irritado sempre que alguém começa a falar sobre ele, não por conta da interferência na sessão, mas os relatos e observações sobre seu comportamento têm um efeito de inquietação sobre o mesmo. Em um desses momentos ele sai completamente da cena, indo para outro cômodo; com o tempo da sessão excedido, foi necessário finalizar sem ele. Já havia acontecido outras vezes: após finalizar o atendimento, o paciente retornar à ligação — quase sempre a própria criança faz isso, e apesar de considerar o encerrar da chamada de vídeo como um efeito de corte, nesse dia eu atendi. Mateus pediu à mãe para ligar novamente e "se despedir". Como havíamos combinado desde o início, ele é o responsável por desligar o aparelho no final da sessão, me convocando a cumprir nosso contrato inicial.

Como saber o que surge na clínica como sendo o fantasma materno ou o sintoma da criança? Seria um equívoco se cercar de certezas no que se refere à infância. Vorcaro afirma que "as relações de implicação entre sintoma e o fantasma não estão bem distinguidas na teoria

336 PORGE, Eric. "A transferência para bastidores". *In*: A criança e o psicanalista (Littoral). Rio de Janeiro: Companhia de Freud, 1998, p. 15.

e na clínica", já que um entra no campo do funcionamento simbólico enquanto o outro estaria no campo da falta.[337] Mateus parece estar basculando entre a tensão e o apaziguamento, entre ceder ao outro e negar ao outro, atender ou recusar ao imperativo do outro materno. Karen diz em uma sessão: "*ele quer agitar*". Ouvi atentamente aquele significante que se repetia durante a sessão. Agitar era um sintoma dessa criança ou uma resposta ao outro materno? Se considerarmos que ele agita – ela reage –, ele apazigua – ela não reage, e assim se segue uma cadeia que se repete. Penso que, desse modo, essa criança cuida de sua mãe.

Relato de uma sessão de *caos*, tomando emprestado esse significante de Karen, ilustra um cenário completamente diferente das sessões anteriores: fui surpreendida quando pela primeira vez o paciente faz uma mostração importante, atirando objetos, fazendo birra e gritando. Fora do campo de visão ao qual eu tinha acesso, ambos se apresentavam em um *caos*, ao tempo em que a sessão seguia com várias interrupções na chamada de vídeo. O que faz um analista nessa hora? A clínica tem surpresas, mal-estar e falhas na comunicação. Coloquei-me à disposição para atendê-los um outro dia da semana.

Senti que um discurso médico pôs em questão a transferência, quando a mãe desmarcou e esqueceu algumas sessões, algo que até então não havia acontecido. Ofereço horários extras de escuta, como um recurso necessário para a manejar a angústia e sustentar a transferência. Pouco depois ao retomar de forma assídua as sessões e perguntar minha opinião sobre a necessidade de um atendimento presencial, foi possível notar que o sujeito suposto saber (SsS)[338] estava operando.

Quando o psicanalista entra em cena, estaria ele contribuindo para que a criança se descole da identificação com o falo? Seria a via

---

337 VORCARO, Angela. *Criança na psicanálise*: clínica, instituição e laço social. Rio de Janeiro: Cia. de Freud, p. 70, 1999.

338 Sujeito suposto Saber (SsS) é um termo criado por Lacan (Os quatro conceitos fundamentais da psicanálise). Refere-se ao termo enquanto uma função que será introduzida, dizendo "que o sujeito suposto saber, na análise, é o analista" (1964, pp. 213).

da separação uma via possível para a direção do tratamento neste caso? O bebê inicialmente está atado à figura materna, é importante para ambos que em um primeiro momento isso aconteça, ele seja um objeto que preenche esse outro materno até que possa separar-se e nessa separação aparecer além da mãe a mulher. Para Miller, "o objeto criança não somente preenche, como também divide [...], é essencial que ela divida".[339] Ser essencial não significa que seja fácil, nem que a criança não vai sucumbir, por isso precisa de um terceiro que possa ajudá-la na sua falta com relação ao saber do outro, e à falta do Outro, é o que Vorcaro esclarece ao falar que é necessário que a "criança suponha que ao menos um sabe lidar com a demanda dessa mulher".[340]

Durante as sessões algo se repete, a baliza entre: brincar com o que a mãe coloca na cena - portanto, isso que diz respeito ao desejo da mãe -, e a criança tentando inventar outras formas de brincar, buscando maneiras outras para usar da sua imaginação. Por vez o que toda criança faz naturalmente torna-se algo que envergonha a mãe. Karen se desconserta e Mateus se diverte, ambos esperam da analista uma reação, talvez algo da ordem médica ou pedagogizante, para educar ou orientar, mas a analista se cala e deixa que a mãe tome seu lugar de saber, e assim ela o faz. Nesse momento surge um grande desafio: não desautorizar o familiar, ao mesmo tempo cuidar para que essa criança possa se expressar, exposta às intervenções do familiar.

Em tempos de pandemia, as crianças são afetadas por muitos motivos (ausências, perdas, lutos, medos, adoecimentos, desemprego e tantos outros), já que tudo que afeta seu contexto familiar também lhes atinge de algum modo. Gostaria de destacar que, entre tantos prejuízos, a falta da experiência vivida no contexto escolar é irreparável. Não me refiro aqui ao ensino-aprendizado apenas, mas principalmente à convivência com outra instituição, com outras crianças, uma perda nessa

---

339 MILLER, Jacques-Alain. *A criança entre a mulher e a mãe.* Opção Lacaniana, São Paulo, 1997.

340 VORCARO, Angela. *Criança na psicanálise*: Clínica, instituição e laço social. Rio de Janeiro: Cia. de Freud, p. 69, 1999.

experiência que diz respeito aos laços sociais, "grosso modo, o lugar social atribuído à criança é a escola", diferente do adolescente que circula por outros meios.[341] Faltam crianças para brincar, falta um professor para ensinar, falta um lugar para a criança mudar de contexto; diante desse cenário, o cuidador principal fica encarregado e sobrecarregado em atender todas essas demandas.

Notei que ocupar esse papel pedagógico e a quantidade de tempo interagindo com a criança pode ter contribuído para que as ações e reações do filho, descritas pela mãe, ganhassem um protagonismo em sua fala. Narra a forma como Mateus brinca, gesticula e interage com os objetos. O interesse pelo girar é visto de forma literal e paradoxalmente; a criança demonstra ser observadora, interessada no mecanismo de funcionamento, fazendo do brincar uma ação contextualizada. Essa forma de brincar espontânea é diferente do brincar com objetivo de aprendizado, "a brincadeira não é apenas uma atividade autogratificante e prazerosa, ela é também uma forma de pensar e simbolizar".[342] Diante da falta que a escola faz e da necessidade de cumprir esse papel, o cuidador dá ênfase ao brincar pedagógico, e com isso se cobra e se responsabiliza. Por tudo que cerca o olhar e a palavra em torno da criança, compartilho do que Tânia Ferreira diz sobre tratar a família, "para que ela possa sustentar as possibilidades de que haja infância, para que a infância da criança não desapareça".[343] Preservar a infância durante um contexto social de pandemia, em que a família está tomada por medos, incertezas e cansaço, é uma tarefa que não pode ser negligenciada, ainda que esteja limitada.

---

341 BERNARDINO, Leda Mariza Fischer. *As Psicoses não decididas na infância*: um estudo psicanalítico. São Paulo: Casa do Psicólogo. Coleção 1ª Infância (dirigida por Cláudia Mascarenhas Fernandes). p. 77, 2004.

342 DUNKER, Christian; THEBAS, Claudio. *O Palhaço e o Psicanalista*: como escutar os outros pode transformar vidas. São Paulo: Planeta do Brasil, p. 54, 2019.

343 FERREIRA, Tânia. *Escrita da Clínica*: psicanálise com crianças. 3ª ed. Belo Horizonte: Autêntica Editora, 2019, p. 120.

O botão de desligar

Nas sessões online, a tela entra como um jogo simbólico importante. O botão de ligar e desligar ganhou um lugar significativo desde o início do acompanhamento; nele aparece algo da divisão ao encerrar a sessão: desliga quando não quer que falem sobre ele, resiste em desligar quando deseja *falar mais*. Durante muitas sessões essas teclas no *touch screen* servem como uma brincadeira do *Fort-da,*[344] esse jogo de aparecer e desaparecer que ocorre quando corta e retoma a voz, cancela e retoma a imagem. A criança ganha autonomia para operar na relação com o outro, a seu modo. Isso, que para a família muitas vezes é incômodo, dá à criança liberdade para agir sem ser tolhida, ou pelo menos, não pela analista, já que todos os atendimentos online contaram com a presença de algum familiar.

Entre um quadro recortado da cena, o áudio que falha, a tela que trava, muito do que se produz na sessão também se perde no atendimento online, a barra do Real se faz presente! Como, então, conduzir isso com a criança no atendimento remoto? Se trabalha com o que se pode ouvir, com o que surge na cena. Mas é importante estar advertida de que algumas situações requerem uma resolução efetiva e, para isso, foi necessário recorrer ao adulto do outro lado da tela, por vezes ao verificar a conexão, apoiar o celular em algum lugar enquanto a criança brinca, enviar fotos dos desenhos. O cuidador assim se faz, cuida para que a sessão possa acontecer.

A clínica demanda do analista paciência e uma escuta atenta, já que o tempo em voga é o tempo do paciente. Por mais difícil que seja acompanhar esse tempo, o trabalho realizado com a criança, é "brincando – esperando – provocando – inventando, vivendo os gerúndios"[345] que uma criança pode expressar o que sente e o que pensa, esse é o

---

344 Ver: FREUD, Sigmund. *Além do princípio de prazer*. *In*: *Obras Completas*. vol. 18, Rio de Janeiro: Imago, 1996. (ESB).

345 UNTOIGLISH, Gisela (*et al.*). *En la infancia los diagnósticos se escriben con lápis*. Buenos Aires: Centro de Publicaciones Educativas y Material Didáctico, p. 79, 2013.

tempo da infância. Só o sujeito sabe dizer do que dá conta de ser falado, algumas vezes só depois de muitas sessões algo pode retornar. Com Mateus, não foi diferente, e ilustra bem quando, depois de alguns meses de atendimento, pôde dizer, através de um desenho ao qual descreveu como *televisão quebrada*, do quanto esse episódio lhe marcou. Mesmo tendo sido relatado algumas vezes pela mãe, teve seu próprio tempo para falar sobre a questão.

O tempo de observar a criança não pode atender a um tempo cronológico. Quando os sintomas da criança não estão tão claros, enunciar um diagnóstico apenas para não deixar os familiares sem uma resposta pode ter um preço muito alto, já que ao longo das sessões os sinais e manifestações da criança podem apontar em uma outra direção de sofrimento. A hipótese diagnóstica é imprescindível para a condução do caso, porém precisa ser cuidadosamente pensada como um significante que pode vir a trazer consequências para a criança e para a família. Untoiglish provoca uma grande reflexão quando convida que os profissionais sejam cuidadosos ao escrever sobre os diagnósticos: "assim como as crianças começam escrevendo suas primeiras letras com lápis, os profissionais também deveriam utilizar um lápis para escrever as primeiras hipóteses diagnosticas".[346] Os familiares desejam e têm direito de indagar sobre o diagnóstico, e ignorar não é uma opção, mas a cautela deve estar ao nosso lado. Incluir a família e seu saber sobre as manifestações da criança é tão importante quanto dar tempo para que a criança possa falar sobre seus sintomas.

Quando na primeira sessão Mateus não olha para a tela, ou não responde a minha pergunta, não foi por uma surdez, falta de atenção ou dificuldade em interagir, porém uma hipótese equivocada poderia surgir a partir desse recorte. Foi necessário apostar de uma outra forma na maneira de intervir, apostar na transferência.

Em dois momentos diferentes percebi que Mateus enuncia algo da sua subjetividade, quando brincando com o carrinho sobre a mesa

---

346 UNTOIGLISH, Gisela. (*et. al.*). *En la infancia los diagnósticos se escriben con* lápis. Buenos Aires: Centro de Publicaciones Educativas y Material Didáctico, p. 67, 2013.

diz *"vai cair no precipício"*"", solta e cai. Em uma outra sessão, diz que "*o peixe sumiu*". Pergunto o que aconteceu com o peixe. Sem hesitar, responde: "*ele ficou em apuros*". Cair no precipício e ficar em apuros diz do momento em que essa criança está vivendo.

Esse caso clínico esteve sob a supervisão de Maria Auxiliadora Mascarenhas Fernandes, membro fundadora e presidente do Instituto Viva Infância. Essa Instituição se preocupa em fazer o tripé da supervisão, atendimentos e estudo teórico caminhar junto, privilegia o atendimento das crianças e seus familiares, mas também trabalha para que os atendimentos aconteçam de forma consistente e responsável.

Referências bibliográficas

BERNARDINO, Leda Mariza Fischer. *As Psicoses não decididas na infância*: um estudo psicanalítico. São Paulo: Casa do Psicólogo, 2004. (Coleção Primeira Infância).

DUNKER, Christian; THEBAS, Claudio. *O Palhaço e o Psicanalista*: como escutar os outros pode transformar vidas. São Paulo: Planeta do Brasil, 2019.

FERREIRA, Tânia. *Escrita da Clínica*: psicanálise com crianças. Belo Horizonte: Autêntica Editora, 3ª ed. revisada e ampliada, 2019.

LACAN, Jacques. "O seminário sobre 'A carta roubada'" e "De uma questão preliminar a todo tratamento possível da psicose". *In*: ______. *Escritos.* Rio de Janeiro: Zahar, pp. 13-66 e pp. 537-590, 1998.

LACAN, Jacques. "Do pequeno ao grande Outro". *In*: ______. *O eu na teoria de Freud e na técnica da psicanálise.* livro 2, Rio de Janeiro: Zahar, 1998. (Coleção Seminários).

LACAN, Jacques. "O campo do Outro". *In*: ______. Os quatro conceitos fundamentais da psicanálise. livro 11, Rio de Janeiro: Zahar, pp. 193-217, 1988. (Coleção Seminários).

LACAN, Jacques. "Nota sobre a criança". *In*: ______. Outros Escritos. Rio de Janeiro: Zahar, pp. 369/370, 2003.

MILLER, Jacques-Alain. "A criança entre a mulher e a mãe". Opção Lacaniana, São Paulo, 1997.

PORGE, Eric. "A transferência para bastidores". *In*: A criança e o psicanalista (Littoral). Rio de Janeiro: Companhia de Freud, 1998.

UNTOIGLISH, Gisela. (*et. al.*). *En la infancia los diagnósticos se escriben con lápis*. Buenos Aires: Centro de Publicaciones Educativas y Material Didáctico, 2013.

VORCARO, Angela. *Criança na psicanálise*: clínica, instituição e laço social. Rio de Janeiro: Cia. de Freud, 1999.

FREUD, Sigmund. *Além do princípio de prazer*. *In*: *Obras Completas*. vol. 18, Rio de Janeiro: Imago, pp. 13-72, 1996.

FREUD, Sigmund. *Recordar, repetir e elaborar*. *In*: *Obras Completas*. vol. 12, Rio de Janeiro: Imago, 1996. (ESB).

PARTE IV

DAS PARTICULARIDADES DO CONTEXTO

CAPÍTULO XI

ATENÇÃO PSICOSSOCIAL, ATENÇÃO BÁSICA E O CUIDADO DA PRIMEIRA INFÂNCIA: BASES DE UMA EXPERIÊNCIA COLABORATIVA

LEANDRO FRANÇA PACHECO,
BÁRBARA COSTA ANDRADA,
MARIA CRISTINA VENTURA COUTO E
PEDRO GABRIEL GODINHO DELGADO

Introdução

A história das crianças e dos adolescentes brasileiros é marcada por exclusão e segregação, mesmo após o campo jurídico-político instituir a proteção integral como marco doutrinário, reconhecendo-os como sujeitos de direitos a serem tratados com total prioridade pelas políticas públicas e ações do Estado.[347] [348]

---

347 BRASIL. *Constituição da República Federativa do Brasil*: promulgada em 5 de outubro de 1988. Brasília: Senado, 1988.

348 BRASIL. *Lei n. 8.069*, de 13 de julho de 1990. Dispõe sobre o Estatuto da Criança e do Adolescente e dá outras providências. Brasília: DOU, 1990.

A promulgação da Constituição da República de 1988, conhecida como Constituição Cidadã, inaugurou cenário importante para os direitos difusos e coletivos no Brasil, alcançando avanços significativos no campo da promoção, garantia e defesa dos direitos infantojuvenis. Estes, também entendidos como constituintes de uma terceira geração de direitos fundamentais,[349] [350] encontraram, entre o final da década de 1980 e início dos anos 2010, solo democrático para incidir na construção nacional das políticas públicas de saúde.

Com a Constituição Cidadã, o país elevou o direito à saúde ao patamar da universalidade, ratificando ser este um direito de todos e dever do Estado, a ser efetivado por meio de políticas sociais e econômicas, visando ao acesso universal e igualitário a ações e serviços componentes de um Sistema Único de Saúde (SUS), organizado sob as diretrizes de descentralização, integralidade e participação comunitária.

Nos anos 1990, com o reconhecimento e a ampliação dos direitos infantojuvenis e a regionalização do SUS,[351] [352] o cuidado em saúde da criança potencializou os esforços políticos de enfrentamento das adversas condições de vida em que considerável parcela da população infantil crescia e se desenvolvia. Inicialmente a partir do Programa de Atenção Integral à Saúde da Criança[353] (PAISC), de 1984, foram formuladas ações

---

349 PILOTTI, Francisco. "Crise e perspectivas da assistência à infância na América Latina". *In*: PILOTTI, Francisco; RIZZINI, Irene (Coord.). A Arte de governar crianças: a história das políticas sociais, da legislação e da assistência à infância no Brasil. Rio de Janeiro: Instituto Interamericano Del Niño, pp. 12-45. 1995.

350 SILVA, Virgílio Afonso da. "A evolução dos direitos fundamentais". *Revista Latino-Americana de Estudos Constitucionais*, São Paulo, nº 6, pp. 541-558, 2005.

351 BRASIL. Ministério da Saúde. *Portaria n. 692/GM*, de 25 de março de 1994. Cria códigos e estabelece condições de cobrança para o Programa de Saúde da Família e do Programa de Agentes Comunitários de Saúde (PSF e PACS). Brasília: DOU, 1994.

352 BRASIL. Ministério da Saúde. *Portaria n. 1.886/GM*, de 18 de dezembro de 1997. Aprova as Normas e Diretrizes do Programa de Agentes Comunitários de Saúde e do Programa de Saúde da Família. Brasília: DOU, 1997.

353 BRASIL. Ministério da Saúde. *Assistência Integral à Saúde da Criança*: ações Básicas. Brasília: Ministério da Saúde, 1984.

básicas de assistência integral à saúde da criança, deslocando o enfoque de um modelo de atenção baseado em patologias para outro que contemplasse ações de vigilância do crescimento e do desenvolvimento. O monitoramento dessas ações se realizava por meio do Cartão da Criança, que foi o primeiro instrumento brasileiro a unificar informações quanto a crescimento e imunização. Com uma linguagem que pretendia ser acessível a todas as pessoas, tinha por objetivo estimular o registro de eventos importantes relacionados à saúde, servindo como veículo de conscientização e participação das famílias no cuidado de suas crianças.

Entre 1984 e 2003, o Cartão da Criança foi ampliando sua abrangência e incorporando mais informações a cada nova versão lançada. Passou a conter dados de identificação, informações sobre os direitos da criança, controle de vacinas, acompanhamento do crescimento e do desenvolvimento, além de orientações e sugestões. Adquiriu o formato de cartilha, resultando, em 2005, na Caderneta de Saúde da Criança (CSC).[354 355 356]

A CSC não apenas modificou os conteúdos do Cartão da Criança, mas também trouxe uma nova concepção para este tipo de instrumento, configurando-se, no cenário da atenção à saúde da criança, como o instrumento de maior alcance para a vigilância em saúde criado pelo SUS por conter orientações quanto aos aspectos do crescimento e desenvolvimento infantil em suas diferentes dimensões, inclusive psíquicas.

Além disso, a CSC reúne as informações e os registros mais importantes para a vigilância integral à saúde da criança e, ao servir à criança e à família, contribui para seu acompanhamento nos diferentes serviços e níveis de atenção e ancora ações de acompanhamento e

354 BRASIL. Ministério da Saúde. Portaria n. 964/GM, de 23 de junho de 2005. Aprova a Resolução MERCOSUL/GMC N° 04/05 e seu anexo intitulado "Informação Básica Comum para a Caderneta de Saúde da Criança". Brasília: DOU, 2005.

355 BRASIL. Ministério da Saúde. *Caderneta de Saúde da Criança*. Brasília: Ministério da Saúde, 2005.

356 BRASIL. Ministério da Saúde. *Manual para utilização da Caderneta de Saúde da Criança*. Brasília: Ministério da Saúde, 2005.

promoção de saúde, concretizando-se como estratégia privilegiada das políticas de redução da morbimortalidade infantil.[357] [358]

Paralelamente ao processo de avanço das ações para atenção integral à criança no campo da saúde geral, no campo da saúde mental as necessidades de crianças e adolescentes tardaram a ser incluídas na agenda pública do setor.[359] A inclusão dessa temática no modelo de atenção comunitária inaugurado pela Reforma Psiquiátrica – nomeado como Atenção Psicossocial –, só teve início no final do ano de 2001, a partir da III Conferência Nacional de Saúde Mental,[360] concretizando-se, sob o fundamento da intersetorialidade, com a criação dos CAPSi – Centro de Atenção Psicossocial infantojuvenil[361] – e com a formulação de diretrizes para implantação de redes ampliadas de cuidado em saúde mental para crianças e adolescentes (SMCA) em todo o território nacional.[362] No período de 14 anos (de 2002 a 2016), o SUS implantou mais de 200 CAPSi, instituiu um Fórum Nacional de SMCA, propôs caminhos para o desenvolvimento da intersetorialidade na organização das redes e nos processos singulares de cuidado, afirmou a importância da participação de usuários e familiares e inscreveu o cuidado em

---

357 ALVES, C. R. L. *et. al.* "Qualidade do preenchimento da Caderneta de Saúde da Criança e fatores associados". Cad. Saúde Pública, Rio de Janeiro, vol. 25, nº 3, pp. 583-595, 2009.

358 PEIXOTO, Maria Virgínia Marques (Coord.). *Relatório integrado das pesquisas.* Rio de Janeiro: IFF, 2017.

359 COUTO, M. C. V.; DELGADO, P. G. G. "Crianças e adolescentes na agenda política da saúde mental brasileira: inclusão tardia, desafios atuais". Psicologia Clínica, nº 27, vol. 1, pp. 17-40, 2015.

360 BRASIL. Ministério da Saúde. *Relatório Final da III Conferência Nacional de Saúde Mental.* Brasília: Ministério da Saúde, 2002.

361 BRASIL. Ministério da Saúde. *Portaria n. 336/GM,* de 19 de fevereiro de 2002. Define e estabelece diretrizes para o funcionamento dos Centros de Atenção Psicossocial. Brasília: DOU, 2002.

362 BRASIL. Ministério da Saúde. *Caminhos para uma política de saúde mental infantojuvenil.* Brasília: Ministério da Saúde, 2005.

liberdade e a inclusão social como norte ético da atenção psicossocial para infância e adolescência.[363]

Ainda que lentos, os avanços na atenção psicossocial para infância e adolescência ocorreram de forma contínua e impactaram positivamente a oferta e qualificação do cuidado em saúde mental. Ao longo do percurso, entretanto, novos desafios foram emergindo, dentre eles o da necessidade de maior articulação entre a saúde mental e a atenção básica no acompanhamento da primeira infância, tendo como componente-chave a noção de promoção de saúde mental.

Ocorre que o processo de avanços e de esforços para superação dos novos desafios nos campos da saúde geral e da saúde mental foi interrompido a partir do ano de 2016, quando, por meio de um golpe jurídico-parlamentar, houve o impedimento da presidenta Dilma Rousseff e as instituições mínimas da democracia deixaram de operar em conformidade com seus mandatos públicos.[364][365] A fratura da experiência democrática brasileira abriu espaço para retrocessos em muitos, senão todos, os projetos públicos comprometidos com a cidadania e a garantia de direitos.

No cuidado em saúde da primeira infância, o impacto chegou muito rapidamente. O vácuo aberto na democracia brasileira permitiu, por exemplo, a aprovação da Lei 13.438/17, que instaura a obrigatoriedade de adoção, pelo SUS, de protocolo para detecção de risco psíquico até os dezoito meses de vida. Com um único parágrafo, essa lei alterou o ECA, determinando a avaliação de risco psíquico em todos os bebês brasileiros dessa faixa etária, sem quaisquer esclarecimentos sobre o que

---

363 DELGADO, P. G. G. *et al.* (Coord.). *Fiocruz/Gulbenkian: inovações e desafios em desinstitucionalização e atençao comunitária no Brasil.* Ministério da Saúde: Rio de Janeiro, p. 90, 2015. (Seminário Internacional de Saúde Mental).

364 MIGUEL, Luis. Felipe. "A democracia na encruzilhada". *In*: JINKINGS, Ivana; DORIA, Kim; CLETO, Murilo (Coord.). *Por que gritamos golpe?:* para entender o impeachment e a crise política no Brasil. São Paulo: Boitempo, 2016.

365 LÖWY, Michael. "Da tragédia à farsa: o golpe de 2016 no Brasil". *In*: JINKINGS, Ivana; DORIA, Kim; CLETO, Murilo (Coord.). *Por que gritamos golpe?:* para entender o impeachment e a crise política no Brasil. São Paulo: Boitempo, 2016.

era considerado "risco psíquico" e sobre modos de cuidado em caso de "risco detectado".[366] Aos olhos do senso comum, o que poderia parecer interessante revelou ao olhar mais acurado e comprometido com a saúde pública o risco de uma patologização generalizada da infância, além do desconhecimento sobre os determinantes sociais da saúde e sobre o mandato público do SUS.

O impasse e as controvérsias colocadas por essa normativa geraram vigorosos debates entre pesquisadores, ativistas e outros estudiosos, explicitando, particularmente para o campo da atenção psicossocial, a urgência de construir experiências articuladas e colaborativas com a atenção básica, visando um acompanhamento contínuo do desenvolvimento das pequenas crianças, com base na promoção de saúde mental, como forma de superar a iatrogenia inerente à ação pontual de detecção padronizada de risco psíquico conforme imposta no texto da lei.

Diante desse cenário e considerando que os bebês brasileiros convocam os setores ligados aos direitos humanos e às políticas sociais para sua proteção integral com total prioridade, uma experiência envolvendo a atenção psicossocial e a atenção básica foi construída entre os anos de 2018 e 2020 no âmbito de uma pesquisa de mestrado.[367]

Partindo dos pressupostos de que (1) todo cuidado em saúde é, também, cuidado em saúde mental; e, (2) promoção de saúde mental é, também, promoção de saúde, a experiência referida teve como premissa a ideia de que a colaboração entre atenção básica e atenção psicossocial pode produzir condições efetivas de acompanhamento do desenvolvimento integral dos bebês, ampliar o espectro do acompanhamento longitudinal para dar mais ênfase aos aspectos do desenvolvimento

---

366 Art. 1º: O art. 14 da *Lei n. 8.069*, de 13 de julho de 1990 (Estatuto da Criança e do Adolescente), passa a vigorar acrescido do seguinte § 5º do art. 14: é obrigatória a aplicação a todas as crianças, nos seus primeiros dezoito meses de vida, de protocolo ou outro instrumento construído com a finalidade de facilitar a detecção, em consulta pediátrica de acompanhamento da criança, de risco para o seu desenvolvimento psíquico".

367 PACHECO, Leandro França. *Articulação entre atenção psicossocial e atenção básica para o cuidado integral de bebês*: a importância do acompanhamento do desenvolvimento psíquico. Rio de Janeiro, 2020. (Dissertação de Mestrado).

e incidir na qualificação do cuidado, sendo desnecessárias propostas legislativas em exterioridade ao SUS.[368]

Realizada no contexto de uma metrópole do sudeste brasileiro, sob a envergadura da intersetorialidade na atenção psicossocial, a experiência em causa, que será melhor apresentada adiante, buscou contribuir para o avanço do SUS e para o esclarecimento da inoperância da Lei 13.438/17.

A Lei 13.438/17 e seus embates

Em 08 de março de 2016 foi sancionada a Lei 13.257, conhecida como Marco Legal da Primeira Infância (MLPI), que estabeleceu princípios e diretrizes para a formulação e implementação de políticas públicas para a primeira infância, considerando a especificidade desse período da vida humana e sua relevância para o desenvolvimento do ser humano. Ao olhar para as especificidades da primeira infância, ela sintetizou e instituiu a cultura do cuidado, destacando a importância dos aspectos do desenvolvimento emocional/subjetivo das pequenas crianças e ratificando o princípio da prioridade absoluta no atendimento dos seus direitos.

Um ano depois, contudo, um projeto de lei proposto no Senado Federal em 2011[369] restou aprovado e sancionado,[370] resultando na Lei

---

368 MASCARENHAS, Claudia (*et al.*). *Sobre a Lei 13.438, de 26 de abril de 2017*: riscos e desafios. 2017. (Nota Pública). Disponível em: http://psicanalisedemocracia.com.br/2017/08/sobre-a-lei-13-438-de-26417-riscos-e-desafios/. Acessado em: 15.08.2017.

369 BRASIL. Senado Federal. *Projeto de Lei do Senado n. 451*, de 2011. Altera a Lei n. 8.069, de 13 de julho de 1990 (Estatuto da Criança e do Adolescente), para tornar obrigatória a adoção, pelo Sistema Único de Saúde, de protocolo que estabeleça padrões para a avaliação de riscos para o desenvolvimento psíquico das crianças. Brasília: DSF, 2011.

370 O projeto de lei foi aprovado, a despeito de duas manifestações contrárias da Área Técnica de Saúde da Criança e Aleitamento Materno do Ministério da Saúde, cujos pareceres reafirmaram a importância e o protagonismo da Caderneta de Saúde da Criança como o principal instrumento de vigilância e acompanhamento dos bebês em consultas de puericultura na atenção básica. A sanção, em abril de

13.438, de 26 de abril de 2017, que, conforme já referido, torna obrigatória a adoção pelo SUS de protocolo ou outro instrumento construído com a finalidade de facilitar a detecção, em consulta pediátrica de acompanhamento da criança nos seus primeiros dezoito meses de vida, de risco para o seu desenvolvimento psíquico.[371]

Para aqueles que aderiram e defenderam a tramitação do projeto de lei nos moldes em que ocorreu, a Lei 13.438/17 responde e apresenta uma proposta à preocupação de que é necessária a detecção, o quanto antes, de todo e qualquer sinal de problema no desenvolvimento infantil, a fim de se garantir intervenção precoce e eficaz reversão da situação-problema. Para os defensores da lei, isso poria fim ao adiamento de avaliações e diagnósticos.

A obrigatoriedade de aplicação de protocolo, logo, segundo seus apoiadores,[372] responderia à angústia dos familiares, inclusive com a adoção de instrumento específico para o acompanhamento do desenvolvimento psíquico em bebês de até 18 meses,[373] pois, alegam, não se deve aguardar diagnósticos conclusivos para intervir no contexto de desenvolvimento psíquico das crianças[374] e nem descartar as eventuais regularidades apontadas pelas evidências.[375]

2017, foi referendada apenas pelos Ministérios dos Direitos Humanos e da Justiça e Segurança Pública, sem assinatura do Ministério da Saúde, constituindo um fato institucionalmente anômalo, já que o objeto da lei envolvia o próprio SUS.

371 BRASIL. *Lei n. 13.438*, de 26 de abril de 2017. Altera a Lei n. 8.069, de 13 de julho de 1990 (Estatuto da Criança e do Adolescente), para tornar obrigatória a adoção pelo Sistema Único de Saúde (SUS) de protocolo que estabeleça padrões para a avaliação de riscos para o desenvolvimento psíquico das crianças. Brasília: DOU, 2017.

372 JERUSALINKSY, Julieta. "Detecção precoce de sofrimento psíquico versus patologização da primeira infância: face à Lei n. 13.438/17, referente ao Estatuto da Criança e do Adolescente". *Estilos da Clinica*, nº 23, vol. 1, pp. 83-99, 2018.

373 MARIOTTO, Rosa Maria Marini; PESARO, Maria Eugênia. "O roteiro IRDI: sobre como incluir a ética da psicanálise nas políticas públicas". *Estilos da Clinica*, nº 23, vol. 1, pp. 99-113, 2018.

374 MACHADO, Letícia Vier. "Autismo, psicanálise e prevenção: do que se trata?". *Estilos da Clinica*, nº 23, vol. 1, pp. 114-129, 2018.

375 KUPFER, Maria Cristina Machado; BERNADINO, Leda Mariza Fischer. "IRDI: um instrumento que leva a psicanálise à pólis". *Estilos da Clinica*, nº 23, vol. 1, pp. 62-82, 2018.

Por outro lado, os que expressaram estranhamento e críticas a essa lei, opondo-se à sua proposição, afirmaram enfaticamente os retrocessos que ela impunha ao cenário da saúde pública brasileira, posto que o SUS já possui orientações, normativas e instrumentos na área da saúde da criança e da saúde mental capazes de orientar o cuidado integral, baseado na colaboração entre setores e com acuidade para construção de intervenções a tempo, sempre que estas se fizerem necessárias.[376] [377]

A crítica aguda dos que se opõem ao conteúdo do texto legal questiona a ideia, presente na lei, de que haveria um 'risco psíquico' detectável até o décimo oitavo mês de vida por meio da aplicação pontual de um protocolo/questionário. Para os opositores da lei, tal ideia é: a) imperativa, porque supõe a inclusão de todas as crianças brasileiras num mesmo padrão de avaliação, desconsiderando quaisquer diferenças culturais e territoriais que incidem no desenvolvimento e seus agravos; b) equivocada, ao se sustentar na falsa garantia de que detecção precoce significa acesso aos devidos cuidados e atenção em saúde; c) problemática, por tomar a noção de risco como indicador de cuidado e incorrer no perigo de patologização da infância; e, d) silente quanto à concepção de saúde sobre a qual se baseia, parecendo indicar que segue a perspectiva biomédica que faz equivaler saúde a ausência de doença, desconsiderando os determinantes sociais da saúde.

Avançar na crítica ao conteúdo da Lei 13.438/17 implica na proposição de ações – orientadas pelo MLPI – que visam superar a lacuna assistencial em saúde mental na primeira infância. Tais ações devem seguir na direção da integralidade e longitudinalidade do cuidado, além de proposição de estratégias de acompanhamento/vigilância da primeira infância na modalidade compartilhada entre atenção psicossocial e atenção básica.

Passemos agora à descrição de uma experiência de promoção de saúde mental na primeira infância, no marco do cuidado colaborativo.

---

376 BRASIL. Ministério da Saúde. Saúde da criança: crescimento e desenvolvimento. *Cadernos de Atenção Básica*, n° 33, Brasília: Ministério da Saúde, 2012.

377 BRASIL. Ministério da Saúde. Saúde mental. *Cadernos de Atenção Básica*, n° 34, Brasília: Ministério da Saúde, 2013.

Uma experiência colaborativa de cuidado

A sutileza e complexidade dos diagnósticos relacionados à saúde mental na primeira infância, especialmente pelas pluralidades possíveis nessa fase da vida, exigem o afastamento de qualquer ingenuidade e generalidade discursiva, pois podem facilmente levar a sentidos opostos aos de cuidado e garantia de direitos. Não é possível supor que todos os bebês nascidos num país de proporção continental, altamente miscigenado e desigual, com diferenças culturais regionais bastante marcantes, sejam iguais em suas manifestações de sofrimento, de modo a tornar possível a utilização de um mesmo padrão de testagem.

A Política Nacional de Atenção Básica[378] consolidada em 2011, resultado de um processo de interiorização do SUS e de tomada de cuidado da família como estratégia prioritária para expansão das ações de saúde, tem provado a cada ano o acerto que é a regionalização do atendimento em saúde, ao permitir que o cuidado considere as especificidades locais e integre os conhecimentos da tradição popular de cada região.

Da mesma forma, o campo da atenção psicossocial no Brasil, cujos princípios são o cuidado em liberdade, a intersetorialidade e a integralidade das ações, considera as peculiaridades do contexto de vida de cada pessoa, ao tomar o território como *locus* privilegiado para o cuidado.[379] [380]

Nesse sentido, territórios, modos singulares de manifestação do sofrimento, cuidado particularizado, construção de redes locais e

---

378 BRASIL. Ministério da Saúde. *Portaria n. 2.488/GM*, de 21 de outubro de 2011. Aprova a Política Nacional de Atenção Básica, estabelecendo a revisão de diretrizes e normas para a organização da Atenção Básica, para a Estratégia Saúde da Família (ESF) e o Programa de Agentes Comunitários de Saúde (PACS). Brasília: DOU, 2011.

379 DELGADO, P. G. G. "Por uma clínica da reforma". *In*: LOBOSQUE, A. M. (Coord.). *Caderno Saúde Mental*, vol. 1, pp. 59-66, 2007.

380 COUTO, M. C. V.; DELGADO, P. G. G. "Presença viva da saúde mental no território: construção da rede pública ampliada de atenção para crianças e adolescentes". *In*: LAURIDSEN-RIBEIRO, E.; LYKOUROPOULOS, C. B. (Coord.). O CAPSI e o desafio da gestão em rede. São Paulo: Hucitec, pp. 161-192, 2016.

colaboração entre setores constituem fundamentos comuns da atenção psicossocial e da atenção básica.

A partir deste solo comum e da necessidade de construção de uma resposta a lacunas e retrocessos nos cuidados em saúde e saúde mental na primeira infância,[381] uma experiência de colaboração entre a atenção psicossocial e a atenção básica foi desenvolvida. Territorialmente delimitada, a experiência se baseou em ações de promoção de saúde mental como via de acesso a cuidados e de acompanhamento longitudinal do desenvolvimento.

A proposta foi a do estabelecimento de parceria entre: atenção básica, representada pelas equipes da Estratégia Saúde da Família de uma unidade básica de saúde da zona sul da cidade do Rio de Janeiro; atenção psicossocial, representada pelos pesquisadores enquanto agenciadores do cuidado colaborativo; e os recursos territoriais de cuidado a bebês, representados por duas creches e pela própria população adscrita à área de abrangência da unidade de saúde.

A experiência se produziu entre os meses de fevereiro de 2018 e agosto de 2019, tendo sido interrompida pelos desmontes vivenciados pela atenção básica na cidade do Rio de Janeiro a partir do final do ano de 2018.[382 383]

Sua construção foi efeito da parceria entre as equipes da atenção psicossocial e da atenção básica, que identificaram dificuldades no acompanhamento longitudinal, em puericultura, dos bebês pertencentes ao território adscrito àquela unidade de saúde. Como uma maneira de

381 COUTO, M. C. V.; DELGADO, P. G. G. "Crianças e adolescentes na agenda política da saúde mental brasileira: inclusão tardia, desafios atuais". Psicologia Clínica, Rio de Janeiro, nº 27, vol. 1, pp. 17-40, 2015.

382 RIO DE JANEIRO. Prefeitura da Cidade do Rio de Janeiro. Casa Civil. *Projeto de Lei n. 999/2018*, de 01 de outubro de 2018. Estima a receita e fixa a despesa do Município do Rio de Janeiro para o exercício financeiro de 2019. Rio de Janeiro: Diário da Câmara Municipal do Rio de Janeiro, 2018.

383 SUBPAV. *Reorganização dos serviços de atenção primária à saúde*: estudo para otimização de recursos, 2018. Disponível em: https://www.abrasco.org.br/site/wp-content/uploads/2018/11/REORGANIZAÇÃO-DOS-SERVIÇOS-DE-ATENÇÃO-PRIMÁRIA-A-SAÚDE-ESTUDO-PARA-OTIMIZAÇÃO-DE-RECURSOS.pdf. Acessado em: 14.07.2019.

aproximação às famílias e de possibilidade de acompanhamento do desenvolvimento, pensou-se na oferta mensal de atividades de promoção de saúde mental, as quais se traduziram em duas estratégias: "oficinas de massagem para bebês" e "rodas de conversa sobre saúde e saúde mental infantil".

Essas atividades, realizadas na unidade básica de saúde (no município do Rio de Janeiro designada como Clínica da Família), e algumas vezes em creches situadas na área de cobertura dessa unidade, eram abertas a qualquer bebê e seu(s) cuidador(es). Convites eram sempre distribuídos e as datas das atividades divulgadas por meio de cartazes, mensagens em grupos de *WhatsApp* e postagens em redes sociais.

As "oficinas de massagem para bebês" – assim nomeadas em função de o convite para a ação de promoção de saúde mental ter por mote a massagem – tinham por objetivo propiciar um ambiente de aproximação de mães/cuidadores-bebês e os profissionais da atenção básica e da atenção psicossocial, com tempo estendido de duração (em média uma hora e meia), onde, além da atividade corporal com os bebês, era possível trocar experiências, compartilhar dúvidas e estratégias de lida, fazer descobertas e construir redes de apoio.

As "rodas temáticas de conversa sobre saúde e saúde mental infantil" visavam atender a uma demanda de espaço de reflexão e educação em saúde, tomando como ponto de partida os temas propostos pelos próprios participantes dos encontros. Também eram encontros regulares, amplamente divulgados e abertos à comunidade e consistiam em espaço de reflexão sobre temas variados, como: usos da CSC, amamentação e aleitamento, vacinação e benefício Bolsa Família, além de outros tópicos ligados ao desenvolvimento emocional dos bebês.

Durante os processos da oficina e da roda de conversa, aproveitava-se o momento para conversar, tirar dúvidas, favorecer laços de solidariedade entre as famílias presentes e, se necessário, encaminhar para cuidados específicos em consulta de puericultura.

As análises dos resultados demonstraram que os profissionais da atenção básica são, em geral, sensíveis às questões do desenvolvimento, mas apenas a rotina de puericultura em consultório não se configurava como suficiente para a vigilância do desenvolvimento psíquico.

Os aspectos do desenvolvimento psíquico, entendidos como tendo direta articulação com as questões relacionais que envolvem cuidadores e bebês, ficavam praticamente invisibilizados nas consultas, apesar de os profissionais relatarem que gostariam de que seus processos de trabalho fossem organizados de modo a lhes permitir ter um tempo maior para conversar com as famílias e perguntar ou saber do cotidiano delas e dos bebês, sem a rigidez dos protocolos obrigatórios colocados, por exemplo, pelo sistema eletrônico de prontuário.

As falas específicas de uma médica e de uma enfermeira, especialistas em saúde da família e comunidade, revelaram a importância da presença da atenção psicossocial junto à atenção básica. Ambas destacaram que a realização das 'oficinas de massagem' e das 'rodas temáticas de conversa' tinham, como um dos efeitos dessa parceria, a possibilidade de se dar lugar para falas e cenas que dificilmente apareceriam nos consultórios, em grande parte pelo tempo restrito dedicado a cada consulta.

Citam-se os trechos de diário de campo com as falas das profissionais, seguidos de fotos que dão uma ideia de como as atividades aconteciam:

> ... a gente faz o que dá tempo, mas quase não dá para conversar sobre outras coisas. Lá no grupo de massagem, pelo que percebi, vocês têm uma, duas horas, com vários bebês ao mesmo tempo ... seria ótimo pra gente conversar sobre amamentação, tirar dúvida sobre cólica, saber se o bebê tá dormindo bem.
>
> Então, eu acho muito importante o que vocês fazem aqui na unidade, ajuda bastante e deixa a gente mais seguro de que se tem alguma questão, às vezes a gente nem sabe o que é, mas já fala pra mãe levar no grupo porque sabe que vocês vão ver...

Fonte: Arquivo pessoal (Imagens autorizadas, mediante assinatura de "Termo de autorização de uso de imagem", para fins exclusivamente de pesquisa/ acadêmicos).

Outro trecho de diário de campo registra uma cena importante, que exemplifica uma fala que pôde encontrar lugar fora da consulta formal de puericultura e revela a relação estabelecida entre o bebê e sua mãe/cuidadora, fornecendo às equipes informações sobre o desenvolvimento psíquico dessa criança:

> A mãe parecia muito angustiada com a alimentação do filho, tinha várias dúvidas e manifestava sua preocupação com os cuidados dele em meio aos afazeres domésticos diários. Durante a atividade, ela foi se acalmando e, quando orientada a posicioná-lo sobre suas pernas para a prática da massagem, ela nos diz que 'nunca tinha olhado o olhar' de seu filho.

A solidariedade foi um aspecto que se destacou. Isto é, a colaboração entre a própria comunidade possibilitou a criação de uma rede de suporte em que as famílias puderam contar umas com as outras. Houve parcerias que prosseguiram fora das atividades de promoção de saúde mental, como, por exemplo, vizinhas que passaram a ajudar as mães menos experientes durante o banho dos bebês e uma pequena rede virtual (em grupo de *WhatsApp*) para doação de roupas e outros materiais que não serviam mais, à medida que os filhos cresciam.

Mais um trecho de diário de campo esclarece sobre essa rede de solidariedade:

> A mãe de Isa [nome fictício] tem 15 anos e voltou esse mês para a oficina de massagem. No mês passado, ela dissera da dificuldade em fazer sua filha se acalmar, incomodava-a bastante o fato de que Isa só parava de chorar no colo da avó; naquela oportunidade, outras mães presentes a acalmaram, incentivaram para que continuasse tentando buscar maior intimidade com a filha e lhe deram dicas. Esse mês, mãe e filha vieram sozinhas à oficina e o relato é de que já está sendo possível não contar com o colo da avó para que Isa adormeça; a mãe se mostra mais confiante e menos ansiosa.

A experiência de colaboração da atenção psicossocial com a atenção básica no desenvolvimento de ações de promoção de saúde mental para primeira infância acabou por direcionar a ampliação das ações para duas creches (uma municipal e outra conveniada com a prefeitura), situadas na área de cobertura da unidade básica de saúde.

Lá, diferentes ações consistiram no acompanhamento, discussão e compartilhamento do cuidado das pequenas crianças com as equipes pedagógicas, ajudando-as a refletir a respeito das situações em que algo pode parecer problemático com uma criança e diante do que, muitas vezes, não se sabe ou não há uma regra do que fazer.

A chegada da equipe de atenção psicossocial nas creches teve como primeira consequência a elaboração, pelas gestões pedagógicas, de uma lista de meninas e meninos que elas julgavam necessitar de acompanhamento especializado em saúde mental. Acolhendo tal solicitação, a equipe teve como postura a proposta de verificação de cada caso, buscando saber da história de cada um, sobre o cuidado em saúde na atenção básica, quais eram os contextos familiar e domiciliar, além da indagação sobre o porquê de a avaliação pedagógica indicar o encaminhamento para saúde mental. Para cerca de 90% dos casos apresentados, as soluções foram encontradas no próprio espaço escolar, sem a necessidade do encaminhamento e acompanhamento em serviço especializado.

Isso, porém, não significou que apenas 10% das crianças passaram a ser cuidadas. Ao contrário, todas receberam a devida atenção das equipes de saúde e saúde mental, que, juntas à comunidade escolar, passaram a se corresponsabilizar pelo cuidado, acompanhando longitudinalmente o desenvolvimento de cada bebê e respondendo às questões colocadas.

Essa postura não pode ser lida como incompetência por parte da unidade escolar em resolver os problemas apresentados pelas crianças e/ou suas famílias. É preciso compreender que o cuidado de todos os casos, cada qual em suas especificidades, só foi possível por meio da colaboração entre as equipes responsáveis por aqueles bebês, cada uma exercendo o seu mandato intersetorial na rede de atenção.

Como destaque, vale o relato de uma professora, a qual afirmou que saber da disponibilidade de uma equipe de saúde diminuía consideravelmente sua angústia, pois permitia o compartilhamento de questões com as quais ela não sabia como lidar sozinha. Segundo relatou a direção de uma das creches, a presença da equipe de atenção psicossocial incluiu o tema da saúde mental no cotidiano da unidade e levou a uma mudança em "toda a comunidade escolar".

Considerações finais

A utilização adequada da CSC, valendo-se dos instrumentos de acompanhamento e vigilância do crescimento e desenvolvimento que nela constam, funciona como roteiro eficaz para as consultas de puericultura, não sendo necessário aplicar protocolo ou outro tipo de instrumento para detecção precoce.

São importantes e necessários mais estudos sobre as possibilidades de promoção de saúde mental no campo da primeira infância, especialmente se ligadas às atividades da puericultura no período que abrange as primeiras etapas de vida dos bebês.

A experiência indicou que a colaboração propicia ações de cuidado e permite a percepção de problemas ou questões no desenvolvimento que podem indicar a necessidade de uma ação específica.

Entretanto, para o estabelecimento da modalidade colaborativa de cuidado, a regularidade de trocas entre os profissionais, seja de informações ou de conhecimentos, é fundamental. Ela permite uma melhor comunicação entre os serviços e leva à construção de vínculos de confiança e de sustentação do trabalho.

Sabe-se que há dificuldades ligadas ao crescente subfinanciamento do SUS, com equipes trabalhando sob importante sobrecarga, organizadas em processos de trabalho que não contribuem para a troca entre os profissionais e impõem uma rotina que privilegia a quantidade de atendimentos realizados. As consequências do subfinanciamento do SUS são diversas e têm impactado, sobretudo, o processo de formação dos profissionais, dificultando, e muitas vezes impedindo, que seja contemplado o trabalho colaborativo na formação. Compartilhar e compreender a modalidade colaborativa contribui para corresponsabilizar todos os atores envolvidos no cuidado, possibilitando aliviar a sobrecarga de trabalho, além de criar novos modos de cuidar.

Nesse sentido, a modalidade colaborativa, que orienta tanto a atenção psicossocial quanto a atenção básica, pode fazer avançar o campo do cuidado da primeira infância.

Referências bibliográficas

ALVES, C. R. L. *et. al.* "Qualidade do preenchimento da Caderneta de Saúde da Criança e fatores associados". Cadernos de Saúde Pública, Rio de Janeiro, nº 25, vol. 3, pp. 583-595. 2009.

BRASIL. Ministério da Saúde. *Assistência Integral à Saúde da Criança*: ações Básicas. Brasília: Ministério da Saúde, 1984.

BRASIL. *Constituição da República Federativa do Brasil*: promulgada em 5 de outubro de 1988. Brasília: Senado, 1988.

BRASIL. *Lei n. 8.069*, de 13 de julho de 1990. Dispõe sobre o Estatuto da Criança e do Adolescente e dá outras providências. Brasília: DOU, 1990.

BRASIL. Ministério da Saúde. *Portaria n. 692/GM*, de 25 de março de 1994. Cria códigos e estabelece condições de cobrança para o Programa de Saúde da Família e do Programa de Agentes Comunitários de Saúde (PSF e PACS). Brasília: DOU, 1994.

BRASIL. Ministério da Saúde. *Portaria n. 1.886/GM*, de 18 de dezembro de 1997. Aprova as Normas e Diretrizes do Programa de Agentes Comunitários de Saúde e do Programa de Saúde da Família. Brasília: DOU, 1997.

BRASIL. Ministério da Saúde. *Relatório Final da III Conferência Nacional de Saúde Mental*. Brasília: Ministério da Saúde, 2002.

BRASIL. Ministério da Saúde. *Portaria n. 336/GM*, de 19 de fevereiro de 2002. Define e estabelece diretrizes para o funcionamento dos Centros de Atenção Psicossocial. Brasília: DOU, 2002.

BRASIL. Ministério da Saúde. Portaria n. 964/GM, de 23 de junho de 2005. Aprova a Resolução MERCOSUL/GMC Nº 04/05 e seu anexo intitulado "Informação Básica Comum para a Caderneta de Saúde da Criança". Brasília: DOU, 2005.

BRASIL. Ministério da Saúde. *Caderneta de Saúde da Criança*. Brasília: Ministério da Saúde, 2005.

BRASIL. Ministério da Saúde. *Manual para utilização da Caderneta de Saúde da Criança*. Brasília: Ministério da Saúde, 2005.

BRASIL. Ministério da Saúde. *Caminhos para uma política de saúde mental infantojuvenil*. Brasília: Ministério da Saúde, 2005.

BRASIL. Senado Federal. *Projeto de Lei do Senado n. 451*, de 2011. Altera a Lei nº 8.069, de 13 de julho de 1990 (Estatuto da Criança e do Adolescente), para tornar obrigatória a adoção, pelo Sistema Único de Saúde, de protocolo que estabeleça padrões para a avaliação de riscos para o desenvolvimento psíquico das crianças. Brasília: DSF, 2011.

BRASIL. Ministério da Saúde. *Portaria n. 2.488/GM*, de 21 de outubro de 2011. Aprova a Política Nacional de Atenção Básica, estabelecendo a revisão de diretrizes e normas para a organização da Atenção Básica, para a Estratégia Saúde da Família (ESF) e o Programa de Agentes Comunitários de Saúde (PACS). Brasília: DOU, 2011.

BRASIL. Ministério da Saúde. Saúde da criança: crescimento e desenvolvimento. *Cadernos de Atenção Básica*, nº 33, Brasília: Ministério da Saúde, 2012.

BRASIL. Ministério da Saúde. Saúde mental. *Cadernos de Atenção Básica*, nº 34, Brasília: Ministério da Saúde, 2013.

BRASIL. *Lei n. 13.257*, de 8 de março de 2016. Dispõe sobre as políticas públicas para a primeira infância e altera a Lei no 8.069, de 13 de julho de 1990 (Estatuto da Criança e do Adolescente), o Decreto-Lei no 3.689, de 3 de outubro de 1941 (Código de Processo Penal), a Consolidação das Leis do Trabalho (CLT), aprovada pelo Decreto-Lei no 5.452, de 1o de maio de 1943, a Lei no 11.770, de 9 de setembro de 2008, e a Lei no 12.662, de 5 de junho de 2012. Brasília: DOU, 2016.

BRASIL. *Lei n. 13.438*, de 26 de abril de 2017. Altera a Lei n. 8.069, de 13 de julho de 1990 (Estatuto da Criança e do Adolescente), para tornar obrigatória a adoção pelo Sistema Único de Saúde (SUS) de protocolo que estabeleça padrões para a avaliação de riscos para o desenvolvimento psíquico das crianças. Brasília: DOU, 2017.

COUTO, M. C. V.; DELGADO, P. G. G. "Crianças e adolescentes na agenda política da saúde mental brasileira: inclusão tardia, desafios atuais". Psicologia Clínica, Rio de Janeiro, nº 27, vol. 1, pp. 17-40, 2015.

COUTO, M. C. V.; DELGADO, P. G. G. "Presença viva da saúde mental no território: construção da rede pública ampliada de atenção para crianças e adolescentes". *In*: LAURIDSEN-RIBEIRO, E.; LYKOUROPOULOS, C. B. (Coord.). O CAPSI e o desafio da gestão em rede. São Paulo: Hucitec, pp. 161-192, 2016.

DELGADO, P. G. G. "Por uma clínica da reforma". *In*: LOBOSQUE, A. M. (Coord.). *Caderno Saúde Mental,* vol. 1, pp. 59-66, 2007.

DELGADO, P. G. G. *et al.* (Coord.). *Fiocruz/Gulbenkian - Inovações e Desafios em Desinstitucionalização e Atenção Comunitária no Brasil.* Seminário Internacional de Saúde Mental: Documento Técnico Final. Fiocruz/ Fundação Calouste

Gulbenkian/ Organização Mundial de Saúde/Ministério da Saúde: Rio de Janeiro, p. 90, 2015.

JERUSALINKSY, Julieta. "Detecção precoce de sofrimento psíquico versus patologização da primeira infância: face à Lei n. 13.438/17, referente ao Estatuto da Criança e do Adolescente". Estilos da Clinica, São Paulo, nº 23, vol. 1, pp. 83-99, 2018.

KUPFER, Maria Cristina Machado; BERNADINO, Leda Mariza Fischer. "IRDI: um instrumento que leva a psicanálise à pólis". Estilos da Clinica, São Paulo, nº 23, vol. 1, pp. 62-82, 2018.

LÖWY, Michael. "Da tragédia à farsa: o golpe de 2016 no Brasil". *In*: JINKINGS, Ivana; DORIA, Kim; CLETO, Murilo (Coord.). *Por que gritamos golpe?*: para entender o impeachment e a crise política no Brasil. São Paulo: Boitempo, 2016.

MACHADO, Letícia Vier. "Autismo, psicanálise e prevenção: do que se trata?". Estilos da Clinica, São Paulo, nº 23, vol. 1, pp. 114-129, 2018.

MARIOTTO, Rosa Maria Marini; PESARO, Maria Eugênia. "O roteiro IRDI: sobre como incluir a ética da psicanálise nas políticas públicas". *Estilos da Clinica*, São Paulo, nº 23, vol. 1, pp. 99-113, 2018.

MASCARENHAS, Claudia (*et al.*). *Sobre a Lei n. 13.438, de 26 de abril de 2017: riscos e desafios*. 2017. (Nota Pública). Disponível em: http://psicanalisedemocracia.com.br/2017/08/sobre-a-lei-13-438-de-26417-riscos-e-desafios/. Acessado em: 15.08.2017.

MIGUEL, Luis Felipe. "A democracia na encruzilhada". *In*: JINKINGS, Ivana; DORIA, Kim; CLETO, Murilo (Coord.). Por que gritamos golpe?: para entender o impeachment e a crise política no Brasil. São Paulo: Boitempo, 2016.

PACHECO, Leandro França. *Articulação entre atenção psicossocial e atenção básica para o cuidado integral de bebês: a importância do acompanhamento do desenvolvimento psíquico*. 153 f. Dissertação (Mestrado em Atenção Psicossocial). Mestrado Profissional em Atenção Psicossocial, Instituto de Psiquiatria (IPUB), Universidade Federal do Rio de Janeiro (UFRJ), Rio de Janeiro, 2020.

PEIXOTO, Maria Virgínia Marques (Coord.). *Relatório integrado das pesquisas*. Rio de Janeiro: IFF, 2017.

PILOTTI, Francisco. "Crise e perspectivas da assistência à infância na América Latina". *In*: PILOTTI, Francisco; RIZZINI, Irene (Coord.). A Arte de governar crianças: a história das políticas sociais, da legislação e da assistência à infância no Brasil. Rio de Janeiro: Instituto Interamericano Del Niño, pp. 12-45, 1995.

RIO DE JANEIRO. Prefeitura da Cidade do Rio de Janeiro. Casa Civil. *Projeto de Lei n. 999/2018*, de 01 de outubro de 2018. Estima a receita e fixa a despesa do Município do Rio de Janeiro para o exercício financeiro de 2019. Rio de Janeiro: Diário da Câmara Municipal do Rio de Janeiro, 2018.

SILVA, Virgílio Afonso da. "A evolução dos direitos fundamentais". *Revista Latino-Americana de Estudos Constitucionais*, São Paulo, nº 6, pp. 541-558, 2005.

SUBPAV. *Reorganização dos serviços de atenção primária à saúde*: estudo para otimização de recursos, 2018. Disponível em: https://www.abrasco.org.br/site/wp-content/uploads/2018/11/REORGANIZAÇÃO-DOS-SERVIÇOS-DE-ATENÇÃO-PRIMÁRIA-A-SAÚDE-ESTUDO-PARA-OTIMIZAÇÃO-DE-RECURSOS.pdf. Acessado em: 14.07.2019.

CAPÍTULO XII

ALEGAÇÃO PARA UMA ABORDAGEM INTERSETORIAL E INTERDISCIPLINAR NA PRIMEIRA INFÂNCIA – RELATO DE UMA EXPERIÊNCIA ARGENTINA

NORA WOSCOBOINIK

Mirar e Prevenir no vínculo precoce

Mirar y Prevenir nasce, no ano de 2005, como um programa de saúde do Ministério de Saúde do Governo da cidade de Buenos Aires que tentou associar uma investigação a um plano de formação e sensibilização para o diagnóstico dos transtornos graves da comunicação e do autismo infantil para o conjunto dos agentes que interagem com a primeira infância (médicos pediatras ou clínicos, psicólogos, professores, agentes da saúde e da educação etc.). Constituímos uma equipe móvel[384] que se deslocou aos Centros de Saúde, serviços hospitalares,

384 Marcela Armus, psiquiatra infantil, Marisa Factorovich, Lic. em Ciências da Educação e psicanalista e Nora Woscoboinik, psicóloga e psicanalista.

Sociedades Científicas (Sociedade Argentina de Pediatria), centros de educação (Professorado de Educação Inicial Sara Eccleston, Universidade Metropolitana para a Educação e o Trabalho) com a ideia não só de capacitar para a detecção do sofrimento precoce, senão também como possibilidade de instalar dispositivos de prevenção como grupos de pais, grupos de educação etc.

Mirar y Prevenir desenvolveu as suas atividades não apenas na cidade de Buenos Aires, mas também em diferentes pontos do país: nas Províncias de Neuquén, Rosário, Mendoza, Santa Fé, San Juan, Mar del Plata, Tucumán e nos municípios da Província de Buenos Aires (Moreno, Luján, Zona Norte, Avellaneda).

Seus objetivos eram:

- Melhorar o diagnóstico dos transtornos precoces da comunicação em lactentes e do autismo infantil, permitindo melhorar a qualidade de vida das crianças afetadas e das suas famílias, evitar o encaminhamento terapêutico destas crianças e diminuir os custos diretos e indiretos de tratamentos, através de um programa prioritariamente preventivo e de controle das situações de risco;

- Promover a participação dos diferentes setores envolvidos nesta problemática, em todos os níveis de gestão do programa; implementar a formação em todos os níveis e a investigação científica clínica na busca de sinais precoces de sofrimento, como também organizar um sistema de registros de casos;

- Detectar os sinais de sofrimento em bebês e crianças pequenas e garantir seu tratamento e acompanhamento.

As estratégias básicas consideradas pertinentes para alcançar o propósito ou objetivo geral foram:

- Abordagem interdisciplinar;

- Articulação intersetorial;

- Participação dos pais;

- Incorporar os objetivos e atividades do programa na estratégia de atenção primária das crianças;
- Desenvolvimento de programas de formação para médicos e pessoal de saúde responsável pela atenção dos lactantes e crianças;
- Promoção da consulta médica de controle com o médico de família ou com um notável especialista.

Apresentados os objetivos deste programa, epidemiológicos e de intervenção, o trabalho em rede com os centros gratuitos de atenção de crianças saudáveis da cidade de Buenos Aires (serviços dos hospitais municipais, Centros de Saúde e Ação Comunitária, pediatras do plano médico de família) e com notáveis especialistas em saúde mental infantil (centros de saúde mental com equipes especializadas na psicopatologia da precoce infância) era indispensável.

Sabemos que a comunidade pediátrica e educativa tem uma oportunidade privilegiada como integrante ativo no processo de educação para a detecção e intervenção de qualquer interferência no desenvolvimento nos primeiros anos de vida. Por isso, decidimos não medir esforços na capacitação e na instalação de dispositivos de prevenção (grupos de mães, grupos na sala de espera etc.) utilizando o recurso profissional já existente em cada um dos centros.

Os fundamentos teóricos que orientaram as capacitações partem da ideia de que o bebê é parte de um vínculo, de uma relação, pelo qual se constitui. A estruturação de um sujeito começa ainda antes do seu nascimento e tudo o que acontecer nos anos da sua infância constituirão a sua situação subjetiva.

A história da relação da criança com seus adultos responsáveis é uma dialética: uma ida e vinda da demanda e do desejo e das leituras e respostas que foram oferecidas. O que nestes vínculos, quer seja por excesso ou por defeito, traz sofrimento, repetição ou sintoma é como um vestígio retornando nos diferentes momentos da vida.

T. Brazelton[385] pensava que os bebês nascem para comunicar e, por conseguinte, têm um apetite simbólico de acordo com o ambiente que os espera. Os bebês vêm equipados; se o contingente está a seu favor, será o encontro com o Outro, que o regule atribuindo significados, interpretando as demandas e apaziguando as urgências. Eis aqui a importância fundamental da epigenética.

O potencial dos bebês se observa no seu crescimento e aquisições cotidianas, mas também na capacidade que eles têm de se autorregular e conseguir contínuos equilíbrios. Não só o exterior é um estímulo incessante para um *infans*, mas também as suas próprias moções pulsionais lábeis, embora intensas, fora de significações ainda reconhecíveis para ele.

Alguém precisa encarnar no vínculo o lugar do Outro, que é para o bebê um lugar psíquico, de onde ele se constitui. Desta investidura ou envoltório que lhe for propiciado e da continuidade do mesmo dependerá grande parte do destino desse pequeno sujeito.

Bem precocemente podemos detectar nos bebês sinais de sofrimento antecipado, urgências subjetivas do nascimento psíquico nem sempre simultâneo ao nascimento físico. Os sinais de sofrimento do bebê testemunham um desequilíbrio entre o bebê e o seu entorno e as estratégias para se confrontar com isso. Martine Lamour[386] as denomina "estratégias adaptativas precoces" do bebê.

Esses sinais observáveis são a tradução clínica de estados de sofrimento do lactente. Portanto, é fundamental que a sua semiologia seja reconhecida por todo aquele que faz parte do contexto de educação.[387]

No início de Mirar y prevenir, propusemo-nos realizar uma investigação e, para alcançá-la, era necessário que os grupos familiares

---

385 BRAZELTON, T. Berry. *La relación más temprana*: padres, bebes y el drama del apego inicial. Buenos Aires: Paidós, 1993.

386 LAMOUR, Martine. *Parents défaillants, professionnels en souffrance*. Bruxelles: Yapaka, 2010.

387 ARMUS, Marcela; DUHALDE, Constanza; OLIVER, Mónica; WOSCOBOINIK, Nora. *El desarrollo emocional de 0 a 3*: clave para la primera infancia. Buenos Aires, UNICEF, Fundacion Kaleidos, 2012.

que eram atendidos nos serviços de crianças saudáveis dos hospitais tivessem continuidade na consulta, pudessem comparecer ao controle que estava pautado na investigação nos meses determinados pelo programa no desenvolvimento do bebê (4, 9, 12 e 18 meses). Esta continuidade, em linhas gerais, não era possível alcançar. Um dos motivos era econômico, já que as famílias não podiam comparecer e pagar as passagens no transporte público. Por outra parte, muitos serviços hospitalares não contam com os históricos clínicos, de modo que o acompanhamento e o registro dos sinais que Mirar y Prevenir propunha como observáveis eram impossíveis de realizar. Isso modificou a orientação do projeto, privilegiando a forma de ação e prevenção.

Outra situação interessante que se repetiu em diferentes grupos e equipes que foram capacitados foi uma certa forma de resistência. A primeira reação dos pediatras era a falta de tempo para poder observar os bebês, já que dispunham de alguns minutos para cada consulta. Enquanto isso, nas equipes de saúde mental, aparecia o temor de um aumento importante da demanda, preocupados pelas extensas listas de espera já existente nos hospitais públicos. Em todos os casos, a hipótese para a qual os convidávamos a validar era que, aprendendo a observar o vínculo, obtém-se uma demanda antecipada, sendo muito mais econômico para as famílias e para o sistema, melhorando sobretudo o prognóstico dos bebês detectados com sinais de sofrimento.

Essas resistências foram trabalhadas com as distintas equipes conseguindo, desta maneira, que valorizassem a possibilidade de observar os bebês no seu vínculo com os seus cuidadores primários, consignando o que observavam e trabalhassem em equipe ante situações complexas e de sofrimento.

Quais foram os desafios do Programa *Mirar y Prevenir*

- Trabalhar nos três tempos da saúde mental:
    - Promoção;
    - Prevenção;
    - Assistência.

- Incluir o desenvolvimento emocional em toda a consulta de criança saudável;
- Consignar no histórico clínico o vínculo primário;
- Favorecer fatores protetores do desenvolvimento;
- Cuidar do cuidador.

Estamos convencidas que com capacitação, formação dos cuidadores primários e com a promoção de programas de detecção a tempo, temos uma oportunidade de ganhar em termos de prevenção. Do contrário, seria uma oportunidade perdida e uma porta de entrada às problemáticas do desenvolvimento que depois podem se transformar em transtornos.

O que é prevenir na saúde mental

Bernard Golse[388] diz:

> Eu definiria a prevenção psicológica como toda atividade cuja tendência é evitar os danos ocasionados à humanidade. E isto tendo em conta a sua dignidade e mantendo a sua capacidade para recuperar a confiança. Por humanidade, evidentemente, me refiro ao sujeito. Desta maneira a prevenção não se limita às instituições de prevenção ou instituições da Primeira Infância.

Por outro lado, S. Missonnier[389] faz uma diferença fundamental entre prevenção e predição: "a prevenção humanista é uma forma de antecipação adaptada enquanto que a predição é uma forma de patologia da antecipação, 'uma gravidez nervosa da antecipação sofredora'".

388 GOLSE, Bernard. "Conclusion". *In*: *Les enfants au carré?*: une prévention qui ne tourne pas rond. Paris: Érès, pp. 203-211, 2011.

389 MISSONNIRER, Sylvain. "Prédiction et anticipation de la dynamique du grandir chez l'enfant". *In*: *Les enfants au carré?*: une prévention qui ne tourne pas rond. Paris: Érès, pp. 95-106, 2011.

Ou seja, só a posteriori podemos tentar ser historiadores de um segmento de vida. A psicanálise não é preditiva. É o tempo da subjetividade, por isso uma instituição que produz efeitos de prevenção na saúde mental é uma coletividade que consegue integrar a singularidade.

Três dimensões de desenvolvimento humano são fundamentais no trabalho de prevenção:

1. a dialética genética/entorno (há um intricado constante de partes genéticas e do meio ambiente);
2. a plasticidade neuronal;
3. a singularidade biopsíquica do Sujeito (unicidade de toda pessoa que se apoia na historicidade).

Ansermet [390] fala da imprevisibilidade radical do devir: "O processo epigenético do qual a plasticidade é um operador, afasta o Sujeito de sua determinação genética" [...]. "O devir não é nem determinado nem indeterminado. É plástico".

Pelo que foi exposto, o nosso posicionamento se opõe ao positivismo do biológico e prefere enfrentar a incerteza da subjetividade com uma ética de respeito pelo sujeito e seu devir. Por isso, prevenir não é predizer. Detectar não é diagnosticar e os orientadores de sentido não são patologias. O trabalho em prevenção deve dar apoio ao imprevisível.

Trata-se de manter uma "ilusão antecipadora", é conhecimento e desconhecimento ao mesmo tempo, como todos os paradoxos de Winnicott:[391] se não se transforma em função das experiências sucessivas, pode perder seu valor de organizadora. A qualidade primeira da ilusão antecipadora é a plasticidade processual.

390 ANSERMET, François; MAGISTRETTI, Pierre Julius. *A chacun son cerveau, Plasticité neuronale et inconscient.* Paris: Editorial Odile Jacob, 2004.

391 WINNICOTT, Donald Woods. "La preocupación maternal primaria". *In*: ______. *Escritos de pediatría y psicoanálisis.* Buenos Aires: Paidós, 1999.

Sociedade Argentina da Primeira Infância, uma Organização sem fins lucrativos

Ao mesmo tempo da criação do Programa Mirar y Prevenir, decidi montar, juntamente com outros colegas, a SAPI, com o objetivo de agrupar profissionais e trabalhadores do campo da saúde, da educação e do âmbito judicial, que se ocupam da prevenção, promoção e atenção da saúde e educação de crianças desde a gestação até os 5 anos de idade.

As crianças são sujeitos de direitos desde que nascem, portanto é necessário que tanto o Estado como a sociedade no seu conjunto se responsabilizem pelo bem-estar, educação e cuidado da infância, de maneira prioritária, sustentável e efetiva.

Nesse sentido, a SAPI trabalha há muitos anos com:

- Assessoramento e colaboração em políticas públicas dirigidas à infância e famílias;
- Desenvolvimento de capacitações e formações para profissionais da saúde, educação, justiça e arte dedicadas à primeira infância;
- Atividades abertas à participação de famílias e a comunidade.

Uma experiência de intersetorialidade e interdisciplina em um assentamento da Cidade de Buenos Aires

O bairro Ramón Carrillo, localizado em Villa Soldati (cidade de Buenos Aires) nasce em 1990, para relocalizar as pessoas que moravam embaixo da autoestrada 25 de Mayo. Foi construído um centro de saúde e uma escola primária. Um ano depois, um jardim de infância. Em 1991, o centro de saúde começa a atender três mil e quinhentas pessoas. No ano de 2005, o bairro já tinha 18 mil habitantes e em 2010, 25 mil.

No ano de 2007, Mirar y Prevenir começou a oferecer programas de capacitação para todos os profissionais e agentes de saúde, como as

Promotoras de Saúde (mulheres do bairro que foram capacitadas), com a participação de outros profissionais da Sociedade Argentina de Pediatria (SAP), da Sociedade Argentina da Primeira Infância (SAPI) etc.

Como em cada Centro de Saúde, a intenção era organizar um grupo de educação, um espaço de transmissão entre pares, como um lugar de pertencimento e de transmissão de conteúdos disciplinares sobre a primeira infância. Espaço de intercâmbios e de conscientização. O relato das experiências singulares favorece a identificação e diminui o sentimento de solidão e isolamento dos adultos responsáveis pela educação.

Essa circunstância foi muito proveitosa, já que o comparecimento das famílias no grupo permitiu aos pediatras examinar os bebês durante a realização do encontro, uma espécie de consulta rápida, o que resultou num atalho à lista de espera, pois nesse momento, não podiam dar resposta a uma demanda excessiva de consultas no consultório de criança saudável. Isso também abriu a possibilidade de poder encaminhar as crianças que realmente necessitavam a uma consulta particular ou especializada. O grupo de educação passou a ser um dos dispositivos mais procurados e com maior sucesso desse Centro de Saúde, em uma experiência interdisciplinar de coordenação.

Um dispositivo comunitário, rumo a uma "cultura do cuidado"

Salvador Celia, um psiquiatra que desenvolvia um trabalho comunitário na cidade de Canela, RS - Brasil, participou, em Buenos Aires, em 2009, de um Congresso da Sociedade Argentina de Primeira Infância (SAPI), apresentando os objetivos de uma das atividades mais populares que este engajado médico sanitarista criou: "A Semana do Bebê". A proposta central visava que toda a comunidade tomasse consciência da importância do cuidado dos bebês e seus vínculos. Retomando o proverbio africano repetido por Nelson Mandela: "é preciso todo uma aldeia para criar uma criança", mostrou a importância do entorno e seus efeitos na saúde materno-infantil. Toda a comunidade é responsável pelo desenvolvimento da criança desde o seu nascimento. A Semana do Bebê criou uma "cultura do cuidado", da qual os moradores de Canela estão orgulhosos. Entre os resultados dessa iniciativa, que teve início em 2000 e é realizada uma vez por ano, constatamos uma redução dos casos de gravidez na adolescência, um aumento da porcentagem de crianças alimentadas exclusivamente com leite materno até um mês de idade, uma redução de 50% da mortalidade infantil etc.

Inspirados pela semana do bebê em Canela após o congresso organizado pela SAPI, os profissionais do Centro de Saúde de Villa Soldati, sob a direção da dra. Marcela Corin, decidem organizar, juntamente com as profissionais de Mirar y Prevenir, o primeiro Dia do Bebê, que depois se transformará na "Semana das Crianças", única experiência que atinge toda a equipe do Centro de Saúde.

Esse projeto nasce do encontro entre uma equipe de saúde, o programa Mirar y Prevenir e a Sociedade Argentina de Primeira Infância, com o objetivo de mobilizar toda a comunidade na importância da atenção nos primeiros anos de vida, proporcionando às mulheres grávidas, às crianças e suas famílias atividades lúdicas, artísticas e culturais, como também postos de vacinação, de informação e serviços na área de desenvolvimento infantil, saúde e educação. Todos observando os bebês, pensando neles, proporcionando-lhes seu lugar, convencidos que investir nos bebês garante o direito à proteção, à saúde, a uma educação de qualidade e promove a redução das desigualdades.

O relato desta experiência nos mostra, mais uma vez, o indispensável e necessário trabalho que é interdisciplinar e intersetorial para a abordagem do desenvolvimento infantil, e assim pode oferecer espaços e gerar os recursos necessários para diminuir a desigualdade e oferecer equidade à acessibilidade aos serviços de saúde, educação, cuidado e trabalho. A psicanálise tem um lugar importante nessas experiências e nesses contextos tão particulares. Do divã para os lugares de vida e de encontro das crianças e seus cuidadores. É nossa responsabilidade ética enfrentar cada situação particular, no consultório e fora dele.

Referências bibliográficas

ANSERMET, François; MAGISTRETTI, Pierre Julius. *A chacun son cerveau, Plasticité neuronale et inconscient.* Paris: Editorial Odile Jacob, 2004.

ARMUS, Marcela; DUHALDE, Constanza; OLIVER, Mónica; WOSCOBOINIK, Nora. *El desarrollo emocional de 0 a 3*: clave para la primera infancia. Buenos Aires, UNICEF, Fundacion Kaleidos, 2012.

BRAZELTON, T. Berry. *La Relacion Mas Temprana*: Padres, bebes y el drama del apego inicial. Buenos Aires: Paidós, 1993.

GOLSE, Bernard. "Conclusion". *In*: *Les enfants au carré?*: une prévention qui ne tourne pas rond. Paris: Érès, pp. 203-211, 2011.

LAMOUR, Martine. *Parents défaillants, professionnels en souffrance*. Bruxelles: Editorial Yapaka, 2010.

MISSONNIRER, Sylvain. "Prédiction et anticipation de la dynamique du grandir chez l'enfant". *In*: *Les enfants au carré?*: une prévention qui ne tourne pas rond!. Paris: Érès, pp. 95-106, 2011.

WINNICOTT, Donald Woods. "La preocupación maternal primaria". *In*: ______. *Escritos de pediatría y psicoanálisis*. Buenos Aires: Paidós, 1999.

CAPÍTULO XIII

O DESENHO COMO ESTRATÉGIA DE ESCUTA À CRIANÇA EM UM ESTUDO SOBRE VIOLÊNCIA INTRAFAMILIAR

CAMILA DOS SANTOS SOUZA ANDRADE
E LENY ALVES BONFIM TRAD

Introdução

Ao propor uma pesquisa com crianças, entende-se que é fundamental contextualizar suas experiências de vida e potencializar a sua participação enquanto sujeitos ativos no processo de investigação. O objetivo desse artigo num livro dedicado aos primeiros anos de vida da criança, inclusive ao bebê, é para inspirar soluções para os desafios, tanto metodológicos quanto éticos, inerentes ao pressuposto do contexto como fundamental. Destaca-se a necessidade de considerar estratégias específicas para permitir a escuta da criança, levando em conta, entre outros aspectos, peculiaridades da linguagem infantil em diferentes contextos etários e socioculturais.

Concorda-se com Delgado e Muller[392] que é preciso "desnaturalizar o silêncio que circunda o envolvimento das crianças nos procedimentos

392 DELGADO, A. C. C.; MÜLLER, F. "Em busca de metodologias investigativas com as crianças e suas culturas". *Cadernos de Pesquisa*, vol. 35, nº 125, pp. 161-179, maio/ago, 2005.

metodológicos eleitos nas pesquisas, vale à pena insistir na ideia de visitar o mundo das crianças para torná-lo especialmente significativo e visível". Portanto, torna-se imperativo avançar no desenvolvimento de abordagens de pesquisa que permitam apreender o ponto de vista infantil sobre questões, situações e fenômenos que afetam fortemente este universo.

No âmbito das pesquisas sobre violência na infância, considera-se especialmente problemático o fato de a produção de dados/resultados basear-se, majoritariamente, na escuta exclusiva de adultos, notadamente de informantes familiares, os quais podem ter tido participação ativa ou omissa em atos violentos envolvendo as crianças da família. Torna-se, portanto, um desafio superar uma cultura adultocêntrica no qual julga nenhuma cientificidade na infância e predominam-se as relações de poder do adulto sobre as crianças.[393] A visão sociológica sobre a criança sustenta que entre esta e o adulto se estabelecem uma relação de alteridade e não de incompletude. Dito isso, a proposta é trazer uma nova vertente: pesquisas com crianças e não sobre crianças.

Alinhado com essa proposição, compartilha-se neste capítulo um fragmento de um estudo que abordou violência intrafamiliar e infância. Trata-se de um recorte da tese de doutorado da primeira autora que adotou as estratégias do desenho, visando romper com o silêncio frente às experiências de crianças que convivem com este fenômeno.

Depois de destacar alguns aspectos que tem permeado o debate sobre violência no contexto infantil, passa-se a descrição do percurso metodológico empreendido, que teve como lócus uma escola pública. Por fim, dentre as experiências e narrativas infantis a que o estudo teve acesso, considerou-se oportuno compartilhar aqui a estória de Lucas.[394]

---

393 FERREIRA, M. M. M. *A Gente Aqui o que Gosta mais é de Brincar com os Outros Meninos*: as crianças como atores sociais e a (re)organização social do grupo de pares no quotidiano de um Jardim de Infância. 2002. Tese (Doutorado em Ciências da Educação) - Faculdade de Psicologia e Ciências da Educação, Universidade do Porto, 2002.

394 Pseudônimo.

Contextualizando o fenômeno da violência intrafamiliar

O sentimento de infância, assim como a preocupação com a educação moral e pedagógica da criança e seu comportamento no meio social são ideias que surgiram na modernidade.[395] Uma vez evidenciada que a valorização da infância é resultado de um longo processo histórico, cabe reconhecer que ainda há um longo caminho a ser percorrido no campo da proteção social da criança.

Dentre os problemas prioritários a serem enfrentados na agenda de proteção social do segmento infantil, destaca-se a violência doméstica, uma questão social inegável e cada vez mais presente no debate público. Trata-se de um fenômeno social que atravessa os tempos e, cuja construção histórica, reflete padrões específicos de relações de poder, gênero, etnia e de classe social. No contexto latino-americano, cabe considerar a incidência nesses padrões da conjunção entre colonialismo, patriarcado e racismo.

A violência intrafamiliar, não se refere apenas ao espaço físico onde a violência ocorre, mas também as relações em que se constrói e efetua.[396] O mesmo autor ainda complementa dizendo que: "a violência intrafamiliar é toda ação ou omissão que prejudique o bem-estar, a integridade física, psicológica ou a liberdade e o direito ao pleno desenvolvimento de outro membro da família".[397] Esse tipo de violência pode ocorrer dentro ou fora de casa por pessoas com ou sem laços de consanguinidade e em relação de poder à outra.

Os conflitos vividos no ambiente familiar, dentre eles a violência, afetam as relações sociais infantis dentro e fora do ambiente de

---

395 ARIÈS, Philippe. *História social da infância e da família*. Trad. Dora Flaksman. Rio de Janeiro: LCT, 1978.

396 BRASIL. Ministério da Saúde. *Violência intrafamiliar*: orientações para prática em serviço. Brasília, DF, 2002.

397 BRASIL. Ministério da Saúde. *Violência intrafamiliar*: orientações para prática em serviço. Brasília, DF, p. 15, 2002.

casa. Estudos comprovaram que a violência afeta o desenvolvimento emocional, comportamental, social, sexual e cognitivo das vítimas, interferindo negativamente no seu bem-estar e qualidade de vida, e as sequelas podem persistir ao longo da fase adulta.[398] Destaca-se que as noções sobre o mundo para as crianças estão ligadas às representações da realidade, observada, sentida e vivenciada, resultantes das relações entre pessoas responsáveis pelo vínculo afetivo e emocional.

A prática arraigada de violência infantil reflete uma dada visão de relações de autoridade e de poder, notadamente no contexto parentalidade, orientada pelos princípios da desvalorização, subordinação, dominação. Cabe considerar ainda que a relação violenta entre pais/familiares e filhos não pode ser compreendida sem considerar as diferentes condições existenciais que envolvem a dinâmica desta família, e que afetam este relacionamento. Nestes cenários (bairros periféricos e vulneráveis, por exemplo), a violência se constitui como habitus e as práticas violentas expressam esse fato.

O habitus[399] expressa a síntese das ações sociais resultantes daquilo que é internalizado através das vivências sociais (no contexto específico: as situações de violência intrafamiliar, estrutural e vulnerabilidade social) e externalizadas na vida cotidiana nas interações pessoais e coletivas. A violência cotidiana é compartilhada nas relações institucionais e pessoais, ameaça o lúdico das interações e, por conseguinte a sociabilidade.[400]

---

398 BARROS, A. S.; FREITAS, M.F.Q. "Violência doméstica contra crianças e adolescentes: consequências e estratégias de prevenção com pais agressores". *Pensando Famílias*, vol. 19, nº 2, pp. 102-114, dez. 2015.

399 O habitus é uma noção mediadora que ajuda a romper com a dualidade de senso comum entre indivíduo e sociedade ao captar "a interiorização da exterioridade e a exteriorização da interioridade", ou seja, o modo como a sociedade se torna depositada nas pessoas sob a forma de disposições duráveis, ou capacidades treinadas e propensões estruturadas para pensar, sentir e agir de modos determinados, que então as guiam nas suas respostas criativas aos constrangimentos e solicitações do seu meio social existente (BOURDIEU, 2005).

400 ESPINHEIRA, Gey. "Sociabilidade e violência na vida cotidiana em Salvador". *Bahia Análise & Dados*, vol. 11, nº 1, pp. 08-16. Jun.2001.

Nessa perspectiva, histórias familiares com alto nível de complexidade não podem ser reduzidas e tipificadas, necessitam de uma abordagem da rede de assistência social que vise a promoção, reorganização e potencialização dos seus recursos, além do fortalecimento dos vínculos familiares. O necessário a estas famílias encontra-se no apoio, qualificação de suas experiências, a fim de que possam reconhecer seus modos próprios de significar e enfrentar o sofrimento cotidiano.

A compreensão desse fenômeno complexo exige, portanto, abertura para o aprofundamento da questão com a integração de esforços sob o ponto de vista de várias disciplinas, setores, organizações e comunidades. O trabalho requer dentre outras ações, o fortalecimento das famílias, investimento em educação, em saúde, em cultura, geração de renda, enfim, na promoção de formas de participação de crianças e famílias em seu âmbito social.

Aspectos metodológicos e éticos – os percursos, as mediações, as estratégias e alguns resultados

Dentre as estratégias metodológicas adotadas na pesquisa mais ampla, de caráter qualitativo, a utilização de desenhos revelou-se especialmente oportuna para acessar as dimensões mais subjetivas e singulares da experiência infantil relacionada com violência intrafamiliar.

Os desenhos são estratégias metodológicas e consideradas uma produção cultural das crianças e um instrumento revelador das representações infantis com a possibilidade de reconstruir seu espaço de convivência e familiaridade.[401] A partir dos desenhos desenvolvidos pelo grupo, pretendeu-se destacar o protagonismo infantil na pesquisa, fortalecendo a defesa das crianças como atores sociais e sujeitos ativos

401 MARTINS FILHO, A. J.; BARBOSA, M. C. S. "Metodologias de pesquisas com crianças". *Revista Reflexão e Ação*, vol. 18, nº 2, pp. 08-28, jul./dez. 2010.

nas investigações. Segundo Sirota,[402] trata-se de compreender aquilo que a criança faz de si e aquilo que se faz dela, e não simplesmente aquilo que as instituições (Escola, Estado e Família) inventam para ela.

As atividades com as crianças foram desenvolvidas numa escola municipal de Salvador, no bairro Alto das Pombas. A escolha pelo bairro foi orientada a partir dos resultados apontados no estudo espacial para identificação de áreas de risco para a violência intrafamiliar no segmento infantil. É importante salientar a intencionalidade na eleição do bairro, principalmente pelas atuações de pesquisa do Grupo FASA[403] na área do Calabar (bairro de fronteira), relativa proximidade com as instâncias da Universidade Federal da Bahia – UFBA e também pelo estigma "bairro pobre ou de pobre".

O Alto das Pombas é um bairro popular, localizado na área da Federação, vizinho do cemitério Campo Santo e com fronteiras com o Calabar, tem um forte comércio local na rua principal e que nos leva a quatro locais importantes dentro do bairro: a Unidade de Saúde Família, a Escola Municipal, a Igreja e a Lavanderia Comunitária que também é sede do Grupo de Mulheres. A entrada no campo iniciou-se pelo setor Saúde, através da unidade de saúde, porém a invisibilidade do fenômeno por parte da coordenação – "outras violências sim, violência contra mulher, o tráfico de drogas, mas criança? Não recebo casos aqui na unidade", conduziu a pesquisa para outro campo: a escola municipal.

A escola era pequena, de ensino fundamental, poucas salas e um restrito espaço para convivência, porém enfeitada com cartazes, faixas, produções infantis, favorecendo um ambiente bastante acolhedor. Conheci alguns professores da instituição, fiz amizades e pude participar de momentos ricos de discussão sobre a educação e alguns desafios vivenciados pela escola em relação à administração pública, quanto à falta de investimento em material humano e físico na escola. No

---

402 SIROTA, Régine. "Emergência de uma Sociologia da Infância: evolução do objeto e do olhar". *Cadernos de Pesquisa*, nº 112, pp. 7-31, mar. 2001.

403 FASA - Programa Integrado de pesquisa e Cooperação Técnica Comunidade, Família e Saúde – Sujeitos, Contextos e Políticas Públicas.

diálogo com a diretora foram explicados os objetivos e as atividades da pesquisa a serem desenvolvidas na escola. A diretoria da escola e os professores demonstraram interesse e feliz com a oportunidade de trabalhar a temática na escola, pois os casos de violência intrafamiliar infantil chegavam naquela instituição.

Após esse contato, a proposta de atividades foi encaminhada à Secretaria Municipal de Educação para fins de consentimento e aprovação. Os encontros foram agendados em horários livres da turma, para que não atrapalhassem a rotina de atividades da classe.

Anteriormente à realização das atividades com a turma, foi realizada uma reunião com os pais/responsáveis das crianças em formato de oficina com o tema: Cuidado Familiar. Nessa atividade estavam presentes a diretora da escola e a pesquisadora. Foi realizada uma roda de conversa norteada por dois questionamentos principais: *quais as principais dificuldades/desafios no cuidado com os meus filhos? Onde preciso melhorar no exercício do cuidado com os meus filhos?* Ao fim da roda de conversa, foram explicadas aos pais as atividades a serem desenvolvidas com seus filhos, no qual foi solicitado o consentimento para participação e todos foram favoráveis.

Na percepção dos profissionais da escola, as questões relativas à violência são de ordem familiar. Durante os diálogos com a equipe escolar foi possível constatar que algumas famílias daquele bairro possuem grande carência econômica e alta vulnerabilidade social. A estrutura das famílias (aglomerados e arranjos familiares), a carência de cuidados básicos e financeiros constitui em diversas problemáticas que refletem na escola.

O benefício do Programa Bolsa Família que tem como requisito essencial à matrícula a permanência na escola e a merenda escolar é o principal responsável pela frequência regular das crianças. A equipe escolar faz acompanhamento diário da frequência escolar e destaca-se a figura do Agente Escolar, que funciona como elo entre a família e a escola por meio de visitas domiciliares. É válido salientar que alguns profissionais da escola são moradores do bairro e conhecem a realidade dos alunos, bem como de suas famílias.

A realidade da violência vivenciada pela criança costuma ser identificada pelos profissionais da escola através de marcas no corpo, ferimentos, instabilidade emocional, indisciplina e sexualidade precoce. De acordo com os profissionais, as crianças são identificadas na maioria das vezes pelo professor, através das marcas visíveis no corpo, comportamento estranho ao habitual, isolamento e/ou agressividade.

Frente às situações, os professores investigam a situação através de perguntas informais e conversas e conduzem o caso à direção da escola, que averigua por meio de conversa com a criança, a família e/ou responsável. Diante da fragilidade dos Conselhos Tutelares, a diretora relata a dificuldade de entrar em contato com o referido órgão e não obter sua visita na escola e, no caso de sucesso de contato, ter dificuldades em relação ao acompanhamento do caso.

Importante registrar que no período estudado, foi observado o sucateamento dos Conselhos Tutelares, os Centros de Referência da Assistência Social (CRAS) e os Centros de Referência Especializada da Assistência Social (CREAS) de Salvador principalmente quanto à estrutura física, apoio municipal e recursos humanos e financeiros.

As crianças do estudo, no auge de seu desenvolvimento cognitivo e psicossocial, têm na escola experiências centrais de interação, principalmente pelo tempo requerido da criança neste ambiente. "Os processos de socialização cada vez mais complexos ocorrem a partir do momento em que as crianças de menor idade começam a passar grande parte do seu tempo fora do contexto familiar".

O lúdico, o prazer da sociabilidade, é fragilizado na medida em que se oferece um ambiente familiar conflituoso no qual a resolução dos conflitos dá-se por meio de eventos traumáticos. A vivência com esta realidade associada a um meio social também marcado pela violência refletem nos comportamentos infantis e em seus meios de convivência, família e escola.

Os encontros com as crianças foram em formato de Oficinas com o tema: Família. Estavam presentes a pesquisadora, duas estagiárias do curso de Pedagogia e dois colaboradores. As oficinas compreenderam dois procedimentos: a primeira da Roda de conversa com apresentação de vídeos educativos no intuito de "quebrar o gelo" e ser disparador nas atividades, e a segunda com os desenhos sobre suas famílias.

No início do trabalho de campo, todas as crianças afirmaram gostar de desenhar, o que facilitou o envolvimento e o diálogo entre pesquisadora e sujeitos da pesquisa. As crianças foram divididas em três grupos menores, com a presença de um facilitador para interação e acompanhamento da produção. A dinâmica ocorreu da seguinte maneira: 1) em uma caixa foram colocados desenhos e frases, relativos à família; 2) ao toque da música, essa caixa foi rodada entre os participantes; 3) ao toque de palmas do colaborador, a música encerrava e o participante que estivesse com a caixa na mão deveria retirar um item, comentar e discutir sobre ele com os demais; 4) desenhar.

As frases utilizadas foram àquelas propostas por Sanches (2001), referidas acima, as imagens contidas na caixa foram escolhidas intencionalmente pela pesquisadora a fim de discutir na roda de conversa temas relacionados a: sentimentos que causam tristeza nas crianças (figura 1); proteção familiar (figura 2) e composição familiar (figura 3):

Figura 1. Sentimentos infantis / Figura 2. Proteção Familiar

Figura 3. Composição familiar

Para cada grupo, foi disponibilizada uma variedade de materiais – canetinhas hidrocor, lápis de cor, giz de cera, borracha, lápis e papel ofício e foi explicado que poderiam utilizar o que quisessem. Então, solicitou-se às crianças que fizessem um desenho representativo de sua família e o descrevesse de forma oral ao facilitador no final de sua produção.

As respostas do "jogo das sentenças incompletas" e as perguntas abertas foram categorizadas através do método de Análise de Conteúdo. O material foi organizado, transcrito e após leitura das questões colocadas, foram definidos trechos significativos ao objeto de estudo. Na segunda etapa, os trechos escolhidos foram submetidos a um estudo orientado pela fundamentação teórica, no intuito de possibilitar a codificação, classificação e categorização dos dados. E por fim os dados foram aprofundados, na busca de desvendar o conteúdo latente que eles possuem, levando em conta a fundamentação teórica, o problema e os objetivos do estudo.[404]

No caso dos desenhos infantis, para além do ato de simplesmente desenhar, foi/é necessário elaborar uma interpretação dos desenhos a partir dos olhares e falas de seus autores – as crianças. Martins Filho e Barbosa afirmam que o desenho é compreendido como atividade de criação e expressão e, nesse sentido, quatro aspectos devem ser considerados: "o autor (a criança que o desenha), o próprio desenho em si, a fala do autor que o produz e o contexto em que ele é produzido".

Os dados apreendidos por meio da observação participante e oficinas foram enriquecidos por diálogos (interlocução livre) com funcionários da escola. Nesta interação, diversos aspectos foram levantados e permitiram conhecer a realidade dos estudantes pesquisados, histórico de violências, frequência e desempenho escolar, além de conhecer a formação dos profissionais, experiência escolar, compreensão e enfrentamento da violência intrafamiliar na rotina escolar e com as instâncias de Garantias de Direitos.

Por questões éticas, os nomes dos entrevistados foram substituídos por nomes fictícios atribuídos pela pesquisadora. Esse estudo foi aprovado

---

404 BARDIN, Laurence. *Análise de conteúdo*. Lisboa: Edições 70, 1977.

pelo Comitê de Ética em Pesquisa em Seres Humanos (CEP) do Instituto de Saúde Coletiva – ISC da Universidade Federal da Bahia – UFBA (CAAE 70601417.0.0000.5030.) em atendimento aos princípios éticos da Resolução 466/12 do Conselho Nacional de Saúde.

Entre desenhos, relatos e contexto: a experiência de Lucas

Estudar família sobre a perspectiva da infância traz a possibilidade de compreender as relações sociais infantis com as pessoas e lugares que as circundam, ou seja, inclui a participação e a experiência delas enquanto família. Sendo por sua vez um desafio teórico-metodológico para o pesquisador adulto, visto que esta perspectiva visa (re)significar papéis sociais estabelecidos cultural e cientificamente.

Conforme informado, na oficina realizada com as crianças o ponto de partida foi a exibição de um curta-metragem, tendo como temática central a família. Momento descontraído e as participações das crianças deram-se a partir de questionamentos, opiniões e troca de experiências a partir da narração.

As vinculações entre a representação da família para as crianças e a realidade vivenciada ficaram evidentes, ou seja, os desenhos apresentam-se como instrumento de aproximação e comunicação do pensamento infantil, pois, ao desenhar, a criança libera suas expressões cognitivas e emotivas internalizadas pelas suas vivências e por vezes não perceptíveis na comunicação verbal.[405]

Lucas é uma criança de 9 anos e tem um histórico de agressões desde a primeira infância. Sofreu agressões físicas em casa por seu pai e chegou na escola com marcas roxas no corpo e no rosto. A gravidade das lesões chamou atenção da direção escolar, que registrou por meio de fotografias e acionaram a família. O pai compareceu à escola e explicou

405 PILLAR, Analice Dutra. "Desenho e construção de conhecimento na criança". Porto Alegre: Artes Médicas, 1996. (Tese de Doutorado).

os motivos da agressão: "Peguei ele com um cigarro na boca no meio da rua e bati nele pra aprender que isso não se faz". Outras agressões físicas foram verificadas em Lucas por outros motivos.

Na escola, ele briga com os colegas, através de murros e pontapés, provoca os colegas, fala mal, é inquieto, sempre pedindo para se retirar da sala de aula, seja para beber água ou ir ao banheiro. Em sala, pouco presta atenção nas aulas, é retirado da sala por diversas vezes por indisciplina, como esconder os materiais dos colegas, bater e xingamentos. Nas atividades, não se interessa em fazer e resiste para concluir, necessitando da cobrança constante da professora. No intervalo, as pirraças continuam até com outras crianças de turmas diferentes e por vezes diante das agressões é retirado desse momento, ficando de "castigo" na direção.

O comportamento de Lucas exige da equipe escolar paciência. Diante das brigas e xingamentos constantes, ele sofre punições pela professora e diretora. A direção da escola já chamou a família de Lucas em virtude do comportamento e também das marcas deixadas em seu corpo. Na conversa com o pai, a direção se posicionou a favor da família através de uma longa conversa, mostrando a importância de um bom acolhimento e educação do filho por meio de regras e normas. Sinalizaram ao pai que caso acontecesse reincidência daquele tipo de agressão, a escola acionaria o Conselho Tutelar.

A indisciplina observada no comportamento de Lucas pode ter relações com as vivências violentas do ambiente familiar. As experiências do ambiente doméstico podem se manifestar de maneiras variadas no convívio escolar da criança, dentre elas, a indisciplina, agressividade com colegas e professores.[406] O mesmo autor complementa:

> Os alunos que apresentam perturbações da conduta apontam diversas causas possíveis para este tipo de situação e advertem para o fato de que não se pode explicar nenhuma conduta isolando-a do meio em que se manifesta. São necessárias, por um

---

406 WALLON, Henri. *As origens do pensamento na criança*. São Paulo: Manole, 1989.

> lado, informações sobre o meio familiar e o segmento social da criança nas diversas situações escolares, obtidas por meio de observação do educador.

A experiência de Lucas com a violência física aponta para fatores culturais, visto que as agressões e os castigos corporais apresentam-se como conduta disciplinar. Cabe enfatizar os aspectos ligados à transmissão geracional da violência, crianças e adolescentes vitimizados aprendem comportamentos agressivos, que tendem a reproduzir ao longo de suas vidas, perpetuando o ciclo da vitimização – agressão.[407]

A relação de Lucas com os colegas de escola e com os membros de sua família é permeada por conflitos. A violência coordena parte das condutas individuais de Lucas e reduz a espontaneidade/ludicidade de suas interações. Em casos de crianças em situação de violência como Lucas, em pleno processo de desenvolvimento psicossocial e afetivo, o ciclo de violência deve ser interrompido e as famílias bem como as crianças precisam de apoio da rede de proteção para ressignificar as relações de cuidado entre os pares dentro do ambiente doméstico.

Na investigação do desenho de Lucas sobre sua família, poucas explicações são dadas por ele, porém expressões são captadas de momentos advindos de sua convivência doméstica. É valido salientar que o desenho denota a realidade apreendida por ele enquanto "linguagem gráfica da criança na expressão e comunicação de suas representações do mundo". Mesmo com pouca narrativa sobre o desenho, a descrição feita pode referir a diversas situações de sua realidade, pois a atividade do desenho "é pensamento, elaboração afetiva e cognitiva, sobre as leituras que faz do mundo".

Quando narra sobre sua família: "meu pai vem primeiro lugar, porque é ele que me dá dinheiro. Meu pai, com músculo, minha mãe, aqui minha irmã, aqui é eu". Quando foi perguntado se ali era a sua casa, ele responde: "aqui é sua casa, é? É casa de bruxa".

---

407 KANUL, F.; RAMÍREZ, M. A. *Family violence and child abuse in Latin America and the Caribbean*: the cases of Colombia and Mexico. Washington: Inter-American Development Bank, 2005.

Figura 4

Assim, a figura da casa pode evocar uma experiência do vivenciado no ambiente doméstico. Segundo Sarmento,[408] os desenhos expressam mais do que tentativas de representar uma realidade exterior. No caso de Lucas, o ambiente conflituoso é observado nos traços irregulares da casa e na própria fala da criança "casa de bruxa". Dentro do imaginário infantil a personagem da bruxa, é bastante atrativo, mas socialmente também sempre associado a feitos ruins e o desenho e a narrativa sobre sua família conseguiram captar essa realidade.

Outro aspecto importante na descrição de sua família está na figura paterna: "meu pai com músculos". A força do pai foi representada pela criança e que dentro da experiência com a violência experimentou por algumas vezes o peso desse braço. Importante destacar que a criança desenha como expressão daquilo que vivencia ou percebe do contexto que a rodeia, desenha de memória e quanto a este aspecto, Gobbi; Leite[409] afirma: "desenha pensando e por isso suas experiências anteriores têm tanta importância; relaciona as construções imaginativas à quantidade

408 SARMENTO, M. J. "Estudos da infância e sociedade contemporânea: desafios conceptuais". O Social em Questão, nº 21, pp. 15-30, 2009

409 GOBBI, M.; LEITE, M. I. "O desenho da criança pequena: distintas abordagens na produção acadêmica em diálogo com a educação". *In*: LEITE, M. I. (Coord.). *Ata e desata*: partilhando uma experiência de formação continuada. Rio de Janeiro: Ravil, 2002.

de experiências acumuladas pelo sujeito criador não havendo, portanto, compromisso com o que vê ou observa".

Considerações finais

A análise das manifestações infantis por meio dos desenhos e falas na interação com a escola permitiu explorar experiências vividas dentro do ambiente familiar como no contexto social nos quais elas vivem. Considera-se especialmente necessário, ainda que desafiador, garantir a fala das crianças, convergindo com estudos contemporâneos sobre a temática da violência na infância que buscam valorizar/qualificar e tomar as crianças como sujeitos privilegiados na pesquisa. Foi possível observar, durante as dinâmicas, a produção dos desenhos, gestos e falas a percepção da criança sobre a família e os valores culturais arraigados na prática da violência, bem como seus sentimentos e inseguranças diante da problemática.

O uso do desenho como um dos instrumentos de investigação apresenta importantes formas de expressões infantis mostrando que, nessas produções, as lembranças domésticas aparecem misturadas com as vivências atuais, principalmente nas crianças que sofreram violência, como no caso de Lucas. Nas descrições sobre os desenhos, as crianças utilizam a fala como complemento para expressar as produções realizadas, revelando aspectos de suas vivências e de acontecimentos vividos na família.

É importante salientar também que a escola se constitui como um lugar de reexistência, haja vista a pluralidade das relações e por conseguinte integração com a família. Foi verificado que, na rotina escolar, os casos de violência contra a criança tornam-se evidentes tanto pelas marcas trazidas em seus corpos quanto da partilha entre as próprias crianças, moradores do bairro e também profissionais da escola. Essa observação no cotidiano escolar conecta-se com a possibilidade de ressignificação das práticas escolares em direção do enfrentamento da violência com a família.

Destaca-se, por fim, que atenção integral às diversas infâncias e especificamente a agenda da pesquisa em violência intrafamiliar e infância deve considerar a necessidade de avançar em duas direções. De uma parte, cabe aprofundar as análises sobre as imbricações entre contextos socioculturais da família e dinâmica relacionais no seu interior, considerando nestes últimos sentidos e práticas associadas com violência, em especial dirigida às crianças. De outra parte, é fundamental seguir investindo em metodologias que viabilizem a escuta da criança desde as mais tenras idades como nos bebês, o que implica considerar suas múltiplas formas de expressão. Nos bebês especialmente, suas expressões apontam para a compreensão do desenvolvimento infantil, nos seus aspectos cognitivo, afetivo e social. Uma demanda especialmente urgente quando tratamos com circunstâncias que implicam em sofrimento infantil, como por exemplo situações de pobreza e miséria.

Referências bibliográficas

ALGERI, Simone. "A violência na família". *Revista Polêmica*, 2008.

ARIÈS, Philippe. *História social da infância e da família.* Trad. Dora Flaksman. Rio de Janeiro: LCT, 1978.

BARDIN, Laurence. *Análise de conteúdo.* Lisboa: Edições 70, 1977.

BARROS, A. S.; FREITAS, M.F.Q. "Violência doméstica contra crianças e adolescentes: consequências e estratégias de prevenção com pais agressores". Pensando Famílias, vol. 19, nº 2, pp. 102-114, dez. 2015.

BRASIL. Ministério da Saúde. *Violência intrafamiliar*: orientações para prática em serviço. Brasília, 2002.

BOURDIEU, Pierre. "Espaço social e Espaço simbólico". *In*: ______. Razões práticas: sobre a teoria da ação. Campinas: Papirus, pp. 13-33, 2005.

DELGADO, A. C. C.; MÜLLER, F. "Em busca de metodologias investigativas com as crianças e suas culturas". Cadernos de Pesquisa, vol. 35, nº 125, pp. 161-179, maio/ago. 2005.

FERREIRA, M. M. M. *A gente aqui o que Gosta mais é de brincar com os outros meninos*: as crianças como atores sociais e a (re)organização social do grupo de pares no quotidiano de um Jardim de Infância. Universidade do Porto, 2002. (Tese de Doutorado em Ciências da Educação).

GOBBI, M.; LEITE, M. I. "O desenho da criança pequena: distintas abordagens na produção acadêmica em diálogo com a educação". *In*: LEITE, M. I. (Coord.). Ata e desata: partilhando uma experiência de formação continuada. Rio de Janeiro: Ravil, 2002.

KANUL, F.; RAMÍREZ, M. A. *Family violence and child abuse in Latin America and the Caribbean*: the cases of Colombia and Mexico. Washington: Inter-American Development Bank, 2005.

KOLLER, S.H., RAFAELLI, M., BANDEIRA, D.R. *et al.* "Using a sentence completion task to investigate how brazilian street youth describe their life situation". Washington D.C. (EUA): Society for Research in Child Development, 1997.

LEAL, D.; NOGUEIRA, M. O. G. *Dificuldades de aprendizagem*. Curitiba: Ibpex, 2011.

MARTINS FILHO, A. J.; BARBOSA, M. C. S. "Metodologias de pesquisas com crianças". *Revista Reflexão e Ação,* vol. 18, nº 2, pp. 08-28, jul./dez. 2010.

PILLAR, Analice Dutra. *Desenho e construção de conhecimento na criança*. Porto Alegre: Artes Médicas, 1996.

SANCHES, C. S. *Crianças e adolescentes em situação de rua*: estudo qualitativo realizado na cidade de Marília – SP. 2001.197f. UNESP, Marília, 2001. (Tese de Doutorado em Educação).

SARMENTO, M. J. "Estudos da infância e sociedade contemporânea: desafios conceptuais". O Social em Questão, nº 21, pp. 15-30. 2009.

SIROTA, Régine. "Emergência de uma Sociologia da Infância: evolução do objeto e do olhar". Cadernos de Pesquisa, São Paulo, nº 112, pp. 7-31, mar. 2001.

WALLON, Henri. *As origens do pensamento na criança*. São Paulo: Manole, 1989.

NOTAS

NOTAS

NOTAS

NOTAS

NOTAS

NOTAS

A Editora Contracorrente se preocupa com todos os detalhes de suas obras! Aos curiosos, informamos que este livro foi impresso no mês de dezembro de 2021, em papel Pólen Soft 80g, pela Gráfica Grafilar.